Zusammenhang zwischen Führungsverhalten und messbarer Performance

Europäische Hochschulschriften
Publications Universitaires Européennes
European University Studies

Reihe V
Volks- und Betriebswirtschaft

Série V Series V
Sciences économiques, gestion d'entreprise
Economics and Management

Bd./Vol. 3197

PETER LANG
Frankfurt am Main · Berlin · Bern · Bruxelles · New York · Oxford · Wien

**Meinen Eltern**

Ralf Keim

# Zusammenhang zwischen Führungsverhalten und messbarer Performance

## Eine empirische Untersuchung im deutschen Retail-Banking

PETER LANG
Europäischer Verlag der Wissenschaften

**Bibliografische Information Der Deutschen Bibliothek**
Die Deutsche Bibliothek verzeichnet diese Publikation in der Deutschen Nationalbibliografie; detaillierte bibliografische Daten sind im Internet über <http://dnb.ddb.de> abrufbar.

Zugl.: Hamburg, Univ., Diss., 2005

D 18
ISSN 0531-7339
ISBN 3-631-55086-3



www.peterlang.de

## Danksagung

Die vorliegende Arbeit entstand am Department Wirtschaftswissenschaften der Universität Hamburg in der Zeit von 2002 bis 2005 als berufsbegleitende Promotion. Da die Arbeit sowohl betriebswirtschaftliche als auch psychologische Forschungsansätze umfasst, wurde sie sowohl vom Department Wirtschaftswissenschaften als auch vom Fachbereich Psychologie begleitet.

Herrn Professor Dr. Willi Küpper – Arbeitsbereich Personalwirtschaftslehre – gilt mein Dank für die Begleitung des Vorhabens, das ohne seine Unterstützung nicht möglich gewesen wäre. Herrn Professor Erich H. Witte – Arbeitsbereich Sozialpsychologie - möchte ich ganz besonders für die hervorragenden Diskussionen und die thematische Bewegungsfreiheit in meiner Auseinandersetzung mit dem Thema der Arbeit danken. Er hat mich in allen Phasen der Arbeit bestätigt und mir durch seine offene Art und die kritischen Denkanstöße sehr geholfen. Beiden danke ich für ihre Aufgeschlossenheit gegenüber einer „interdisziplinären" Arbeit wie dieser trotz der damit verbundenen Komplikationen.

Dank gilt auch den Unternehmen, die am empirischen Teil der Untersuchung beteiligt waren. Diese Unterstützung und insbesondere der Beitrag der Befragten war von essentieller Bedeutung für die gesamte Arbeit. Auch bei meinen Vorgesetzten möchte ich mich für deren Hilfe – nicht zuletzt durch das Entgegenkommen bei der flexiblen Gestaltung meiner Arbeitszeit – bedanken.

Darüber hinaus haben mich viele Personen in unterschiedlichster Weise unterstützt. Sei es durch anregende Diskussionen, methodischen Hilfestellungen oder bei der Korrektur des Manuskripts. In diesem Zusammenhang danke ich besonders meinen Eltern und Devika.

# Inhaltsverzeichnis

# Abbildungsverzeichnis

## Tabellenverzeichnis

## Abkürzungsverzeichnis

| | |
|---|---|
| AV | Abhängige Variable |
| BET | Break Even Time |
| BSC | Balanced Scorecard |
| CIR | Cost Income Ratio |
| CIT | Critical Incident Technique |
| c.p. | ceteris paribus |
| DBW | Die Betriebswirtschaft |
| DSGV | Deutscher Sparkassen- und Giroverband |
| EVA | Economic Value added |
| F&E | Forschung und Entwicklung |
| FK | Führungskraft |
| FVVB | Fragebogen zur Vorgesetzten-Verhaltens-Beschreibung |
| IAS | International Accounting Standards |
| IfBG | Institut für Betriebswirtschaftliche Geldwirtschaft |
| krp | Kostenrechnungspraxis |
| LBDQ | Leader Behavior Description Questionnaire |
| LOQ | Leadership Opinion Questionnaire |
| LPC | Least preferred Coworker |
| MA | Mitarbeiter |
| MANOVA | Multidimensional Analysis of Variance |
| Min | Minimalwert |
| Max | Maximalwert |
| MW | Mittelwert |
| PM | Performance Measurement |
| PPM | Partizipatives Produktivitätsmanagement |
| PuK | Planungs- und Kontrollsystem |
| ROCE | Return on Capital employed |
| ROI | Return on Investment |
| SD | Standardabweichung |
| SES | Soziale Erwünschtheits Skala |
| TQM | Total Quality Management |
| UV | Unabhängige Variable |
| VP | Versuchsperson |
| ZP | Zeitschrift für Planung |
| ZfB | Zeitschrift für Betriebswirtschaft |

# 1 Einleitung

Die Auseinandersetzung mit dem abstrakten Konstrukt „Führung von Mitarbeitern" stellt seit jeher ein vielbeachtetes Themengebiet des wissenschaftlichen Diskurses dar. Da es sich als unmöglich erwiesen hat, alle für die Betrachtung dieses vielschichtigen Konzeptes relevanten Faktoren zu einem komplexen Modell zusammenzufassen, zeichnen sich aktuelle Forschungsarbeiten durch die Fokussierung auf Teilkomponenten aus, wobei je nach Wissenschaftsdisziplin unterschiedliche Schwerpunkte gesetzt werden.

Aus betriebswirtschaftlicher Perspektive stellt die Mitarbeiterführung keinen Selbstzweck dar, sondern dient der Gestaltung und Erreichung kurz-, mittel- und langfristiger Unternehmensziele, indem die in der Organisation tätigen Personen auf das Zielsystem des Unternehmens ausgerichtet werden. Aufgrund dieser Bedeutung befasst sich ein Schwerpunkt angewandter ökonomisch orientierter Führungsforschung mit dem Führungserfolg als Resultat des Führungshandelns. Hierbei erweist sich die Definition und Operationalisierung des Führungserfolges als besondere Herausforderung, da neben vergangenheitsorientierten monetären Kennzahlen auch zukunftsweisende Aspekte in die Messung einbezogen werden sollten. Für eine solche Verknüpfung unterschiedlicher Perspektiven hat sich in letzter Zeit die Balanced Scorecard als richtungsweisendes Instrument etabliert, das in dieser Arbeit in einer auf den Untersuchungskontext ausgerichteten Form zum Einsatz kommt.

Bei einseitig ökonomisch geprägten Untersuchungen bleibt jedoch eine Reihe entscheidender Aspekte unberücksichtigt. Führungsverhalten ist insbesondere aus psychologischer Sicht als komplexer Prozess zu verstehen, der in erheblichem Maße von kontextualen Faktoren – z.B. dem Erleben von Erfolg und Misserfolg und den daraus gezogenen Konsequenzen – moderiert wird. Dem Umgang mit Zielen kommt in diesem Zusammenhang eine erhebliche Bedeutung zu, da durch die Vorgabe und das Verfolgen von Zielen direkt Einfluss auf die Mitarbeiter und deren Verhalten genommen wird.

Betrachtet man die beiden zuvor skizzierten Herangehensweisen, wird deutlich, dass die Entwicklung eines kombinierten Modells eine besondere Herausforderung für die Führungsforschung darstellt. Die vorliegende Arbeit unternimmt daher den Versuch der interdisziplinären Verknüpfung einer ökonomisch ausgerichteten Messung des Führungserfolges mit einer sozialpsychologisch basierten Analyse des Führungsverhaltens in erfolgskritischen Situationen. Das Ziel besteht darin, eine integrierte Konzeption zu entwickeln, um die in Theorie und Praxis bestehenden Defizite zu reduzieren sowie einen Erkenntnisbeitrag in der Diskussion des Zusammenhanges zwischen dem Führungsverhalten und dem nachhaltigen

Erfolg zu erbringen. Dabei stehen insbesondere folgende Fragestellungen im Vordergrund:

- Lassen sich mittels des entwickelten Instruments Leistungsunterschiede zwischen den Versuchspersonen ermitteln?
- Welche Zusammenhänge bestehen zwischen dem Verhalten in erfolgskritischen Situationen und dem messbaren Führungserfolg?
- Welche Verhaltensdimensionen weisen besonders hohe Korrelationen zur erzielten Leistung auf?
- Ergeben sich Unterschiede zwischen dem Erleben von Erfolgs- und Misserfolgssituationen?

Besondere Bedeutung erlangen Führungsprozesse und die damit bezweckte Steuerung der Mitarbeiter in Branchen, in denen aufgrund des hohen Sättigungsgrades ein Marktwachstum nur durch Verdrängung von Wettbewerbern möglich ist. Kommt dazu noch eine hohe Austauschbarkeit der Güter bzw. Dienstleistungen – wie dies in der Finanzdienstleistungsbranche der Fall ist – potenziert sich diese Bedeutung.
Erkenntnisobjekt der vorliegenden Untersuchung sind Filialleiter im deutschen Retailbanking, deren Verhalten sowie Leistungseinschätzung mittels einer Online-Befragung erhoben wird. Die zentralen Fragestellungen legen dabei die Verwendung quantitativer Erhebungsmethoden nahe. Aufgrund der bewusst vorgenommenen Konzentration auf einen präzise eingegrenzten Personenkreis liefern die gewonnenen Erkenntnisse Anhaltspunkte für die Implementierung in Bereichen der Personalauswahl sowie der Personalentwicklung.

Grundvoraussetzung für die Auseinandersetzung mit diesem Forschungsgegenstand ist die in Kapitel 2 vorgenommene umfassende Fundierung der basalen theoretischen Modelle. Hierfür wird zunächst ein Überblick über das Themengebiet der Führungsforschung gegeben, indem unterschiedliche Klassifizierungsansätze voneinander abgegrenzt werden. Die hieraus für diese Arbeit rezipierten Leitgedanken werden im Anschluss mit Modellen zum Umgang von Führungskräften mit Zielen zusammengeführt. Der Schwerpunkt liegt hierbei auf den Auswirkungen, die das Erleben von Erfolgs- und Misserfolgssituationen auf das Verhalten der Führungskräfte hat. Die im Anschluss aufgeführte Beschreibung des Performance Measurements soll die umfassende Berücksichtigung des komplexen Themengebietes der Messung des nachhaltigen wirtschaftlichen Erfolgs sicherstellen. Darüber hinaus dient die Darstellung als Bezugsrahmen für die im weiteren Verlauf beschriebene Balanced Scorecard als ein Modell zur Messung des nachhaltigen Erfolgs. Ausgehend von den zuvor dargestellten theoretischen Grundlagen bilden ein Fazit zum Stand der Forschung und die daraus resultierende Ableitung der Hypothesen für diese Untersuchung den Abschluss des Theorieteils.

In Kapitel 3 wird das Untersuchungsmodell zur Überprüfung der aufgestellten Hypothesen entwickelt. Hierfür werden zunächst die Voruntersuchungen vorgestellt, mittels derer das Befragungsinstrument für die Hauptuntersuchung konzipiert wurde. In diesem Zusammenhang erfolgt auch eine kritische Auseinandersetzung mit der eingesetzten Erhebungsmethode. Die Beschreibung der Online-Befragung zur Generierung der Datenbasis schließt dieses Kapitel ab.

Das 4. Kapitel widmet sich der Dokumentation der Ergebnisse sowie der Überprüfung der Hypothesen. Nach der Darstellung einzelner Ergebniskomponenten werden Zusammenhänge zwischen unterschiedlichen Dimensionen aufgezeigt und diskutiert. Hierbei wird ein Ausblick auf anknüpfende Forschungsfragen gegeben und eine Einschätzung zur Implementierbarkeit der gewonnenen Erkenntnisse vorgenommen.

Eine Zusammenfassung der essentiellen Ergebnisse in Kapitel 5 bildet den Abschluss der Arbeit.

# 2 Theoretische Grundlagen

## 2.1 Führung

Dieses Teilkapitel soll einen Überblick über die vorliegenden Theorien und Befunde der Führungsforschung mit dem Ziel, die für diese Arbeit relevanten Führungsaspekte in einen Zusammenhang zu stellen, vermitteln. Gleichzeitig stellt dieses Kapitel einen Ordnungsrahmen für die Kapitel 2.2 bis 2.4 dar, in denen entscheidende Teilaspekte zum Führungsverhalten bzw. zur Leistungsmessung vertieft werden.

Der Begriff „Führung" wird im Folgenden ausschließlich aus psychologischer und betriebswirtschaftlicher Perspektive betrachtet. Der Vollständigkeit halber ist zu erwähnen, dass das Phänomen „Führung" als interdisziplinäres Erkenntnisobjekt auch in anderen wissenschaftlichen Disziplinen eine herausragende Rolle einnimmt. Exemplarisch seien hier Abhandlungen aus der Biologie (Goodall/van Lawick 1986) und der Geschichtswissenschaft (Krais 2001) genannt, die „Führung" vor dem Hintergrund der jeweiligen Fachrichtung beleuchten.

„*Die* Führungstheorie" sollte im Idealfall das Verhalten von Führungskräften und ihren Mitarbeitern erklären und gleichzeitig sämtliche Kontextfaktoren sowie den Führungserfolg als Resultat des Handelns einbeziehen. Da bei einer solch umfassenden Darstellung der Modellcharakter, der sich ja gerade durch eine Reduzierung der Faktoren auszeichnet, verloren geht, wurde bis heute eine beinahe unüberschaubare Vielfalt einzelner Theorien entwickelt, welche sich mit „Führung" auseinandersetzen und jeweils Teilaspekte aufgreifen. Trotz der großen Anzahl an bereits veröffentlichten Ergebnissen war die Führungsforschung nicht nur in der Vergangenheit eines der traditionsreichsten Forschungsgebiete (Stogdill 1974), sondern stellt auch weiterhin einen sehr wichtigen Teilbereich interdisziplinärer Organisationsforschung (Mackau 2003) mit einer Reihe unterschiedlicher Forschungsansätze dar. Die verschiedenen Ansätze unterscheiden sich dabei in der verfolgten Zielsetzung, ihren forschungsstrategischen Herangehensweisen und den vorgenommenen empirischen Überprüfungen (Hochholdinger 2002).

Zunächst wird eine inhaltliche Auseinandersetzung mit dem Begriff „Führung" vorgenommen, an die sich ein skizzenhafter Überblick über unterschiedliche Führungstheorien anschließt. Im weiteren Verlauf erfolgt eine Analyse des Führungserfolgs als Resultat des Führungshandelns. Den Abschluss dieses Teilkapitels bildet eine Zusammenfassung der für die vorliegende Arbeit relevanten Schlussfolgerungen aus den zuvor beschriebenen Ansätzen.

### 2.1.1 Terminologische und inhaltliche Annäherung an den Begriff „Führung“

Bevor im weiteren Verlauf dieses Kapitels ein Überblick über Klassifizierungsansätze der Führungstheorien gegeben wird, soll kurz auf die Frage nach der Notwendigkeit von Führung in Arbeitsgruppen eingegangen werden. Bereits dieser – vermeintlich offensichtliche – Aspekt der Führungsforschung wird in der Literatur kontrovers diskutiert und mit unterschiedlichen Studien empirisch untermauert. Während etwa Hallam/Campbell (1997) postulieren, dass Arbeitsgruppen ohne besonderen Führer keine schlechteren Leistungsbewertungen als Gruppen mit explizitem Führer aufweisen, zeigt Felfe (2002), dass ein Verzicht auf Führung die Gruppenleistung deutlich schmälert. Diese auf den ersten Blick gegensätzlichen Ergebnisse sind u.a. auf verschiedene Definitionen der beiden relevanten Konstrukte Führung und Leistung zurückzuführen. Wegge (2004, S. 108) bezeichnet die Idee der Überflüssigkeit von Führung als „eine wenig hilfreiche Utopie“, die abzulehnen sei und führt eine Reihe von Gründen auf, die für die Unverzichtbarkeit von Führungsprozessen spricht:

- Die zunehmende Arbeitsteilung zwischen und innerhalb einzelner Gruppen im Unternehmen stellt erhöhte Anforderungen an die kontinuierliche Koordination und Integration der erbrachten Teilleistungen.
- Die Abwesenheit zentraler Steuerungs- und Regelungsfunktionen führt zu einem Anstieg der Kosten des Informationsaustausches.
- In Gruppen ohne explizite Führung führt die Zunahme der Konfliktgefahr oftmals zu schlechteren Leistungen.
- Das Kapitalwertmaximierungsstreben in marktwirtschaftlich ausgerichteten Unternehmen erfordert eine permanente Sicherung der Prozess- und Produktqualität durch Führung.

Auch Nutzinger (1995) spricht sich klar für die Notwendigkeit von Führung aus und verweist auf die im Regelfall unterschiedlichen Motive der Arbeitgeber (principal) und der Mitarbeiter (agent) für das jeweilige Handeln. Nach seiner Auffassung erfordern diese Unterschiede zwangsläufig Führung zur Vermittlung zwischen den Positionen. In eine ähnliche Richtung argumentieren Bullinger et al. (2004) indem sie auf die steigenden Anforderungen an Führungskräfte bezüglich der Information, Koordination und Vernetzung der einzelnen Mitarbeiter verweisen, welche mit der zunehmenden Komplexität der Arbeitswelt verbunden sind. Als Fazit lässt sich festhalten, dass in Organisationen Führung notwendig ist, wenn die Ziele der Organisation möglichst effizient umgesetzt werden sollen.

Nachdem soeben die Notwendigkeit von Führung festgestellt wurde, gilt es nun, sich definitorisch dem Komplex „Führung“ anzunähern. Die Ableitung einer allgemeingültigen Definition von „Führung“ erweist sich in diesem Zusammenhang als unmöglich. Schon 1974 stellte Stogdill (1974) fest: „ There are almost as many definitions of leadership as there are persons who have attempted to define the concept." Diese Situation hat sich seitdem nicht grundlegend verändert (Hochholdinger 2002). Nach Neuberger (2002, S. 2) sollte die Frage nach *der* richtigen, exakten bzw. allgemeingültigen Führungsdefinition durch eine Analyse der Inhalte und des Gebrauchs der gewählten Definitionen ersetzt werden, um den Facettenreichtum des Gegenstandes darzustellen und eine zu starke Einseitigkeit zu vermeiden. Weinert (1989, S. 555) kommt zu dem Schluss, dass für einen Großteil der Führungsdefinitionen drei übereinstimmende Grundannahmen gelten:

- Führung ist ein Gruppenphänomen, welches die Interaktion zwischen zwei oder mehr Personen einschließt.
- Führung ist intentionale soziale Einflussnahme, wobei Unterschiede bestehen, wer auf wen Einfluss ausübt und wie dieser ausgeübt wird.
- Führung zielt darauf ab, mittels Kommunikation Ziele zu erreichen.

Nach Wunderer/Grundwald (1980, S. 62) wird Führung als Sammelbegriff für Interaktionsprozesse eingesetzt, in denen eine absichtliche Einflussnahme von Personen auf andere Personen zur Erfüllung einer gemeinsamen Aufgabe im Kontext einer Arbeitssituation vorliegt. Um diese weit gefasste Definition operationalisierbarer zu machen, wird an dieser Stelle in Anlehnung an Wegge (2004, S. 98) eine weitergehende Differenzierung je nach Einflussbereich dieser Prozesse vorgenommen:

- *Prozesse der Unternehmensführung* schließen alle Interaktionsprozesse ein, die für die Steuerung einer Unternehmung von Bedeutung sind. Diese weitrechendste Definition von Führung bezieht sich auf die Steuerung sämtlicher Ressourcen eines Unternehmens. Ziel dieser Prozesse ist das Erreichen des definierten Unternehmensziels.
- *Personalmanagementprozesse* umfassen alle Interaktionsprozesse, die auf die Steuerung des Humankapitals abzielen und direkt mit den Mitarbeitern verbunden sind. Neben den Führungsprozessen im engeren Sinne sind dies beispielsweise die Auswahl, Zuordnung und Weiterentwicklung der Mitarbeiter.
- *Personale Führungsprozesse* als am engsten definierte Prozesse beschreiben alle unmittelbaren, wechselseitigen und tendenziell eher asymmetrischen Interaktionsprozesse zwischen einer oder mehreren Führungskräften und einem oder mehreren Mitarbeitern. Diese Prozesse können dabei von jedem Mitglied der Organisation ausgehen, d.h. von der Führungskraft im Rahmen der üblichen hierarchischen Führung ebenso wie von den Mitarbeitern im Sinne einer „lateralen Führung" untereinander oder als „Führung von unten" in Richtung auf die jeweilige Führungskraft.

In Übereinstimmung mit einer Vielzahl von Publikationen (vgl. z.B. Rosenstiel 2001; Weinert 1989) liegt der Schwerpunkt dieser Arbeit auf der letztgenannten engen Definition mit einem Fokus auf der hierarchischen Führung durch den Vorgesetzten gegenüber seinen Mitarbeitern. Hierbei werden nur Führungsprozesse zwischen der Führungskraft und der Gruppe der Mitarbeiter betrachtet.

Obwohl eng gefasste Definitionen von „Führung" in Teilen der Literatur (vgl. z.B. Wegge 2004; Neuberger 2002) mitunter als „zu kurz greifend" kritisiert werden, soll hier daran festgehalten werden. Zum einen sind weitergehende – insbesondere die auf Strukturen im Unternehmen zurückzuführenden – Führungsprozesse in Organisationen nicht in vertretbarem Maße im Rahmen einer empirischen Felduntersuchung zu kontrollieren. Zum anderen erweist sich die Verwendung einer sehr umfassenden Definition von Führung als problematisch, da im Einzelnen unklar bleibt, welchen Einfluss die jeweiligen Parameter aufeinander haben. Auch mikropolitische Verhaltensweisen von Führungskräften und Geführten (vgl. z.B. W. Küpper/Felsch 2000), die im Gegensatz zu den hier dargestellten Ansätzen die Verfolgung individueller Interessen der Akteure in den Vordergrund stellen und sich somit von der Rationalität des Verhaltens in Organisationen lösen, werden trotz ihrer Relevanz nicht weiter aufgegriffen. Gleiches gilt für Führungssubstitute (Türk 1995), die z.B. in Form von Stellenbeschreibungen oder im Unternehmen eingesetzter Software indirekte Führung darstellen.

In den folgenden Abschnitten werden ausgewählte Führungstheorien vorgestellt, die einen wesentlichen Beitrag zum Verständnis des Führungsverhaltens im Sinne dieser Arbeit liefern. Aufgrund der großen Zahl an Veröffentlichungen kann hier nur eine selektive Auswahl der bedeutendsten Theorien dargestellt werden. In Abhängigkeit davon, auf welche Bedingungen oder Prozesse die Theorien dabei abzielen, lassen sich drei Klassifizierungsansätze der Führungsforschung differenzieren. Zum einen sind dies die in Kapitel 2.1.2 aufgeführten personalistischen Ansätze, die stabile Persönlichkeitsmerkmale als zentralen Faktor für Führungserfolg aufführen. Zum anderen sind dies die verhaltensorientierten Ansätze, die auf stabilen Verhaltensweisen der Führungskräfte basieren. Einen Überblick hierzu gibt Kapitel 2.1.3. Die dritte Klasse stellen die in Abschnitt 2.1.4 aufgeführten kontingenztheoretischen Ansätze dar, welche über die beiden zuvor genannten Punkte hinaus Merkmale der jeweiligen Situation einbeziehen.
Die zuvor genannten Theorieklassen sind ausdrücklich als Gegenüberstellung verschiedener Herangehensweisen zu verstehen, bei der die Problematik der fehlenden Vergleichbarkeit wegen der zugrunde liegenden unterschiedlichen Prämissen und Zielsetzungen offensichtlich ist. Darüber hinaus bleibt festzustellen, dass eine eindeutige Zuordnung der Theorien in eine der zuvor geschilderten Klassen nicht immer möglich ist (vgl. Rosenstiel 2003), da oftmals einzelne Teilaspekte der betrachteten Modelle eine Einordnung in unterschiedliche Ansätze rechtfertigen. Abschließend ist anzumerken, dass an dieser Stelle nicht eine ausführliche Auseinandersetzung mit dem Konstrukt „Führung", sondern vielmehr die Vermittlung

eines einheitlichen Verständnisses als Bezugsrahmen für die vorliegende Arbeit angestrebt wird. Umfassende Darstellungen zur Führungsforschung finden sich zum Beispiel bei Yukl (2001), Neuberger (2002) oder Rosenstiel et al. (2003).

### 2.1.2 Persönlichkeitsbezogene Ansätze

Führung als multifaktorieller Prozess bedarf für weitergehende Analysen wie oben aufgeführt einer Reduktion der betrachteten Faktoren, um überprüfbare Aussagen über einzelne Teilkomponenten machen zu können. Eine Dezimierung auf nur noch einen Faktor, wie es etwa die klassischen Eigenschaftstheorien mit der Fokussierung auf einzelne Persönlichkeitseigenschaften des Führenden vornehmen, stellt dabei eine extreme Form der Konzentration dar. Trotz dieser starken Reduktion konzentrierte sich ein Großteil der Führungsforschung bis in die sechziger Jahre des zwanzigsten Jahrhunderts auf diesen Ansatz, der sich durch eine stark individualistische Sicht des Führungsphänomens auszeichnet. Nach Staehle (1999) sind das Hervorheben individueller Anstrengungen sowie die Orientierung an erfolgreichen Managern dabei zum einen auf die puritanische Ethik, wie sie vor allem in den USA anzutreffen ist, und zum anderen auf sozialdarwinistische Ideen zurückzuführen, nach denen nur die Besten im Wettbewerb überleben. Persönlichkeitsbezogenen[1] Theorien zufolge zeichnen sich Führungskräfte gegenüber anderen Personen durch einzelne oder mehrere besonders ausgeprägte Eigenschaften aus, die gleichzeitig auch große Teile des jeweils erzielten Erfolgs erklären (Hochholdinger 2002). Eigenschaften sind hierbei als zeitlich und situativ weitestgehend stabile Persönlichkeitsmerkmale zu verstehen, die universell vorkommen (Neuberger 2002, S. 226). Ziel dieser sich heute einer Revitalisierung erfreuender Forschungsrichtung (s.u.) ist es unter anderem, Merkmale von Führungspersönlichkeiten zu ermitteln und diese als Maßstab für die Auswahl neuer Führungskräfte zu verwenden.

In der Literatur werden drei unterschiedliche Herangehensweisen für empirische Untersuchungen der traitorientierten Forschung genannt (Neuberger 2002). Die erste besteht darin, Personen mit Führungsverantwortung dahingehend zu untersuchen, ob sie sich von anderen Menschen – insbesondere von den Geführten – unterscheiden. Als zweite Möglichkeit wird untersucht, inwiefern sich Führungskräfte voneinander unterscheiden, d.h. ob es systematische Unterschiede zwischen erfolgreichen und erfolglosen Führungskräften gibt. Die dritte Methode besteht aus einem Vergleich der einzelnen Personen, bevor und nachdem sie eine Führungsaufgabe übernommen haben, um herauszufinden, ob sie sich durch die Führungstätigkeit verändert haben.

An dieser Stelle soll im Detail weder auf die unterschiedlichen untersuchten Eigenschaften selbst noch auf die Vielzahl der empirischen Analysen, die sich auf

[1] Im Weiteren werden „Eigenschaftsansätze“, „traittheoretische Ansätze“ und „Persönlichkeitsansätze“ synonym verwendet.

persönlichkeitsorientierte Ansätze beziehen, weiter eingegangen werden. Ein Überblick über zugrunde liegende Eigenschaften geben etwa Gebert/Rosenstiel (2002), Ergebnisse eigenschaftstheoretischer Untersuchungen werden beispielsweise bei Lord/Hall (1992) und Kirkpatrick/Locke (1991) dargestellt. Als Strukturierungsansatz für die vielfältigen Beschreibungen der Persönlichkeit wird oftmals (vgl. z.B. G. Matthews 1997, Hough 1992) auf fünf voneinander weitgehend unabhängige Grunddimensionen, die auch als „big five“ bezeichnet werden, verwiesen:

- Extraversion (extraversion)
- Verträglichkeit (agreeableness)
- Gewissenhaftigkeit (conscientiousness)
- Emotionale Stabilität (neuroticism)
- Offenheit (openness)

Die Resultate der Forschung zum Zusammenhang zwischen Persönlichkeitseigenschaften und dem erzielen Erfolg können dahingehend zusammengefasst werden, dass man bei vielen Persönlichkeitsmerkmalen einen korrelativen Bezug von r = .40 - .50 (Brodbeck et al. 2002) zum Führungserfolg gefunden hat, wobei die Varianzaufklärung sich aber oftmals als gering erwiesen hat und zudem eine erhebliche Streuung der Befunde von Studie zu Studie festzustellen ist (Rosenstiel 2001). Eine Ausnahme bildet der Faktor „Intelligenz“, bei dem sich nach Lord et al. (1986) eine engere Beziehung nachweisen lässt. Neben der Intelligenz werden in Metaanalysen der Daten Selbstvertrauen, Selbstsicherheit, Energieniveau sowie aufgabenrelevantes Wissen als entscheidende Persönlichkeitsmerkmale genannt (ebd.), die mehr oder minder verlässliche Ergebnisse liefern.

Wie bereits erwähnt erleben die auf Eigenschaftsansätzen beruhenden Theorien in den letzten Jahren in Teilen der Forschergemeinde ein Comeback. Als Beispiel hierfür lässt sich die Reaktivierung der auf M. Weber (1921) zurückgehenden Forschung zur „charismatischen Führung“ aufführen (House/Shamir 1995). Diese Ansätze rücken die Person des Führenden zwar in den Mittelpunkt der Betrachtung, sehen aber das Charisma im Gegensatz zu traditionellen Traittheorien nicht als überdauerndes und situationsunabhängiges Merkmal. Ein weiterer, forschungstheoretisch nicht weit entfernter Ansatz, bezieht sich auf die auf Bray/ Grant (1966) zurückzuführenden Assessment Center Studien. Diese Weiterentwicklung einer stark vereinfachten Eigenschaftstheorie hin zu einer komplexeren Person-Situation-Passung weist insbesondere in der Praxis der Unternehmensführung eine weite Verbreitung auf (Sarges 1995).

Im Zusammenhang mit persönlichkeitsbezogenen Ansätzen ist kritisch anzumerken, dass die geforderte Stabilität der Eigenschaften weder in zeitlicher noch in situativer Hinsicht gegeben ist. Durch Lernen haben Führungskräfte die Möglichkeit, sich weiter zu entwickeln und dementsprechend ihre Eigenschaften wie etwa die Selbstsicherheit zu verändern. Eigenschaften haben sich darüber hinaus auch als situationsvariabel erwiesen, da sie Abstraktionen von Person-Situation-Interaktionen darstellen. Deshalb hat sich mittlerweile die Auffassung durchgesetzt, dass Eigenschaften nur in „schwachen" Situationen Vorhersagekraft haben, während in stark strukturierten Situationen der Handlungsspielraum der Personen so stark eingeengt ist, dass individuelle Eigenheiten unterdrückt werden (Neuberger 2002, S. 238). Dies führt wiederum zu einer erhöhten Bedeutung der in Kapitel 2.1.4 dargestellten situationstheoretischen Ansätze. Des Weiteren ist kritisch anzumerken, dass für Eigenschaften keine exakten und akzeptierten Messverfahren existieren. Die an den Eigenschaftsansätzen geäußerte Kritik lässt sich dahingehend zusammenfassen, dass die Führungsforschung inzwischen weitestgehend übereinstimmend zu der Erkenntnis gelangt, dass der Erfolg von Führung nicht in dem Maß von persönlichen Eigenschaften des Führenden abhängt, wie es die Vertreter der Eigenschaftstheorien der Führung postulierten (Staehle 1999, S. 333).

### 2.1.3 Verhaltensorientierte Ansätze

Im Vergleich zu den zuvor behandelten „eher hypothetischen Konstrukten" der Eigenschaften, welche der Führungskraft zuzuschreiben sind, behandelt dieser Abschnitt „scheinbar harte Fakten": die gezeigten Verhaltensweisen der Vorgesetzten. Im Vordergrund dieses Forschungsansatzes steht die Frage, ob und wenn ja, wie eine Klassifikation des Verhaltens von Führungskräften möglich ist, und ob sich erfolgreiche von weniger erfolgreichen Führungskräften bezüglich definierter Verhaltensdimensionen unterscheiden lassen. Da Verhalten je nach zugrunde gelegter Definition eine erhebliche Bandbreite unterschiedlicher Aspekte abdecken kann, existiert *der* verhaltensorientierte Ansatz nicht. Vielmehr zielen unterschiedliche Studien und Verzweigungen der wissenschaftlichen Entwicklung oftmals auf gleiche Phänomene aus unterschiedlichen Perspektiven ab.
Zur Erhebung des Führungsverhaltens bieten sich eine Reihe unterschiedlicher Forschungsmethoden an, von denen insbesondere die Befragung mittels Fragebogen zum einen bei den Geführten und zum anderen bei den Führungskräften eine hohe Verbreitung aufweisen. Andere Methoden wie etwa die fortlaufende Registrierung des Verhaltens mittels technischer Geräte erweisen sich oftmals als wenig effizient (Naeschke 2003).
Für die Auseinandersetzung mit dem Führungsverhalten lassen sich eine Reihe von Prämissen aufführen (Neuberger 2002, S. 390), die im Regelfall mit verhaltensorientierten Ansätzen verbunden sind und somit zu einer Relativierung des Anspruchs führen, mit dieser Vorgehensweise „*das* gesicherte Wissen" über Führung zu produzieren:

- Führungsverhalten lässt sich objektivieren und quantifizieren und ist darüber hinaus beobachtbar und dokumentierbar.

- Das Verhalten wird nur auf die Person der Führungskraft zurückgeführt, ohne dabei weitere Faktoren wie etwa die Geführten oder den Kontext einzubeziehen.
- Im Fokus der Untersuchungen steht der sachrationale Anteil des Führungsverhaltens, was zu einer Ausblendung von scheinbar irrationalem oder mikropolitischem Handeln (Küpper/Felsch 2000) führt.

Obwohl diese nicht unerheblichen Einschränkungen die Aussagekraft für führungstheoretische Fragestellungen begrenzen, weisen verhaltensorientierte Forschungsansätze eine weite Verbreitung auf. Um einen detaillierteren Einblick in verhaltensorientierte Forschungsansätze zu geben, wird an dieser Stelle der exemplarischen Darstellung zweier ausgewählter Modelle gegenüber einer umfangreichen Beschreibung aller Varianten verhaltensorientierter Ansätze der Vorzug gegeben.

Erhebliche Bekanntheit erreichten die auf Arbeiten von Lewin et al. (1939) zurückzuführenden Forschungen der Ohio State University (z.B. Fleishmann 1973, Stogdill 1974), die sich in umfassenden Untersuchungen mit der Beschreibung des Verhaltens von Führungspersonen sowohl aus der Perspektive der Geführten mittels des „Leader Behavior Description Questionnaire“ (LBDQ) als auch aus der Führungskräfte-Perspektive mittels des „Leadership Opinion Questionnaire“ (LOQ) beschäftigten. Mittels faktoranalytischer Verfahren konnte festgestellt werden, dass Mitarbeiter das Verhalten ihrer Führungskräfte im wesentlichen anhand von zwei übergeordneten Kategorien wahrnehmen: 1. Mitarbeiterorientierung („Consideration“), welche einen Maßstab für die Freundlichkeit und die soziale Unterstützung durch den Vorgesetzten darstellt, und 2. Aufgabenorientierung („Initiating Structure“), die als Gradmesser dafür gilt, inwieweit sich das Verhalten der Führungskraft an der Zielerreichung und Aufgabenerledigung ausrichtet. Als Ergebnis von Untersuchungen in unterschiedlichen Ländern – darunter auch in Deutschland – zeichnete sich ab, dass die beiden Führungsstile Aufgaben- und Mitarbeiterorientierung eine gewisse interkulturelle Stabilität aufweisen (vgl. Bass/Avolio 1990). Auf Basis der Originaluntersuchungen wurde von Fittkau-Garthe und Fittkau (1971) der Fragebogen zur Vorgesetzten-Verhaltens-Beschreibung (FVVB) mit 32 Items für den deutschsprachigen Raum entwickelt, der die vorherigen Ergebnisse weitestgehend replizierte.

Im Anschluss an die Definition unterschiedlicher Verhaltensweisen wird – dem Hauptziel der verhaltensorientierten Führungsforschung folgend – versucht, Zusammenhänge zwischen dem Führungsverhalten und dem Führungserfolg zu erkunden. Seit den Anfängen der verhaltensorientierten Führungsforschung liegen unzählige Ergebnisse hierzu vor, die in Sammelreferaten etwa von Bass (1990) oder Stogdill (1974) umfassend dargestellt werden. Als Resümee der Sammelreferate ist festzuhalten, dass sich für die meisten Indikatoren des Führungserfolgs (z.B. Produktivität) nur schwache oder gar inkonsistente Ergebnisse abzeichnen (vgl. Yukl 2002). Eine Ausnahme bildet hierbei der Zusammenhang zwischen der Mitarbeiterzufriedenheit als Erfolgsmaß und hohen Bewertungen auf der Skala „Consideration“ (Brodbeck et al. 2002).

Neben diesen auch als Ohio-Studien bezeichneten Forschungsansätzen soll an dieser Stelle noch das Konzept der transformationalen Führung, das Bass und Avolio (1990) als Abgrenzung zur transaktionalen Führung entwickelt haben, erwähnt werden. Transformationale Führung soll über veränderte Beziehungen zwischen Führenden und Geführten den Letztgenannten das Erlebnis von Stärke und Erfolg vermitteln und so zu höheren Zielen bei gleichzeitig reduziertem eigennützigen Verhalten der Mitarbeiter führen. Von den im Modell verwendeten vier Komponenten transformationaler Führung sind für diese Arbeit „inspirational motivation“ und „individual consideration“ von Bedeutung. Die inspirierende Motivierung bezieht sich auf die Verdeutlichung von Zielvorstellungen z.B. durch die Verwendung von plastischen Begriffen bei der Beschreibung. Die individuelle Wertschätzung umfasst Vorgänge der Unterstützung und des Feedbacks im organisationalen Kontext. Empirische Untersuchungen von Geyer/Steyrer (1998) mit Führungskräften im Bankwesen konnten zeigen, dass transformationale Führung mit langfristigem Erfolg korreliert und nach einem Lisrel-Modell dafür ursächlich ist.

Ansätze, die Differenzen im Führungserfolg auf relativ stabile Verhaltensunterschiede zurückführen, weisen bis heute eine weite Verbreitung insbesondere in der Führungspraxis der Unternehmen auf. Exemplarisch seien hier unterschiedliche Führungskräftetrainings oder Coachings genannt, bei denen eine stabile Verhaltensweise – z.B. für den Umgang mit Misserfolgen – vermittelt werden soll. Stark verkürzt und überspitzt wird auf Basis der verhaltenstheoretischen Ansätze oftmals folgende Empfehlung für das Führungsverhalten abgeleitet:„Tough on the issue, soft on the person“.
Die in der Literatur an verhaltenstheoretischen Modellen geäußerte Kritik setzt an unterschiedlichen Punkten an. Aus den empirischen Untersuchungen mit z.T. geringen Zusammenhängen zwischen Verhalten und Erfolg wird deutlich, dass dem Kontext eine nicht unerhebliche Bedeutung beigemessen werden muss (Rosenstiel 2001). Des weiteren wird kritisch angemerkt, dass die Kausalitätsfrage oftmals nicht hinreichend beantwortet wird, da aus einer Korrelation zwischen Verhalten und Erfolg noch nicht automatisch geschlossen werden kann, dass das Verhalten zum Erfolg geführt hat. Ebenso ist der umgekehrte Zusammenhang, bei dem erzielte Erfolge zu einer Veränderung des Verhaltens führen, denkbar. Auch der Einsatz von fragebogengestützten Datenerhebungen, die von den Befragten aus der Erinnerung zu rekonstruieren sind, wird kritisiert, da die Gefahr besteht, dass über die in der Vergangenheit aufgetretenen Verhaltensweisen keine klaren Aus-

sagen mehr getroffen werden können. Ähnlich wie den im vorigen Abschnitt skizzierten Traittheorien mangelt es vielen verhaltensorientierten Konzepten darüber hinaus an einer differenzierten Auseinandersetzung mit dem Führungserfolg. Stattdessen wird oftmals unreflektiert ein beliebiges, verfügbares Maß zur Beurteilung des Führungserfolgs herangezogen, ohne dieses theoretisch zu fundieren.

### 2.1.4 Kontingenztheoretische Ansätze

Die bereits zuvor erwähnte geringe empirische Evidenz der eigenschafts- und verhaltenstheoretischen Ansätze führte zur Entwicklung der situationstheoretischen Ansätze[2]. Dieser auch als „situational approach" bezeichneten Herangehensweise liegt die Annahme zugrunde, dass der Führungserfolg nicht allein eine Funktion der Führungseigenschaften oder des Führungsverhaltens ist, sondern vielmehr im situativen Kontext, in dem die Führungskraft und die Mitarbeiter sich befinden, zu sehen ist. Nach dem Situationsansatz der Führung gibt es weder einen „great man", der in allen Situationen immer erfolgreich ist, noch einen „one best way" als Verhalten, das immer angemessen ist. Besonders erfolgreich ist nach kontingenztheoretischem Ansatz die Führungskraft, die auf der Grundlage einer möglichst umfassenden Situationsanalyse ihr Verhalten den Umständen entsprechend modifizieren kann (Staehle 1999, S. 348). Vergleichbar mit dem Vorgehen in Abschnitt 2.1.3 sollen hier anhand von zwei Theorien, die beide die vorliegende empirische Untersuchung maßgeblich beeinflussen, die grundlegenden Ideen kontingenztheoretischer Ansätze dargestellt werden.

Als Pionier auf dem Gebiet der situationstheoretischen Modelle darf Fiedler (1967) mit der von ihm entwickelten Kontingenztheorie gelten. Er unterstellt eine zeitlich weitgehend stabile Eigenschaft der Führungskraft: die Einstellung gegenüber dem am wenigsten geschätzten Mitarbeiter („least prefered coworker", LPC). Um den LPC-Wert festzustellen erfolgt mittels einer Liste bipolarer Adjektivpaare eine Beurteilung des Mitarbeiters, mit dem die Führungskraft bisher am schlechtesten zusammengearbeitet hat. Eine vergleichsweise positive Sichtweise des schlechtesten Mitarbeiters dient dabei als Hinweis auf einen rücksichtsvollen, partizipativ eingestellten Vorgesetzten während eine deutlich negative Sichtweise als Indiz für einen aufgabenorientierten, autoritären Führer gilt.

Die zentrale Hypothese Fiedlers besagt, dass die Leistung einer Gruppe eine Funktion der Beziehung zwischen dem Führungsstil und dem Ausmaß, in dem die Gruppensituation es dem Führer erlaubt, Einfluss zu nehmen, darstellt. Hierbei werden drei Einflussgrößen unterschieden, die in absteigender Bedeutung relevant für den Kontrolleinfluss und somit den Führungserfolg sind:

- *Führer-Mitarbeiter-Beziehung*: Inwieweit ist die Beziehung etwa durch Freundlichkeit, Kooperation und Unterstützung gekennzeichnet?

---

[2] Im Weiteren werden die Begriffe „situationstheoretisch" und „kontingenztheoretisch" synonym verwendet.

- *Positionsmacht*: Welches Ausmaß haben die formellen Sanktionsmöglichkeiten der Führungskraft?
- *Aufgabenstruktur*: Wie stark ist die zu lösende Aufgabe strukturiert?

Die erste Einflussgröße ist zum großen Teil von der Persönlichkeit der Führungskraft abhängig während die beiden letztgenannten weitestgehend durch die Organisation festgelegt werden. Aus der Kombination hoher oder niedriger Ausprägungen der drei Größen ergeben sich acht Felder, die jeweils in unterschiedlichem Grad die Situationskontrolle der Führungskraft repräsentieren. Nach Fiedlers Theorie sind Führungskräfte mit niedrigen LPC-Werten in sehr günstigen oder sehr ungünstigen Konstellationen erfolgreich, wohingegen Führungskräfte mit hohem LPC-Wert in mittelgünstigen Situationen besonders erfolgreich sind. Diese Grundannahmen konnten in einer Reihe von Studien im Wesentlichen bestätigt werden (vgl. z.B. Ayman et al. 1995; Peters et al. 1985), wobei als Einschränkung anzumerken ist, dass dies nicht für alle möglichen Merkmalskombinationen gilt und die meisten Experimente unter Laborbedingungen stattgefunden haben.
Als Implikation für die Praxis lässt sich aus diesem Modell ableiten, dass aufgrund der angenommenen Stabilität der Einstellung die Führungssituation an die vorherrschenden Verhaltensdispositionen der jeweiligen Führungskraft angepasst werden sollte, bzw. wenn die Situation nicht veränderbar ist, sollte eine möglichst geeignete Führungsperson gewählt werden. Diese Aussage wird in der praktischen Anwendung oft fälschlicherweise als „Der Führungsstil muss sich flexibel der Situation anpassen“ dargestellt (Brodbeck et al. 2002, S. 340). Trotz dieser z.T. unpräzisen Schlussfolgerungen bei der Implementierung der Erkenntnisse in die Unternehmenspraxis weisen die auf Fiedler zurückgehenden kontingenztheoretischen Ansätze eine weite Verbreitung auf. Dies ist laut Neuberger (2002, S. 529) u.a. darauf zurückzuführen, dass kontingenztheoretische Modelle sich durch die Fokussierung des Handelns auf eine kleine Zahl von Variablen auszeichnen und somit den handelnden Personen ein gewisses Maß an Sicherheit im Umgang mit den Mitarbeitern geben.
Die Kontingenztheorie ist umfassend von verschiedenen Autoren kritisiert worden, wobei sich ein Teil der Kritik auf die Unzulänglichkeiten in den Grundzügen der Theorie bezieht oder ihr sogar eine atheoretische Vorgehensweise (Rosenstiel 2001) vorwirft. So wird etwa angemerkt, dass es keine hinreichende Erklärung dafür gibt, warum der LPC-Wert überhaupt mit dem erzielten Führungserfolg in Zusammenhang stehen soll (Neuberger 2002). Darüber hinaus wird die fehlende Einbeziehung wichtiger weiterer Einflussfaktoren wie etwa der Schwierigkeit der Aufgabe bemängelt (Kiechl 1985). Graen et al. (1971) führen an, dass die hohe Plausibilität der Annahmen nicht in Relation zu den empirischen Ergebnissen stehen. Schreyögg (1978, S. 139) urteilt über Fiedlers Kontingenztheorie „dass weder die theoretische Fundierung noch die empirische Basis [...] ausreichen, um gültige Voraussagen für Führungssituationen treffen zu können“. Nach Rosenstiel (2001, S. 336) gebührt Fiedler trotz der z.T. umfassenden Kritik am kontingenz-

theoretischen Modell das Verdienst, die Führungsforschung auf die Suche nach Moderatoren der Beziehung zwischen den Merkmalen der Führungskraft und dem gemessenen Führungserfolg gebracht zu haben.

Ein weiteres situationstheoretisch orientiertes Modell, das einen erheblichen Einfluss auf die Modellgestaltung dieser Arbeit aufweist, ist das normative Entscheidungsmodell von Vroom/Yetton (1973; Vroom/Jago 1988; Jago 1995). Im Mittelpunkt dieses Modells steht dabei die Effektivität von Führungsentscheidungen, die nach den Modellannahmen von zwei Faktoren abhängt. Zum einen ist dies die angestrebte Qualität der Entscheidung und zum anderen die angestrebte Akzeptanz bei den Mitarbeitern. Nach Vroom/Yetton können Qualität und Akzeptanz durch die Führungskraft gezielt angestrebt werden, indem sie ihren Mitarbeitern jeweils den optimalen Grad an Partizipation bei der Entscheidung gewähren. Die Grundannahme des Modells besagt, dass die Führungskraft für ihr Vorgehen fünf unterschiedliche Führungsstile zur Verfügung stehen, die sich durch den Grad der Partizipation unterscheiden:

- Entscheidung alleine treffen (AI)
- Informationen bei einzelnen Mitarbeitern einholen, Entscheidung alleine treffen (AII)
- Diskutieren des Problems mit einzelnen Mitarbeitern, Entscheidung alleine treffen (B1)
- Gruppendiskussion mit den Mitarbeitern, Entscheidung alleine treffen (BII)
- Gruppenentscheidung (GII)

Vroom/Yetton gehen davon aus, dass es *den* optimalen Führungsstil nicht gibt, der unter Einbeziehung aller Kontextfaktoren erfolgsversprechend ist. Um aus den o.g. fünf Möglichkeiten des Führungsverhaltens die Effizienteste auszuwählen, muss die Führungskraft die Situation daraufhin analysieren, welches Qualitäts- und Partizipationsniveau anzustreben ist. Diese Analyse erfolgt mittels eines Entscheidungsbaumes, der Fragen zu sieben Situationsbedingungen enthält. Aus der Beantwortung der Fragen resultiert die Empfehlung eines oder mehrer Führungsstile für die jeweilige Situation.
In mehreren Studien, die sowohl im Feld (Jago 1995) als auch im Labor (Field 1982) durchgeführt wurden, konnte das normative Entscheidungsmodell im Wesentlichen bestätigt werden. Trotz dieser empirischen Erfolge weist das normative Entscheidungsmodell in der Führungspraxis nur eine geringe Verbreitung auf, die oftmals auf die mangelnde Handhabbarkeit des Modells aufgrund des scheinbar komplexen Handlungsbaumes zurückgeführt wird (Brodbeck et al. 2002).
Die Kritik am normativen Entscheidungsmodell führt zum einen die Reduktion auf Entscheidungssituationen auf, die mit der Ausblendung weiterer Aspekte des Führungshandelns (z.B. Koordinations- und Kontrollprozesse) einhergeht. Zum

anderen wird die Konzentration auf nur eine isolierte Entscheidungssituation als Einschränkung des Modells genannt (Brodbeck et al. 2002), wohingegen in Realitas Interdependenzen zwischen Entscheidungen eher als Regelfall denn als Ausnahme anzusehen sind. Auch die mangelnde Auseinandersetzung mit dem Erfolgskriterium wird den situativen Ansätzen – ähnlich den anderen zuvor beschriebenen Herangehensweisen – vorgeworfen (Neuberger 2002).

### 2.1.5 Führungserfolg

Viele Führungstheorien gehen implizit oder explizit davon aus, dass Führen ein zielgerichtetes Bewirken von Ergebnissen sei. In diesem Zusammenhang stellt Neuberger (2002, S. 424) fest, dass das „Endprodukt von Führung, der Erfolg, vergleichsweise wenig theoretische und empirische Beachtung gefunden hat". Da das „abstrakte Konstrukt" (Lehner 1995, S. 556) Führungserfolg eine maßgebliche Komponente dieser Arbeit darstellt, soll an dieser Stelle ein Überblick gegeben werden, was unter dem Begriff zu verstehen ist und anhand welcher Faktoren er bestimmt werden kann.

Die Auseinandersetzung mit dem Führungserfolg setzt voraus, dass über die generelle Wirksamkeit von Führung Annahmen getroffen werden. Die Bandbreite der z.T. kontrovers diskutierten Vorstellungen (vgl. Naeschke 2003) ist erheblich:
Auf der einen Seite stehen kontextualistische Ansätze (Hauser 2000, S. 21), die makroökonomischen Größen wie Wirtschaftswachstum oder Inflation sowie branchenspezifischen Parametern wie etwa dem brancheninternen Wettbewerb den entscheidenden Einfluss auf den Erfolg bzw. Misserfolg eines Unternehmens zusprechen. Diesem Ansatz zufolge beeinflussen Führungskräfte den Erfolg bzw. Misserfolg eines Unternehmens nur unerheblich, da sie aufgrund von „mikropolitischen, umwelt- und ressourcenbezogenen [...] Strukturen" (ebd.) daran gehindert werden. Vereinzelt wird dieser Ansatz von empirischen Untersuchungen gestützt. So zeigen Lieberson/O'Connor (1972), dass Führung nur einen kleinen Anteil der Varianz der verwendeten Erfolgsmaße erklärt, wohingegen Aspekte der Branche und unterschiedliche Unternehmenseckdaten mehr Einfluss ausüben. Eine extreme Auslegung der kontextualistischen Sichtweise würde jedoch letztendlich die gesamte Führungsforschung obsolet machen, da ihr die Bedeutung für die Beeinflussung des Erfolges abgesprochen wird.
Auf der anderen Seite stehen individualistische Ansätze (Hauser 2000, S. 21), welche der Führung eine erhebliche Bedeutung für die Erklärung von Leistungsunterschieden beimessen. Thomas (1988) zeigt, dass Führung innerhalb einer gegebenen Situation, bei der branchenbezogene und makroökonomische Faktoren festgelegt sind, 63-73% des Erfolges erklären. Zu ähnlichen Ergebnissen kommen Smith et al. (1984).

Die vorliegende Arbeit orientiert sich an der individualistischen Auffassung, bei der eine Wirksamkeit der Führung unterstellt wird. In der empirischen Untersuchung wird daher versucht, durch die Kontrolle einer Vielzahl exogener Variablen eine Vergleichbarkeit der Situation herzustellen. Es ist zu erwarten, dass sich trotz der kontextualen Ähnlichkeiten Leistungsunterschiede zeigen werden, die auf den Einfluss von Führung zurückzuführen sind.

Vergleichbar mit den bereits erwähnten vielfältigen Ansätzen zur Führungsforschung im Allgemeinen zeichnet sich auch das Themenfeld des Führungserfolgs durch unzählige verschiedene Herangehensweisen aus: Schon 1971 fanden Lent et al. über 1500 verschiedene Kriterien des Führungserfolgs. Eine der Herausforderungen der Forschung liegt darin, diese Variable nicht klar operationalisieren zu können, da sie stark kontextabhängig ist. In der praktischen Umsetzung ergeben sich Unterschiede in der Bewertung nicht nur von Organisation zu Organisation, sondern auch von Situation zu Situation, was wiederum eine Erhebung außerhalb des Labors deutlich erschwert.
Erfolgsindikatoren lassen sich in unternehmensbezogene Erfolgsmaße, die Aussagen über die Entwicklung größerer Einheiten im Unternehmen darstellen, und in persönliche Erfolgsmaße, die direkt mit der Führungskraft verbunden sind, differenzieren. Luthans et al. (1988) zeigen, dass persönlich erfolgreiche Manager nicht automatisch wertschaffend für das Unternehmen sind und umgekehrt.
Führungserfolg wird in dieser Arbeit als Erfolg der Führungskraft für die Organisation verstanden. Dieses Definition reflektiert das grundlegenden Prinzip, warum Unternehmen Mitarbeiter – und somit auch Führungskräfte – einstellen: zur Erzielung eines wirtschaftlichen Erfolgs.

Nach diesen basalen Aussagen über die Natur des Führungserfolgs gilt es nun zu klären, anhand welcher Indikatoren in dieser Arbeit erfolgreiche Führung feststellbar ist. Wie bereits erwähnt, zeigt die Literatur ein heterogenes Bild unterschiedlichster Vorgehensweisen und Ergebnisse (E. Witte 1995). Nach Auffassung Weiblers (2001, S. 89) sind „die bisher erzielten Ergebnisse nicht eindeutig und lassen sich auch nur schwer miteinander vergleichen“. Neuberger (2002, S. 435) erhebt in diesem Zusammenhang den Vorwurf, dass oftmals buchstäblich das nächstbeste Maß verwendet wird.

Ein weit verbreitetes Klassifizierungsschema zur Einordnung der verwendeten Erfolgsmaße stellt die Differenzierung nach Effektivitäts- und Effizienzkriterien dar. Während Effektivität als Maßgröße für die wirksame Aufgabenerfüllung gesehen wird, stellt die Effizienz die Maßgröße für die wirtschaftliche Zielerreichung im Sinne einer Output-Input-Relation dar (E. Witte 1995, Sp. 263). Der letztgenannten Klasse, die hier im Weiteren betrachtet wird, kommt dabei eine erheblich größere Bedeutung zu (ebd.), da nicht nur eindimensional die Aufgabenerfüllung überprüft wird, sondern gleichzeitig ein Abgleich mit dem Input stattfindet. Für Hentze et al. (1997, S. 44) ist Effizienz ein „zentraler Index des Führungserfolges, durch dessen Eintreten direkt oder indirekt zum Gesamterfolg einer Organisation [...] beigetragen werden soll.“ Wie in Abbildung 2-1 dargestellt differenziert E.Witte (1995) drei Teilbereiche der Effizienz: die generelle ökonomische Effizienz, die Leistungsprozesseffizienz und die Personeneffizienz. Aus seiner Auflistung von 45 Faktoren werden hier exemplarisch Einzelne aufgeführt, die später im Rahmen der Erörterung der Balanced Scorecard in Kapitel 2.4 erneut aufgegriffen werden.

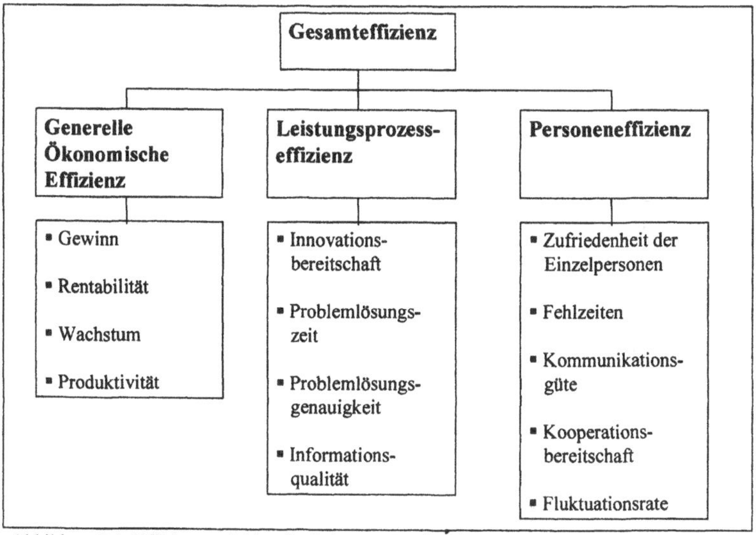

Abbildung 2-1: Effizienzvariablen der Führung (Quelle: eigene Darstellung in Anlehnung an E.Witte 1995, Sp. 265)

E.Witte postuliert (1995, Sp. 265f), dass die unterschiedlichen Erfolgsmaße nicht gleichrangig sind und auch nicht voll gegenseitig verträglich sind. Darüber hinaus macht er deutlich, dass die Verwendung eines einzigen isolierten Kriteriums kaum als Maßstab für den erzielten Führungserfolg dienen kann. Gleichzeitig weist er jedoch auf die steigende Komplexität und schlechtere Handhabbarkeit von Systemen, die aus mehreren Kriterien bestehen, hin.

Im Folgenden soll kurz auf die Erfassung der zuvor skizzierten Erfolgsmaße eingegangen werden. Hierbei muss zwischen objektiven und subjektiven Erfolgsmaßen unterschieden werden. Objektive Maße – z.B. die Fluktuationsrate – liegen nach Bass/Steyrer (1995, Sp. 2057) vor, „wenn es sich um quantitativ messbare Ergebnisvariablen handelt“. Subjektive Erfolgsmaße wie etwa die Freundlichkeit

gegenüber den Mitarbeitern stellen meist Teilaspekte von abstrakten Konstrukten dar, die nicht direkt beobachtbar sind. Lehner (1995, Sp. 552) kommt zu dem Ergebnis, dass im direkten Vergleich objektive Maße nicht notwendigerweise gültiger oder nützlicher als subjektive sind und vertritt die These, dass eine Kombination aus beiden am sinnvollsten sei.
Die eigentliche Messung kann mittels unterschiedlicher Instrumente vorgenommen werden: Beobachtungen, Befragungen unterschiedlicher Personengruppen (z.B. Kunden, Mitarbeiter, Vorgesetzte, Peers), Selbsteinschätzungen, Arbeitsproben etc. Es ist anzumerken, dass alle Verfahren sich durch eine Reihe von Vor- sowie Nachteilen auszeichnen, auf die hier nicht weiter eingegangen werden soll. Lehner (1995, Sp. 558) merkt zu den verwendeten Instrumenten an, dass die Evidenz für eine systematische und praktische Anwendung von Führungserfolgsmessungen in Organisationen gering ist.
Die Kritik an der Führungserfolgsforschung greift an unterschiedlichen Punkten an. Zum einen wird die generell wenig ausgeprägte theoretische Auseinandersetzung mit dem Konstrukt „Führungserfolg“ angeprangert, die in vielen Fällen zu einer willkürlichen Auswahl von singulären Erfolgsmaßen führt. Zum anderen beziehen sich kritische Äußerungen auf messtheoretische Aspekte, indem beispielsweise die Gütekriterien der Bewertungsmaßstäbe in Frage gestellt werden. Auch die mangelnde Einbeziehung kontextualer Einflüsse bei der Beurteilung der Auswirkungen von Führung auf den erzielten Erfolg wird an vielen Stellen angemerkt.
Unter Führungserfolg wird im weiteren Verlauf der Arbeit der für das Unternehmen wahrnehmbare nachhaltige Erfolg der jeweiligen wirtschaftlichen Einheit verstanden. Die Messung des Führungserfolges wird mittels einer Balanced Scorecard vorgenommen, deren theoretischer Hintergrund im Kapitel 2.4 dargestellt wird.

### 2.1.6 Relevanz der Ansätze für diese Untersuchung

Bereits dieser kurze Einblick in die Führungsforschung hat aufgezeigt, dass es sich um ein äußerst dynamisches und weit gefächertes Themengebiet handelt, welches durch erhebliche Unterschiede in den zugrunde gelegten Prämissen und den daraus resultierenden Vorgehensweisen charakterisiert wird. Abschließend soll hier noch einmal die Relevanz der beschriebenen Ansätze für die vorliegende Untersuchung zusammengefasst werden:

Der Beitrag der persönlichkeitsbezogenen Ansätze zeigt sich insbesondere in diesen Aspekten:

- Im Gegensatz zu den persönlichkeitsbezogenen Modellen wird an dieser Stelle eine Situationsvariabilität des Verhaltens unterstellt. Dieser Vermutung wird durch die Schilderung unterschiedlicher Situationen Rechnung getragen, wobei die Erwartung besteht, verschiedene Verhaltensweisen differenzieren zu können.

- An Stelle der abstrakten Eigenschaften, für die keine exakten und allgemein anerkannten Messverfahren existieren, bilden in dieser Arbeit konkret beschreibbare Verhaltensweisen der Führungskräfte den Untersuchungsschwerpunkt.
- Die Kritik an traitorientierten Modellen, einen Großteil der exogenen Faktoren wie etwa die Situation, die Aufgabe oder die Fähigkeiten der Mitarbeiter auszublenden, führt in der vorliegenden Untersuchung zu einer möglichst detaillierten Beschreibung einer Reihe von Faktoren. Ziel ist es, einen erheblichen Anteil kontextualer Faktoren vorzugeben, um Verhaltensunterschiede in den spezifischen Situationen klarer herauszustellen.

Auch aus den verhaltensorientierten Ansätze fließen Erkenntnisse sowohl in die weitere theoretische Fundierung als auch in die empirische Erhebung ein:

- In Anlehnung an die verhaltensorientierten Ansätze wird auch in dieser Arbeit davon ausgegangen, dass die befragten Führungskräfte unterschiedliche Verhaltensweisen zeigen und diese Verhaltensunterschiede in sachlogischem Zusammenhang mit dem erzielten Führungserfolg stehen. In Ergänzung zu den beschriebenen Theorien erfolgt hier jedoch die Einbeziehung einer sehr genau spezifizierten Situation.
- Die im FVVB erarbeiteten Subkategorien „freundliche Zuwendung“ und „mitreißende Aktivität“ beeinflussen ebenso wie die der transformationalen Führungsforschung entliehenen Komponenten „individuelle Wertschätzung“ und „inspirierende Motivierung“ maßgeblich die Gestaltung der Items in der empirischen Untersuchung (vgl. Kapitel 3.3).
- In der vorliegenden Untersuchung wird keine Beurteilung von in der Vergangenheit gezeigten Verhaltensweisen vorgenommen, da diese Vorgehensweise mit einer Reihe von Nachteilen verbunden ist. Vielmehr wird eine alltägliche Situation beschrieben, in der die Führungskräfte aus einer Reihe von Alternativen das von ihnen favorisierte Verhalten darstellen können.

Der Beitrag der kontingenztheoretischen Forschung zeichnet sich in folgenden Punkten ab:

- Situationsbezogene Modelle haben gezeigt, dass die in anderen Theorien angenommene zeitliche und situative Verhaltenskonsistenz nicht in der postulierten Form besteht. Aufbauend auf dieser Erkenntnis finden unterschiedliche Situationen Eingang in diese Arbeit.
- Aus dem normativen Entscheidungsmodell wird die Bedeutung der Akzeptanz der Mitarbeiter bezüglich der getroffenen Entscheidungen sowie

die umfangreiche Analyse der Situation mittels detaillierter Fragen in die Untersuchung übernommen.

- Abgeleitet aus der Kritik an der Beliebigkeit der Situationen in bestehenden kontingenztheoretischen Arbeiten erfolgt an dieser Stelle eine theoretische Fundierung der einbezogenen Situationen.
- Im Gegensatz zu einer Reihe kontingenztheoretischer Ansätze wird das mögliche Führungsverhalten nicht auf nur zwei Dimensionen (Mitarbeiterorientierung und Aufgabenorientierung) reduziert. Vielmehr wurden unter Einbeziehung der Goal-Setting Theorien (vgl. Kapitel 2.2.2) unterschiedliche Verhaltensweisen im Umgang mit den Mitarbeitern detailliert untersucht.

Aus der Auseinandersetzung mit dem Konstrukt Führungserfolg lassen sich folgende Aspekte auf die vorliegende Untersuchung übertragen:

- Anstelle der oftmals verwendeten eindimensionalen Erfolgsmaßstäbe wird ein multidimensionales Konstrukt eingesetzt, welches unterschiedlichste Aspekte unternehmerischen Erfolgs zusammenführt (vgl. Kapitel 2.4).
- Gleichzeitig lässt sich aus bisherigen Untersuchungen ein explizit formulierter Anspruch an die ökonomische Erhebung des Führungserfolges ableiten, da zu umfangreiche Konstrukte dem Einsatz in empirischen Erhebungen entgegenstehen.
- Aufgrund der Bedeutung, die dem Führungserfolg als weiterem inhaltlichen Schwerpunkt dieser Arbeit zukommt, wird der Entwicklung eines Messinstrumentes ein umfangreicher Raum gewidmet. Die für die Entwicklung des hier verwendeten Instruments relevanten theoretischen Hintergründe werden ausführlich in den Kapiteln 2.3 und 2.4 dargestellt.

## 2.2 Motivationstheoretische Aspekte zur Erklärung von Leistungsdifferenzen im Kontext von Erfolg und Misserfolg

Nachdem in Kapitel 2.1 ein Überblick über unterschiedliche Theorien der Führungsforschung verschafft wurde, soll in diesem Abschnitt das Verhalten von Führungskräften im Kontext von Erfolgs- und Misserfolgssituationen erörtert werden. Hierfür werden zunächst in knapper Form Grundlagen der Motivationspsychologie dargestellt, auf deren Basis das Grundkonzept der Untersuchung entwickelt wird. Das im Anschluss daran beschriebene Rubikon-Modell der Handlungsphasen verdeutlicht, warum im weiteren Verlauf der Arbeit motivationale Prozesse der Auswahl von Handlungszielen von der Zielrealisierung getrennt zu betrachten sind. Auf Basis dieser Differenzierung werden anschließend die Zielsetzungs- und Zielrealisierungsprozesse – verknüpft mit dem Erleben von Erfolgs- und Misserfolgssituationen – näher beleuchtet. Hierbei erfolgt zunächst eine definitorische Betrachtung der Konstrukte „Erfolg“ und „Misserfolg“ bevor im Anschluss auf das Verhalten von Führungskräften nach dem Erleben von Erfolgs- und Misserfolgssituationen eingegangen wird.

### 2.2.1 Grundlagen der Motivationspsychologie

Schon eine oberflächliche Auseinandersetzung mit dem Themengebiet der Motivationspsychologie legt offen, dass der Begriff Motivation ein in der Umgangssprache fest verwurzeltes und dementsprechend vielfältig eingesetztes Konstrukt ist (McClelland 1992). Hierbei zeichnet sich die Psychologie der Motivation durch eine besondere Relevanz für tägliches Handeln aus. Nach E.H.Witte (1996, S.9) erweist sich die „Beschäftigung mit Bereichen, die weniger der kognitiven Kontrolle zugänglich sind, als für die Steuerung des Sozialen Handelns im Alltag als außerordentlich wichtig und bedeutsam." Heckhausen (2003) charakterisiert die Motivationspsychologie als Gebiet der psychologischen Forschung, das wie kaum ein anderes von so vielen Seiten zugänglich und gleichzeitig so schwer zu überschauen ist. Daher ist es notwendig, an dieser Stelle erhebliche Eingrenzungen bei der Darstellung des Themengebietes vorzunehmen.

Die Motivationsforschung setzt sich mit dem Warum des menschlichen Handelns (vgl. z.B. L. Fischer/Wiswede 2002, S. 95; Cremer 2002, S. 68) – also den Faktoren, die menschliches Handeln leiten und fortsetzen (Locke 1984, S. 96) – auseinander. Die Motivation i.w.S. erklärt die Richtung, Intensität und die Ausdauer des menschlichen Verhaltens. In auf zielgerichtetes Verhalten ausgerichteten Motivationstheorien werden die personenspezifischen Variablen als Motive und Bedürfnisse und die kontextualen Variablen als Anreize bezeichnet (vgl. u.a. Rheinberg 2002). Heckhausen (2003) unterscheidet drei Problemgebiete der Motivationspsychologie, die aufeinander aufbauen:

- *Motiv:* Der Begriff Motiv kennzeichnet zeitlich stabile, die Handlungen der Individuen auslösende individuelle Wertungsdispositionen (Cremer 2002) und wird zur Erklärung von Verhaltensunterschieden zwischen Personen benötigt (Heckhausen 2003). Das Vorhandensein von Motivausprägungen begründet zum einen die Konsistenz des individuellen Verhaltens über verschiedene Situationen hinweg und macht zum anderen die beständigen Verhaltensunterschiede in identischen Situationen zu unterschiedlichen Zeitpunkten verständlich. Heckhausen (2003, S. 76ff.) merkt an, dass es der Psychologie bisher nicht gelungen ist, die menschlichen Motive in eine zufriedenstellende Klassifikation einzuordnen. Aus der Vielzahl der unterschiedlichen Motive, die etwa von Ritchie/Martin (1999) umfangreich untersucht wurden, soll an dieser Stelle aufgrund der Bedeutung für die vorliegende Untersuchung nur das Leistungsmotiv, als das wohl am eingehendsten erforschte Motiv (Heckhausen 2003, S. 231) betrachtet werden. Nach McClelland (1961, S. 40) ist unter dem Leistungsmotiv das Bedürfnis von Individuen, sich mit einem Tüchtigkeitsmaßstab auseinander zu setzen, zu verstehen. Dies gilt insbesondere für das Verhalten am Arbeitsplatz, was aus der Perspektive des Unternehmens den Vorteil hat, dass die Erfüllung der Arbeitsaufgabe zum Selbstzweck wird. Nach Heckhausen (2003, S. 80) liegt eine leistungsthematische Situation vor, wenn

- die Handlung zu einem nachweisbaren Ergebnis führt
- die handelnde Person das Ergebnis selbst verursacht hat
- das Ergebnis an einem Qualitäts- bzw. Quantitätsmaßstab gemessen werden kann
- die Anforderungen an die Handlung angemessen sind
- ein bestimmter Bewertungsmaßstab maßgeblich ist und innerhalb dieses Maßstabes ein bestimmter Normwert als verbindlich anzusehen ist.

Im Zusammenhang mit dem Leistungsmotiv postuliert Locke (1984, S. 105), dass das Leistungsmotiv durch das Setzen von Zielen in jede Tätigkeit eingebaut werden kann. Hierbei ist jedoch festzustellen, dass so definierte Situationen neben der Hoffnung auf Erfolg auch die Furcht vor Misserfolg als tendenziell hemmendes Motiv hervorrufen können.

- *Motivation (i.e.S.):* Der Begriff „Motivation“ wird in der Motivationspsychologie als „Sammelbegriff für eine Reihe von Prozessen“ verwendet (Wegge 1998a, S. 29). Nach Heckhausen (2003) beinhaltet der Motivationsbegriff alle gedanklichen bzw. emotionalen Prozesse, die veranlassen, dass eine Person ihr Verhalten nach den erwarteten Handlungsergebnissen und den damit verbundenen Konsequenzen ausrichtet und selbst steuert. Zu den unter „Motivation“ subsumierten Prozessen gehören neben der Antizipation von erwünschten und nicht erwünschten Handlungsergebnissen auch die Überlegungen bezüglich der Wahrscheinlichkeit des Eintreffens eben dieser Handlungsergebnisse. Ein weiterer dem Begriff der „Motivation“ zuzurechnender Themenbereich befasst sich mit der Verrechnung der vielfältigen aus einer Situation entstehenden Erwartungen und antizipierten Anreize. In fast allen Motivationstheorien wird dieser Verrechnung ein Kalkül zugrunde gelegt, bei dem die verschiedenen Erwartungen der Person multiplikativ mit den verschiedenen Werten (Nutzen), die den jeweiligen Handlungsergebnissen zugesprochen werden, in Beziehung gesetzt werden (Wegge 1998a, S. 29). Die grundlegende Idee dieser *Erwartungs-Wert-Modelle* (umfangreiche Darstellung etwa bei Rank 1997) besteht darin, dass Personen das Handlungsziel auswählen, welches für sie einen hohen Wert besitzt und gleichzeitig auch mit einiger Wahrscheinlichkeit erreicht werden kann.

- *Volition*: Als Volition wird der Prozess der Realisierung von Handlungsabsichten, die das Ergebnis des Motivationsprozesses sind, in erkennbare Handlungen bezeichnet. Nach Heckhausen (2003, S. 189f) lassen sich drei volitionspsychologische Themenfelder klassifizieren:
  - *Handlungsinitiierung – „Welche der Intentionen werden schließlich realisiert?"* Da im Regelfall nicht davon auszugehen ist, dass die Initiierung der Handlung sofort im Anschluss an die Motivationstendenz erfolgt, sondern der Zeitpunkt der Intentionsrealisierung erst später auftritt, kann die Handlungsinitiierung zu einem eigenen Problem werden, das auf einem Konflikt zwischen konkurrierenden Tendenzen beruht.
  - *Persistenz – „Welche Faktoren beeinflussen die Ausdauer der Handlungen bis zur Zielerreichung und sorgen ggf. dafür, dass unterbrochene Handlungen wieder aufgenommen werden?"* Persistenz ist notwendig, um Ziele, die nicht sofort erreicht werden können, letztendlich erfolgreich verfolgen zu können. Dafür muss die Handlungstendenz das Handeln möglichst ausdauernd leiten und darüber hinaus bei Unterbrechungen ein Streben nach Wiederaufnahme des Handelns gewährleisten. Die Persistenz umfasst zum einen die Fähigkeit, unerledigte Handlungstendenzen wieder in den Vordergrund zu stellen, wenn die Situation dies zulässt und keine andere Handlungstendenz stärker ist und darüber hinaus die Möglichkeit, dass die unerledigte Handlungstendenz starke Stimuli der Umgebung ausblenden kann.
  - *Überwindung innerer Handlungshindernisse – „Wie können Störungen, die in der Natur der Sache oder der Person begründet sind, überwunden werden?"* Nur wenige angestrebte Ziele lassen sich ohne weitere Schwierigkeiten umgehend erreichen, wobei diese Einschränkung insbesondere für den Kontext der Arbeitswelt von Bedeutung ist. Die Verbreitung der Handlungshindernisse hat zu vielen unterschiedlichen Modellen und Theorien zu ihrer Überwindung geführt. So geht Ach schon 1910 von einer nachträglichen Steigerung der Stärke der Handlungstendenz durch die Blockierung der Intention aus.

Da ein gewisses Maß an Konstanz im täglichen Handeln – auch aus der Perspektive anderer Personen – unerlässlich ist, können die Handlungen nicht permanent gewechselt werden. Um effektiv zu handeln, muss ein Individuum zumindest einen Teil der begonnenen Handlungen zu Ende führen. Es kann also nicht nur permanent die Situation kognitiv neu bewerten und das optimale Anstrengungsniveau neu definieren, sondern es muss auch handeln, um die gesetzten Ziele zu erreichen.

Während die ersten beiden Punkte hauptsächlich der Selektionsmotivation, also der Frage, welche Tätigkeit die Person mit welcher Intensität ausführen möchte, zuzuordnen sind, bezieht sich der letzte Punkt überwiegend auf die Realisierungsmotivation, welche die passende Gelegenheit sowie die mögliche Ablenkung von der Ausführung durch alternative Handlungsoptionen thematisiert.

Aufgrund der Vielzahl unterschiedlicher theoretischer Konzepte, die sich mit der Motivation auseinandersetzen ergibt sich an dieser Stelle die Notwendigkeit einer Fokussierung für die weitergehende Auseinandersetzung mit dem Themenbereich. Eine Vielzahl von Motivationsforschern stellt bei ihren Untersuchungen das ökonomische Wissenschaftsziel in den Vordergrund, indem sie sich auf motivationale Mechanismen konzentrieren, die Individuen bei der Verfolgung der Ziele von Organisationen unterstützen (Cremer 2002). Weitere Variablen dieser Forschungsrichtung sind typischerweise Leistung (Locke/Latham 1990a) oder Produktivität (Lawler 1986). An dieser theoretischen Grundausrichtung, die organisational wünschenswertes Verhalten als lohnenswert und machbar erscheinen lässt, orientiert sich diese Arbeit.

Motivation stellt für Cremer (2002, S. 128) ein hypothetisches Konstrukt dar, das nicht direkt, sondern nur indirekt über Indikatoren erhoben werden kann. Nach L. Fischer/Wiswede (2002, S. 100) eignet sich das Verhalten, das Motivation verursachen soll, besonders als Indikator für Motivation. Folgende Attribute motivierten Handelns als unmittelbare Auswirkung von Motivation kennzeichnen Locke/Latham (1990a, S. 12ff; 1990b, S. 87ff.;2002, S. 705ff.) und ähnlich Kleinbeck (1996, S. 16ff.) sowie Weinert (1989, S. 143):

- Richtung des Handelns
- Anstrengung zur Zielerreichung
- Ausdauer der Zielverfolgung
- Suche nach Lösungsstrategien

Die Weiterentwicklung der klassischen Motivationstheorien sollte nach Ansicht von Wegge (1998a) an zwei verschiedenen Schwachpunkten der bisherigen Ansätze stattfinden. Eine Weiterentwicklungsmöglichkeit sieht er in der z.T. fehlenden Betrachtung der Prozesse der Absichts- und Ausführungskontrolle. Diese Prozesse werden z.B. von den weiter unten beschriebenen Modellen des Rubikons sowie der Handlungskontrolltheorie als zentrale Elemente aufgegriffen. Ein weiterer Ansatzpunkt für die Weiterentwicklung der klassischen Motivationstheorien wird in der Wahl des verwendeten Leistungsmaßes als Beleg für die motivationalen Auswirkungen auf die Leistungen gesehen. Hier kritisiert Wegge (1998a) die häufig anzutreffende Beliebigkeit der verwendeten Maße.

Führt man die zuvor skizzierten Aspekte der Motivationstheorien sowie die von Wegge genannte Kritik daran mit den in Kapitel 2.1 aufgeführten Führungstheorien zusammen, lässt sich ein Untersuchungsmodell des Führungsverhaltens entwickeln, das im weiteren Verlauf dieses Kapitels näher spezifiziert wird: Im Zentrum der Untersuchung steht das Verhalten der Führungskraft gegenüber ihren Mitarbeitern zur Verfolgung der durch die Organisation vorgegebenen Rahmenziele. Aus dem breiten Spektrum der möglichen Verhaltensweisen wird der Fokus auf die Führung der Mitarbeiter durch Ziele gelegt. Hierbei kommt der Goal-Setting Theory nach Locke/Latham (u.a. 2002) eine besondere Bedeutung zu. Da die Performance einen wichtigen Bestandteil dieser Theorie darstellt, wird im Gegensatz zur allgemeinen Auseinandersetzung mit Motivationstheorien, bei der nach Rheinberg (2002, S. 176) „die konkrete Realisation des motivierten Verhaltens [...] nicht mehr sonderlich interessiert", der tatsächlichen Durchführung der geplanten Handlung eine erhebliche Bedeutung beigemessen. In Erweiterung einer Reihe bestehender Studien zum Thema Führung werden Kontextfaktoren möglichst umfassend exogen vorgegeben, um einer Verfälschung der Ergebnisse weitestgehend entgegenzuwirken. Eine weitere Abgrenzung gegenüber vorliegenden Untersuchungen liegt in der Konzentration auf Erfolgs- und Misserfolgssituationen, die die Führungskräfte gemeinsam mit ihrem Team erleben.

Der folgende Teilabschnitt umfasst eine Erörterung, inwieweit sich eine differenziertere Betrachtung des Zielverhaltens der Führungskräfte in Zielsetzungs- und Zielrealisierungsprozesse für die weitere Untersuchung als zweckmäßig erweist.

### 2.2.2 Segmentierung des Führungsverhaltens in Zielsetzungs- und Zielrealisierungsprozesse

Wie zuvor herausgearbeitet, werden in der vorliegenden Studie Aspekte des Zielverhaltens von Führungskräften nach dem Erleben eines Erfolgs bzw. Misserfolgs untersucht. Um die Beliebigkeit der Auswahl der betrachteten Prozessschritte zu vermeiden, lehnt sich die Analyse des Verhaltens der Führungskräfte an das Rubikon-Modell an, welches klar zwischen Zielsetzungs- und Zielrealisierungsprozessen und dabei gleichzeitig zwischen motivationalen und volitionalen Prozessschritten differenziert.

Das Rubikon-Modell (Gollwitzer 1990; Heckhausen 2003; Heckhausen /Gollwitzer 1987) unterscheidet vier unterschiedliche Handlungsphasen. Es beschreibt den Handlungsablauf von der ersten Wunschregung bis zur Realisierung des angestrebten Ziels. Da die klare Trennung zwischen den motivationalen Prozessen der prädezisionalen Phase und den volitionalen Prozessen der postdezisionalen Phase eines der Wesensmerkmale dieses Modells darstellt, werden zunächst die motivationale und die volitionale Bewusstseinslage voneinander abgegrenzt. Die folgende Beschreibung des Modells lehnt sich an Heckhausen (2003, S. 203ff.) an.

Ausgangslage des Modells sind Wünsche oder Befürchtungen, die eine Prüfung, ob das Gewünschte herbeigeführt bzw. das Befürchtete vermieden werden kann, anregen. Im direkten Zusammenhang mit dieser Prüfung stehen Überlegungen, ob es lohnend ist, sich um die Realisierung der Wünsche bzw. der Befürchtungen zu kümmern. Da die Handlungsmöglichkeiten aller Personen bezüglich der Zeit und Ressourcen begrenzt sind, ist eine Realitätsorientierung auf Basis der Wünschbarkeit und Machbarkeit (s.o.) für den Auswahlprozess notwendig. In diese Überlegungen sind auch die Folgen einzubeziehen, die entstehen, wenn man sich auf ein mögliches Ziel des Handelns eingelassen und dieses erreicht hat. Es gilt also, Folgen des eigenen Handelns möglichst umfangreich zu prognostizieren und in die Entscheidung über die Realisierung der Wünsche einfließen zu lassen.
Motivationale und volitionale Abläufe besitzen einen besonderen Modus, der nach Gollwitzer (1988) durch ihren Inhalt, die Selektivität der Aufnahme und durch die Bearbeitung gekennzeichnet ist. Motivationale Gedanken beinhalten einerseits vornehmlich anreizbetonte Vergegenwärtigungen der möglichen Folgen des eigenen Handelns und anderseits Abwägungen der Eintrittswahrscheinlichkeiten von Alternativereignissen. Hierbei lassen sich mehrere Erwartungstypen unterscheiden: Die Situations-Ergebnis-Erwartung, die sich damit beschäftigt, wohin die Situation ohne einen eigenen handelnden Eingriff führen würde; die Handlungs-Ergebnis-Erwartung, die den eigenen Einfluss auf die Situation thematisiert sowie die Instrumentalität des herbeigeführten Handlungsergebnisses für die weiteren Folgen (Heckhausen 2003, S. 204). Die Auswahl motivationaler Gedanken – also die Aufnahme von Informationen – ist sehr offen, da es alle wahrscheinlichen Möglichkeiten einzubeziehen gilt. Die folgende Bearbeitung der Informationen sollte in der motivationalen Phase möglichst realitätsorientiert, d.h. frei von subjektiven Voreingenommenheiten, stattfinden.
Während die motivationale Bewusstseinslage sich durch eine Realitätsorientierung auszeichnet, ist die volitionale Bewusstseinslage durch eine Realisierungsorientierung gekennzeichnet. Nachdem die Intention, ein bestimmtes Ziel zu erreichen, gefasst ist, stehen die Gedankeninhalte im Zeichen der Realisierung des Vorhabens. Da oftmals eine sofortige Umsetzung nicht möglich ist, muss eine Handlungsplanung, bei der zum einen die Auswahl des günstigsten Realisierungszeitpunktes und zum anderen die Art und Weise der Durchführung bestimmt wird, vorgenommen werden. Die Aufmerksamkeit fokussierenden Handlungsplanungen, die durch eine selektive Informationsaufnahme charakterisiert werden, sind ein Kennzeichen für die volitionale Bewusstseinslage. Gedanken, welche die einmal gefasste Zielintention in Frage stellen, stören und werden beiseite gedrängt. Metavolitionen lenken auch in Fällen, in denen sich Konflikte aus der Realisierung konkurrierender Zielintentionen ergeben könnten, die Informationsbearbei-

tung so, dass die Umsetzung der ursprünglich geplanten Zielintention den Vorrang behält. Die Bearbeitung des Informationsstroms findet also nicht mehr objektiv, sondern von der getroffenen Entscheidung zugunsten einer Zielintention beeinflusst statt. Je mehr Vorausplanung die zu realisierende Zielintention benötigt, desto ausgeprägter wird die volitionale Bewusstseinslage und damit die „partei ische" Bearbeitung der Informationen (Heckhausen 2003, S. 204).

Wie in Abbildung 2-2 erkennbar, lässt sich der Ablauf von der Wunschregung bis zur Realisierung in vier Phasen gliedern, von denen je zwei von einer motivationalen und einer volitionalen Bewusstseinslage gekennzeichnet sind.

Die *prädezisionale Motivationsphase* beinhaltet die Prozesse des Abwägens möglicher Handlungsalternativen. Ziel dieser Prozessphase ist die als Rubikon bezeichnete Intentionsbildung, die den Abschluss dieser Phase und den Übergang zur Handlungsinitiierung in der präaktionalen Volitionsphase darstellt. Damit das Abwägen der Alternativen nicht einen zu großen zeitlichen Raum einnimmt, wird ein metavolitionaler Kontrollprozess in Form einer sogenannten Fazit-Tendenz gestartet. Dieser Kontrollprozess wird um so stärker, je mehr die abwägende Person davon überzeugt ist, die relevanten Faktoren im Rahmen des Möglichen erschöpfend geklärt zu haben. Der Grenzwert für die verbleibende Ungewissheit hängt dabei zum großen Teil von der Tragweite der Problemstellung ab. Nach einer Studie von Gollwitzer et al. (1987) fühlt man sich dem Akt des Entschlusses um so näher, je vollständiger die Gründe für und gegen das Vorgehen abgewogen worden sind.

In der direkt nach dem Rubikon liegenden – als *präaktionale Volitionsphase* bezeichneten – zweiten Phase steht die Handlungsinitiierung einer unter oftmals mehreren, miteinander konkurrierenden Zielintentionen im Vordergrund. Wenn während einer Tätigkeit plötzlich die Gelegenheit zu einer anderen Tätigkeit eintritt, können Intentionen miteinander kollidieren (Schütt 1986), wobei die Möglichkeit zur Initiierung einer bisher unerledigten Intention die Aufmerksamkeit so stark auf sich zieht, dass der Ablauf der Ersttätigkeit vorübergehend gestört wird. Hiervon abzugrenzen ist das planmäßige Aufschieben einer bereits aktivierten Intention, das schon bei zweijährigen Kindern beobachtet worden ist (Lütkenhaus/Heckhausen 1987).

In der mit der Intentionsinitiierung eingeleiteten *aktionalen Volitionsphase* übernimmt die mentale Repräsentation der gewählten Zielintention die Führung der Handlung. Die Ebene, auf der das Ziel repräsentiert wird, hängt dabei von den situativen Erfordernissen ab. So kann bei unbehindertem Tätigkeitsablauf die Zielrepräsentation auf höhere Ebenen verlegt und bei auftretenden Schwierigkeiten nahe Zwischenziele handlungsleitend werden. Sowohl Intensität als auch Ausdauer der Handlung werden dabei von der Volitionsstärke beeinflusst, die wiederum von der zu überwindenden Schwierigkeit abhängt. Hier folgt das Rubikon-Modell der Handlungsphasen dem Ach-Hillgruberschen Schwierigkeitsgesetz der Motivation (Ach 1910). Während der Handlungsausführung stellt die Anstrengungsregulation, mit der Anstrengung und Ausdauer reguliert werden, einen wichtigen Kontrollprozess zur Vermeidung von Überanstrengungen angesichts großer Handlungshindernisse dar. Diese Regulation ist nach Bandura (1989) zu beobachten, wenn der Handelnde sich selbst Zwischenziele setzt und permanent Rückmeldungen über die Ergebnisse seines Handelns bekommt.

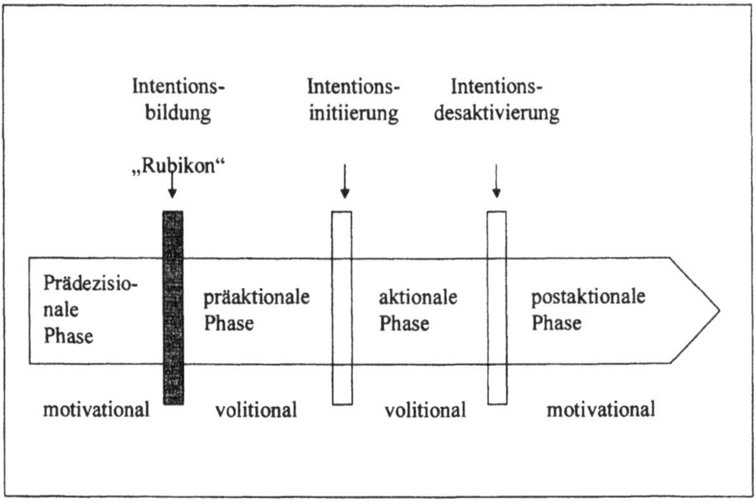


Abbildung 2-2: Rubikon-Modell der Handlungsphasen (Quelle: Heckhausen 2003, S. 212)

In der *postaktionalen Motivationsphase*, die den Abschluss des Modells bildet, steht die Bewertung der erzielten Handlungsergebnisse und die Analyse der Schlussfolgerungen, die für zukünftige Handlungen gezogen werden, im Vordergrund. Hierbei wird eine ex post Betrachtung mit einer ex ante Betrachtung kombiniert. Ist die Zielintention mit dem erzielten Ergebnis erreicht worden, kann sie deaktiviert werden. Ist das Ziel jedoch nicht oder nicht ganz erreicht worden, gilt es zu überprüfen, worauf die Abweichung zurückzuführen ist, um zu entscheiden, ob die Zielintention weiter verfolgt, modifiziert oder gänzlich aufgegeben werden soll. Die ex post Betrachtung einer nicht erfolgreichen Handlung artet leicht in Perseveration aus, bei der es zu einem sich zwischen Konstatierung des Misserfolgs und negativer Selbstbewertung bewegendem Gedankengang kommt. Dieses Verhalten behindert den gedanklichen Abschluss des Handelns und wirkt sich daher auf sich anschließende Handlungen aus, da die Person sich gedanklich immer wieder zur nicht abgeschlossenen Situation zurückbewegt.
Hinsichtlich des Gültigkeitsbereichs des Rubikon-Modells merken Heckhausen (2003) und Gollwitzer (1990, 1996) an, dass nicht alle Alltagshandlungen in der oben skizzierten Phasenabfolge verlaufen. So erfordern Handlungen, die gewohn-

heitsmäßig durchgeführt werden, keine Intentionsbildung durch einen Abwägungsprozess. Auch für nicht alltägliche Handlungen werden nicht immer alle Phasen in vergleichbarer Form durchlaufen; so findet die Planungsphase nur bei schwierigen Zielsetzungen Beachtung. Auch eine eindeutige Abgrenzung der in den Handlungsphasen auftretenden motivationalen und volitionalen Prozesse ist laut Wegge (1998a) nicht immer gewährleistet, da in jeder Phase beide Arten von Prozessen auftreten können.

Während das zuvor beschriebene Rubikon-Modell die Handlungsrealisierung allgemeingültig thematisiert, betrachtet die vorliegende Arbeit schwerpunktmäßig das Verhalten von Vorgesetzten gegenüber ihren Mitarbeitern. Dafür wird aufbauend auf der zuvor beschriebenen Grundlage untersucht, welche Gestaltungsmöglichkeiten Führungskräfte innerhalb der Handlungsphasen haben. In der prädezisionalen Motivationsphase steht die Wahl der möglichen Handlungsalternative im Vordergrund. Da das Hauptziel – langfristiger wirtschaftlicher Erfolg – festgelegt ist, beschränkt sich die Auswahlmöglichkeit für die Führungskräfte im Regelfall auf die Auswahl einer Zielstrategie, wie sie innerhalb des gesetzten Zielrahmens eigene Schwerpunkte setzen und diese erreichen wollen. Die präaktionale Volitionsphase, während der die Intention auf die Gelegenheit zur Initiierung wartet und eine weitergehende Planung der folgenden Handlung vorgenommen wird, spielt für die weitere Betrachtung eine bedeutende Rolle. Obwohl im ausgewählten Untersuchungsdesign Zeitpunkte für mögliche Aktivitäten der Führungskräfte vorgegeben werden, haben die Versuchspersonen die Möglichkeit, ihr weiteres Vorgehen zu planen. Der aktionalen Volitionsphase, in der das intentionsrealisierende Handeln im Mittelpunkt steht, kommt eine besondere Bedeutung zu, da hier die Führungskräfte vielfältige Möglichkeiten der Einflussnahme haben. Die in der postaktionalen Motivationsphase vorgenommenen Bewertungen des zurückliegenden Handlungsablaufs finden im Weiteren nur insofern Erwähnung, als dass eine Situationsanalyse als Ausgangsbasis für die weitere Untersuchung dient. Die soeben skizzierten Schwerpunkte des Führungshandelns lassen sich mit Hilfe der Zielkonzepte, welche im folgenden Kapitel näher beschrieben werden, detaillierter aufschlüsseln.

### 2.2.3 Zielkonzepte

Menschliches Verhalten besteht zu einem erheblichen Teil aus zielgerichtetem Handeln (Wegge 2004, S. 261). Im Gegensatz zum Verhalten, das auch Reflexe und Instinkthandlungen umfasst, wird vom Handeln nur dann gesprochen, wenn bewusste gedankliche Vornahmen (Vorsätze) der jeweiligen Person eine bestimmte Tätigkeit auslösen. Dass Ziele in Kombination mit anderen Variablen wie etwa dem Feedback das Verhalten von Menschen kausal mitsteuern, wird nur noch von wenigen Philosophen angezweifelt, die sehr strenge Nachweiskriterien für die

Prüfung der Kausalität anlegen (vgl. z.B. Hacker 1999). Dementsprechend haben Ziele und das darauf bezogenes Feedback eine zentrale Rolle in nahezu allen psychologischen Motivationstheorien übernommen (vgl. z.B. Boekaerts et al. 2000). Dies wird beispielsweise durch die Veröffentlichung zahlreicher Sammelbände (z.B. Gollwitzer/Bargh 1996; Martin/Tesser 1996) manifestiert. Forschungsarbeiten zu Zielkonzepten lösen die traditionelle Motivationspsychologie, die bislang davon ausging, dass die Bereitschaft, ein spezielles Verhalten auszuführen, durch die Variablen Anreiz und Erwartungen ausreichend beschrieben ist (Heckhausen 2003), immer stärker ab (Oettingen/Gollwitzer 2002, S. 51). Erwartungen und Anreize reichen nach Untersuchungen weder für das Setzen von Zielen (Oettingen 1996, 1999) noch für das Erreichen bereits gesetzter Ziele (Gollwitzer 1990; Heckhausen 2003) aus, da beide Vorgänge von Prozessen der Selbstregulation abhängig sind.
Im Gegensatz zu den Behavioristen, die zielgerichtetes Verhalten an seinen äußerlichen Merkmalen erkennen, ist der Bezugspunkt der heutigen Zieltheorien das internale subjektive Ziel (Oettingen/Gollwitzer 2002, S. 52). Zielgerichtetes Handeln bezieht sich demnach auf Ziele, denen sich die Person verpflichtet fühlt.

Die unter anderem von Heckhausen (2003; Heckhausen/Gollwitzer 1987) vorgeschlagene Differenzierung des Themengebiets der Zielkonzepte in die Prozesse der Auswahl und der Realisierung von Zielen ist mittlerweile allgemein anerkannt. Hierbei ist zu beachten, dass Motivationsprozesse, die in beiden Bereichen auftreten, unterschiedlichen Gesetzmäßigkeiten unterliegen. Diese Unterschiedlichkeit wird etwa bei der Auseinandersetzung mit Lockes Zielsetzungstheorie (Locke/Latham 1990a) und Atkinsons Risikowahl-Modell (1958) der Leistungsmotivation deutlich. Locke (1968; Locke/Shaw 1984) veröffentlicht Untersuchungsergebnisse nach denen der Anstrengungseinsatz von Personen, die eine leistungsbezogene Aufgabe übernommen haben, linear mit der Schwierigkeit der Aufgabe ansteigt und die Aufgabenleistung meistens dort am höchsten ist, wo schwierige Ziele gesetzt wurden (Locke et al. 1981). Dies steht auf den ersten Blick in scheinbarem Widerspruch zu Atkinsons Risikowahl-Modell, nach dem ein umgekehrt U-förmiger Verlauf der Aufgabenmotivation bei steigender Schwierigkeit zu erwarten wäre. Demnach müsste die Motivation der Aufgabenbearbeitung bis zu einem mittleren Grad der Erfolgswahrscheinlichkeit zunehmen, um danach wieder abzusinken (Atkinson 1958). Nach Heckhausen und Kuhl (1985) sind diese beiden Ansätze durchaus miteinander vereinbar, da sich Atkinsons Risikowahl-Modell auf die Auswahl von Aufgaben mit unterschiedlichen Schwierigkeitsgraden bezieht und Lockes Zielsetzungstheorie sich mit der Bearbeitung von bereits akzeptierten Aufgaben beschäftigt.
Bei der vergleichenden Betrachtung der Zielsetzung und Zielrealisierung kommen Oettingen/Gollwitzer (2002, S. 53) und Carver/Scheier (1999) zu dem Er-

gebnis, dass der Realisierung gesetzter Ziele in der Forschung eine größere Aufmerksamkeit gewidmet wird als der Zielsetzung.

Nachdem zuvor anhand des Rubikon-Modells verdeutlicht wurde, dass eine Aufteilung des Motivationsprozesses in die beiden Prozessschritte Zielsetzung und Zielrealisierung notwendig ist, soll in den nachstehenden Abschnitten auf die beiden Teilprozesse eingegangen werden. Entsprechend der Reihenfolge des Auftretens im täglichen Handeln werden zunächst die Prozesse der Zielsetzung betrachtet bevor auf die Zielrealisierung eingegangen wird.

#### 2.2.3.1 Zielsetzungstheorie

Als Weiterentwicklung der in Kapitel 2.2.1 dargestellten allgemeinen Motivationstheorien umfasst die Zielsetzungstheorie der menschlichen Leistung einen deutlich engeren Gegenstands- respektive Gültigkeitsbereich, da es fast ausschließlich um Leistungen geht, die bei der Bearbeitung von verschiedenen Aufgaben gemessen werden können. Neben den Einflussfaktoren für diese Leistung und deren Zustandekommen werden auch die Konsequenzen, die das Erbringen der Leistung nach sich ziehen (z.B. Zufriedenheit mit dem Ergebnis) untersucht. In thematischer Übereinstimmung mit den willenstheoretischen Modellen von Ach (1935) basieren Zielsetzungstheorien auf dem Grundgedanken, dass aus den vielfältigen motivationalen und volitionalen Variablen die intendierten Leistungsziele einer Person als die wirksamsten Determinanten anzusehen sind (Locke/Latham 1991; Locke/Latham 1990a). Die Zielsetzungstheorie, mit der sich diese Arbeit beschäftigt, ist als psychologische Motivationstheorie zu verstehen, die auf die Arbeit in Organisationen fokussiert.

Im Rahmen empirischer Untersuchungen zur Zielsetzungstheorie wurden Auswirkungen von Leistungszielen nicht nur auf Individuen, sondern auch innerhalb von Gruppen untersucht (z.B. Saavedra et al. 1993; Wegge 1998c). Als Ergebnis dieser Befunde erhebt die Theorie den Anspruch, nicht nur für Individuen und deren Aufgabenleistungen, sondern auch für die Leistung von Arbeitsgruppen valide Aussagen treffen zu können.

Bevor die Zielsetzungstheorie eingehender beleuchtet wird, erscheint es an dieser Stelle sinnvoll, sich mit dem Begriff des Ziels bzw. des Leistungsziels wie er von Locke/Latham (1990a, S.2 ff.) verwendet wird, auseinander zu setzen. Wegge (1998a, S. 78) merkt hierzu an, dass beide bei der Definition „erstaunlich unpräzise" vorgehen, indem Ziele auf der einen Seite als bewusste Gedanken der Person hinsichtlich künftiger, anzustrebender Resultate von Handlungen und auf der anderen Seite als Objekte bzw. Zustände, die außerhalb der Person liegen, klassifiziert werden. Obwohl die zweite Definition in der Umgangssprache eine weite

Verbreitung gefunden hat – fast alles kann danach zum Ziel werden – sind Objekte bzw. Zustände außerhalb des Individuums keine Ziele der Person, sondern vielmehr anzustrebende Sollzustände, die eine Person wählen kann, wenn sie sich ein Ziel setzt. Erst mit der Bildung einer inneren Repräsentation, die sich auf das Erreichen des angestrebten Ziels ausrichtet, werden diese Sollzustände zu Zielen. Nur wenn die gedankliche Repräsentation eines objektiven Ziels vom Handelnden in ein intendiertes Leistungsziel eingebunden wurde und dementsprechend eine Absicht zur Zielerreichung entwickelt wurde, beeinflussen objektive Ziele die Handlung der Person in Richtung der erfolgreichen Zielerreichung.
Locke/Latham (1990a) beschreiben drei unterschiedliche Kategorien von Zielen: Ziele können direkt von der Person selbst stammen („personal goal" oder „self set goal"), von anderen Personen zugewiesen werden („assigned goal") oder gemeinsam mit anderen Personen entwickelt werden („participatively set goal"). Vergleichbar mit den o.g. Ausführungen zu Objekten werden von außen vorgegebene Zielvorstellungen erst dann zu Zielen, wenn die handelnde Person eine Bindung an dieses Ziel entwickelt – sich also verpflichtet, der Aufforderung nach Leistungserbringung nachzukommen.
Oettingen/Gollwitzer (2002) skizzieren eine Reihe weiterer Determinanten der Zielsetzung, die besonderen Einfluss auf die weiteren Prozesse der Zielerreichung haben. Die folgenden Determinanten erweisen sich als für diese Arbeit relevant:
*Zielhierarchie:* Zielhierarchien ermöglichen die Klassifikation in übergeordnete (auch als „be" Ziele bezeichnet) und untergeordnete Ziele (auch „do" Ziele genannt), wobei übergeordnete Ziele die Inhalte der untergeordneten Ziele determinieren. Um ein „be" Ziel wie „ich will ein erfolgreicher Arzt werden" zu verwirklichen, ist es erforderlich, „do" Ziele wie „Vorlesung besuchen" zu generieren, die wiederum die Inhalte von „motor-control" Zielen „mit dem Auto zur Universität fahren" bestimmen (Carver/Schreier 1999, S. 72). Dieses alltägliche Beispiel zeigt, dass Ziele, die auf einer übergeordneten Ebene angeordnet sind, durch die Generierung von Zielen auf handlungsnäheren Ebenen verhaltenswirksam werden. Dieser Prozess ist zu Beginn diskrepanzproduzierend, da die Unterziele erst noch realisiert werden müssen (Locke 1991; Bandura 1990). Im weiteren Verlauf setzt die Diskrepanzreduzierung ein, da das übergeordnete Ziel durch die Verfolgung korrespondierender Ziele auf untergeordneten Ebenen realisiert wird. In diesem Zusammenhang vertreten T.W. Lee und Locke (T.W. Lee et al.1989; Locke/Latham 1990a) die Auffassung, dass spezifische Ziele im Vergleich zu globalen Zielen sehr viel effizienter sind, da sie klare Standards für die Planung, Ausführung und Bewertung von Aktivitäten enthalten. Nach Auffassung anderer Autoren (Bandura 1989; Carver Scheier 1990b; Emmons 1989) sind übergeordnete Ziele jedoch in eine hierarchische Struktur eingebunden, die es ermöglicht auch sehr globale Ziele mit spezifischen Zielen in Verbindung zu bringen. Dieser Annahme liegt die Vorstellung zugrunde, dass globale und spezifische Ziele nicht unabhängig voneinander sind, sondern vielmehr verschiedene Ebenen einer ge-

meinsamen Zielstruktur repräsentieren (Brunstein 1995). Auf untergeordneten Zielebenen lassen sich eine Vielzahl von Handlungsprogrammen definieren, die der Ausgestaltung des angestrebten übergeordneten Ziels dienen. Daher existieren unterschiedliche Methoden, ein übergeordnetes Ziel zu realisieren (Brunstein 1995) und es ergibt sich ein hohes Maß an Flexibilität bei der Verwirklichung der gesetzten Ziele (Carver/Scheier 1990b; 1991). Wird ein spezifisches Unterziel verfehlt, ergibt sich nicht automatisch das Scheitern des Oberziels. Bei existierenden Handlungsalternativen ist vielmehr mit der Ausführung von Ersatzhandlungen als mit langwierigen Ablösungsprozessen zu rechnen. Depressive Phasen wie sie etwa von Klinger (1977) aufgeführt werden, setzen erst dann ein, wenn bereits viele Pläne nicht realisiert werden konnten und somit das übergeordnete Ziel selbst gefährdet ist (Carver/Scheier 1990a). Obwohl Zielhierarchien nach dem Konzept von Carver und Scheier die Vermutung nahe legen, dass sich Personen permanent mit der Generierung von untergeordneten Zielen beschäftigen, zeigen Untersuchungen (Carver/Scheier 1991), dass die Spezifikation von Zielen weitgehend automatisiert erfolgt.

*Abstraktionsniveau*: Ziele können sich über die Zielhierarchie hinaus auch in anderen Strukturmerkmalen wie etwa dem Abstraktionsniveau unterscheiden. Die Übergänge zwischen verschiedenen Zielebenen wurden in der Vergangenheit vor allem durch Vallacher und Wegner (1985, 1987, 1989; Wegner/Vallacher 1986) im Rahmen der Action-Identification-Theorie untersucht. Als Tenor ihrer Untersuchungen postulieren sie, dass Handlungen auf höheren Zielebenen repräsentiert werden, wobei Handlungen im Selbstverständnis der jeweiligen Person mit ihrem Sinn und Zweck identifiziert werden. Erweist sich die Ausführung dieser Handlungen als zu schwierig, komplex oder ungewohnt, wird diese Zielebene verlassen und das Niveau auf eine niedrigere Ebene abgesenkt. Hierbei steht dann das „wie" und nicht mehr das „wozu" des Handelns im Fokus (Wegner/Vallacher 1986). Als Einschränkung dieses Modells merken Vallacher/Wegner (1986) jedoch an, dass einige Personen generell über ihre Handlungen eher konkret als abstrakt nachdenken.

*Einfluss anderer Personen*: Zielsetzungen eines Individuums unterliegen oftmals dem Einfluss anderer Personen, die z.B. durch eine gemeinsame Entscheidungsfindung oder Mitbestimmung (Wilpert 1994) auf die Zielsetzung einwirken. Nach Mischel/Liebert (1966) können Ziele auch von geachteten Personen (z.B. Vorgesetzten) übernommen werden. Darüber hinaus beeinflussen auch kontextuelle Faktoren wie etwa durch die Situation vermittelte normative Erwartungen die Zielsetzung (Cantor/Fleeson 1991). Besonders im Unternehmensumfeld werden Ziele oftmals von anderen (im Regelfall von den Vorgesetzen) vorgegeben. Inwieweit solche durch andere vorgegebene Ziele als persönlich verbindliche Ziele aufgefasst werden hängt davon ab, wer wem Ziele aufträgt und wie diese entsprechenden Zielstiftungsversuche gestaltet sind (Oettingen/Gollwitzer 2002). Als relevante Variablen erweisen sich Merkmale des Einflussnehmers, des Rezipienten sowie der ausgewählten Argumente (McGuire 1969). Beim Einflussnehmer sind besonders die Legitimation und Vertrauenswürdigkeit für die Transformation des aufgetragenen in ein persönlich relevantes Ziel (Locke/Latham 1990a) von Bedeutung. Beim Empfänger ist die Kategorisierung des Ziels hinsichtlich der Determinanten Wünschbarkeit und Machbarkeit und die mögliche Umformulierung des gegebenen Ziels für die eigene Person relevant (Cantor/Fleeson 1994). Die aufgeführten Argumente müssen die Diskrepanz zwischen dem aufgetragenen Ziel und der damit verbundenen persönlichen Zielsetzung möglichst gering halten und Furchtappelle nur in Verbindung mit Informationen über den Weg zum Ziel eingesetzt werden. Der Zielgebende muss in solchen Situationen die Motivation und Informationsverarbeitungskompetenz der Empfänger bei der Zielformulierung beachten, da diese beiden Variablen als Moderator auf die persönliche Übernahme vorgegebener Ziele auswirken (Chaiken 1987; Petty/Cacioppo 1986).

Unter Einbeziehung der zuvor beschriebenen Definitionsansätze von Locke/Latham sowie der Determinanten nach Oettingen/Gollwitzer (2002) wird im weiteren Verlauf dieser Arbeit unter den Begriffen „Ziel", „Leistungsziel" oder „intendiertes Leistungsziel" ein persönliches Ziel verstanden, das auch als Reaktion auf von außen aufgetragene Ziele – entweder als „assigned goal" oder als „participatively set goal" – gebildet werden kann. In Bezug auf die empirische Untersuchung wird dementsprechend angenommen, dass die in den untersuchten Filialen arbeitenden Mitarbeiter das übergeordnete Leistungsziel – den nachhaltigen finanziellen Erfolg – als persönliches Ziel verstehen, nach dessen Erreichung sie streben. Diese Annahme wird u.a. durch die Auszahlung leistungsabhängiger Vergütungsbestandteile unterstützt, die in vielen Unternehmen neben einer individuellen Komponente auch eine filialbezogene Komponente enthält. Dadurch partizipieren die Mitarbeiter sehr direkt vom Zielerreichungsgrad ihrer organisatorischen Einheit. Eine solche extrinsische Motivation wird beispielsweise von P.M. Wright (1992) als hinreichende Bedingung für die Akzeptanz von „assigned goals" bzw. „participatively set goals" genannt.

Die entscheidende Annahme der Zielsetzungstheorie formulieren Latham und Locke (1995, Sp. 2222) folgendermaßen: „Die zentrale Grundannahme der Zielsetzungstheorie ist, dass Ziele die unmittelbaren Regulatoren menschlichen Handelns sind. Diese Theorie beschäftigt sich mit leistungsorientierten Handlungen in Bezug auf Arbeitsaufgaben." Hierbei werden Vorhersagen von Leistungen im Wesentlichen durch die beiden Attribute der exakten Inhalte der Leistungsziele und der Intensität der Ziele beeinflusst (Locke/Latham 1990a). Die Inhalte der Leistungsziele lassen sich wiederum in drei Dimensionen aufteilen: Die *Spezifiät* mit der das Ziel beschrieben wurde (spezifisch vs. unspezifisch), die objektive *Schwierigkeit* des Ziels (schwer vs. leicht) sowie dem *Zeitraum* (kurzfristig vs. langfristig), auf den sich das Ziel bezieht. Die Intensität der Ziele beschreibt As-

pekte, die auf die Stärke der erlebten Zielbindung Einfluss nehmen. Beispiele hierfür sind die für die Zielsetzung benötigte Zeit, die Stellung des Ziels innerhalb der persönlichen Zielhierarchie des Handelnden und die Wichtigkeit, die dem Ziel von der handelnden Person beigemessen wird.
Basierend auf dieser zentralen Annahme postulieren Locke/Latham (1990a) drei Grundannahmen:

1. Schwierig zu erreichende Ziele führen zu besseren Leistungen als leichte Ziele. Grundlage der Beurteilung der Schwierigkeit ist die objektiv wahrnehmbare und nicht die subjektive Schwierigkeit der Aufgabenstellung. Eine Möglichkeit für die objektive Messung der Schwierigkeit besteht darin, die bisher gezeigten Leistungen einer Person bei einer identischen Aufgabenstellung als Maßstab zu nehmen. Als leichtes Ziel könnte die Verbesserung dieser Leistung um z.B. 5% angesehen werden, wohingegen eine Verbesserung um 25% als schwieriges Ziel aufgefasst werden muss. Neben dem Vergleich mit vorher gezeigten Leistungen bietet sich auch die Gegenüberstellung mit einer Referenzgruppe an. Ein schwieriges Ziel lässt sich dabei dadurch definieren, dass die Ergebnisse der leistungsstärksten Personen gemittelt und für die weitere Zielsetzung verwendet werden (P.M. Wright et al. 1994). Eine zu starke Erhöhung der Schwierigkeit über einen gewissen Punkt hinaus führt dazu, dass die Ziele unerreichbar werden, was wiederum nicht zu der intendierten Leistungssteigerung führt.
2. Eine Erhöhung der Spezifität der Ziele c.p. führt im Vergleich zu unspezifischeren Zielen zu einer Verringerung der Leistungsvarianz. Werden jedoch spezifische und gleichzeitig schwierige Ziele gesetzt, so wird die Varianz der Leistung bei steigender Schwierigkeit zunehmen. Dies lässt sich darauf zurückführen, dass die Versuchspersonen an ihre Leistungsgrenzen stoßen, die durch ihre Fähigkeiten begrenzt werden.
3. Mit zunehmender Zielbindung nimmt die Wirkung der Faktoren Schwierigkeit und Spezifität zu. Hierbei gilt, dass eine Verhaltenswirksamkeit nur dann erkennbar ist, wenn ein Mindestmaß an Zielbindung bei der handelnden Person vorliegt. Bei schwierigen Zielen fördert die Zielbindung die Verfolgung des Ziels trotz auftretender Hindernisse. Bei leichten Zielen führt eine hohe Zielbindung ebenso zu einer Verfolgung des Ziels, wobei die weitere Anstrengung nach dem Erreichen des gesetzten Ziels fraglich ist, auch wenn dies dem Handelnden möglich wäre. Die Stärke der Zielbindung moderiert den Zusammenhang zwischen der Schwierigkeit des Ziels und der messbaren Leistung. Statistisch kann dieser Moderatoreffekt besonders in sozialen Gruppen nachgewiesen werden, in denen Ziele mit unterschiedlicher Schwierigkeit verfolgt werden.

Hinzu kommen noch zwei ergänzende Überlegungen: Die erste besagt, dass schwierige und spezifische Leistungsziele nur einen geringeren Spielraum für die

Interpretation der eigenen Leistung lassen und die handelnde Person somit nicht mit weniger guten Leistungsergebnissen zufrieden sein kann und daher mehr Leistung erbringen muss, um das gleiche Zufriedenheitsmaß zu erreichen. Die zweite Überlegung bezieht sich auf Erwartungen der Person bezüglich der möglichen Belohnung bei Erfüllung der Ziele. Mento et al. (1992) zeigen, dass Personen besonders dann mit dem Erhalt von zusätzlich motivierenden Belohnungen – etwa in Form von Geldprämien oder sozialer Anerkennung – rechnen, wenn sie schwierige Ziele erreicht haben.

Die Wirkungen von Leistungszielen der Handelnden auf die Leistungsergebnisse werden im Kontext der Zielsetzungstheorie auf zwei unterschiedliche Gruppen von Variablen zurückgeführt, die Mediatoren und die Moderatoren (Wegge 1998a, S. 80f). Mediatoren sind normalerweise kausale Mechanismen, die für die Auswirkung einer Variable A auf die Ausprägung einer Variable B teilweise oder vollständig verantwortlich sind, wohingegen Moderatoren eine Klasse von Variablen darstellen, die einen Zusammenhang zwischen zwei anderen Variablen beeinflussen. Abbildung 2-3 führt Moderatoren und Mediatoren auf, die nach der Zielsetzungstheorie für den Zusammenhang zwischen Leistungszielen und feststellbaren Leistungen verantwortlich sind.

Locke/Latham (1990a) postulieren, dass fünf Wirkmechanismen dazu führen, dass schwierige und spezifische Ziele die Ergebnisse des Handelns beeinflussen. Von den fünf in Abb. 2-3 dargestellten Mediatoren schreiben sie den ersten vier die Besonderheit zu, dass sie weitestgehend automatisch ausgelöst werden. Dies gilt nicht in vergleichbarem Maß für den Mediator „Entwicklung von Aufgabenstrategien“, der nach ihrer Auffassung nur dann aktiviert wird, wenn während der Handelns zur Zielerreichung Schwierigkeiten in komplexen Situationen auftauchen oder der Handelnde um eine Reduktion der Anstrengung bemüht ist. Im Folgenden werden die Mediatoren kurz dargestellt.

*Anstrengung*: Es existieren vielfältige Befunde, die zeigen, dass schwierige und spezifische im Vergleich zu einfachen oder unspezifischen Zielen zu einer höheren Anstrengung der Person führen. Das erhöhte Anstrengungsniveau ließ sich z.T. direkt messen (z.B. Kraftanstrengung), manifestierte sich durch höhere Arbeitsgeschwindigkeiten (z.B. Denkaufgaben) oder zeigte sich an physiologischen Merkmalen (z.B. Herzschlag). In der Regel nahm mit zunehmender Anstrengung auch die Leistung zu (Wegge 1998a). Wie von Kanfer/Ackermann (1990) geschildert, finden sich jedoch auch Ausnahmen zu dieser Regel.

*Ausdauer*: Es existieren mehrere Kategorien der Ausdauer, mit der Personen versuchen, Ziele zu erreichen. Ist für die Bearbeitung eines Ziels kein Zeitlimit vorgegeben, so führen spezifische und schwierige Ziele zu einer längeren und häufigeren Bearbeitung einer Aufgabe. Auf der anderen Seite können sehr leichte Ziele dazu führen, dass die Arbeitszeit verkürzt wird, da die Aufgabe schnell erledigt ist. Ein weiterer Fall, in dem Ausdauer eine besondere Bedeutung bekommt liegt dann vor, wenn die Zeit, die mit einer Aufgabe verbracht wird, selbst das Ziel

(z.B. Vokabeln lernen) ist. Auch hier können diese Zeiten – im Sinne des jeweiligen Ziels – besser erreicht werden. Die zur Zielerreichung benötigte Zeit kann also sehr unterschiedlich durch Zielsetzungsprozesse beeinflusst werden, so dass sich nicht immer ein linearer Zusammenhang zu den gezeigten Leistungen ergibt.
*Richtung der Aufmerksamkeit*: Die Zielspezifität beeinflusst die Ausrichtungen der Aufmerksamkeit und der Handlungen der Person. Beobachtungen zeigen, dass spezifische (und gleichzeitig schwierige) Ziele die Handlungen und Reize so fokussieren, dass parallel verlaufende Handlungen und Reize, die für die Zielerreichung nicht benötigt werden, weniger Beachtung finden. Darüber hinaus wird postuliert, dass für die Aufgabenbearbeitung relevantes und bereits vorhandenes Wissen leichter aktiviert werden kann (Wegge 1998a). Auch die Informationsverarbeitung kann durch das vorgeben von Leistungszielen so beeinflusst werden, dass eine angestrebte Zielerreichung unterstützt wird (Gollwitzer 1996).

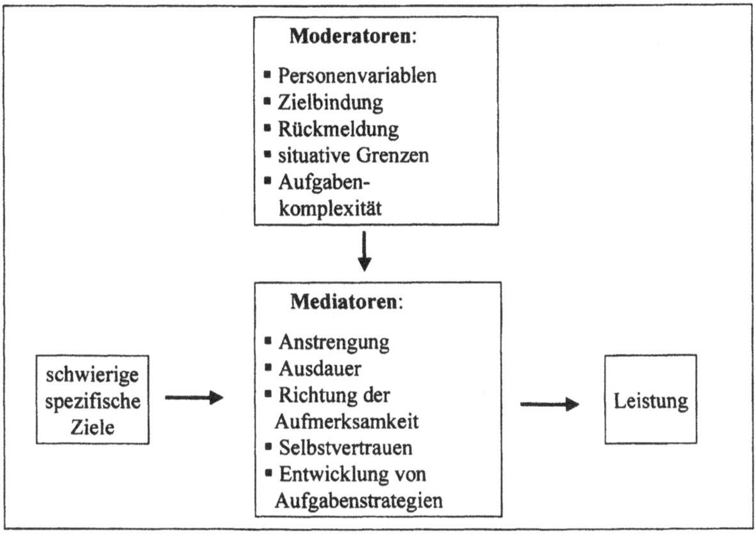


Abbildung 2-3: Moderatoren und Mediatoren des Zusammenhangs zwischen Leistungszielen und erreichten Leistungen (Quelle: Wegge 1998, S. 87)

*Selbstvertrauen*: Dem Selbstvertrauen als Mediator kommt eine besondere Bedeutung zu, wenn es um die Realisierung extern vorgegebener Ziele geht. Nach der von Locke/Latham in die Zielsetzungstheorie integrierten Theorie Banduras (1991) umfasst Selbstvertrauen („self-efficacy“) die Überzeugung einer Person, wie gut man mit seinen Handlungen in der Lage sein wird, angemessen auf zukünftige Leistungsanforderungen zu reagieren. Nach Bandura hängt die Stärke des

Selbstvertrauens von mehreren Größen ab: Neben den bisher von der Person gezeigten Leistungen beeinflussen auch vorherige Beobachtungen einer erfolgreichen oder nicht erfolgreichen Person in einer ähnlichen Situation sowie die jeweilige Erklärung, die man für seine eigenen bisher gezeigten Leistungen findet, das Selbstvertrauen. Untersuchungen des Konstrukts „Selbstvertrauen" im Zusammenhang mit Zielsetzungstheorien zielen meist auf die Leistungserwartung bei bestimmten Aufgaben ab (C. Lee/Bobko 1994). Selbstvertrauen ist hier also nicht als stabiles und leistungsunabhängiges Persönlichkeitsmerkmal, sondern als aufgabenspezifische Erfolgszuversicht zu verstehen (Wegge 1998a, S. 84). Personen mit hohem Selbstvertrauen wählen oftmals schwierigere Ziele als Personen mit niedrigerem Selbstvertrauen. Darüber hinaus konnte gezeigt werden, dass ein hohes Selbstvertrauen – wie von Bandura definiert – einen direkten, positiven Einfluss auf die erzielten Leistungen hat. Auch wurde deutlich, dass allein durch das Setzen eines schwierigen Leistungsziels für die zu bearbeitende Aufgabe das Selbstvertrauen der handelnden Person zunimmt. Diese Beobachtungen lassen sich zu einer Reaktionskette zusammenfassen: Schwierigere Ziele führen zu einem Anstieg des Selbstvertrauens, was wiederum zu besseren Leistungsresultaten führt.

*Entwicklung von Aufgabenstrategien*: Wie bereits zuvor angemerkt, wird dieser Mediator besonders bei der Bearbeitung von komplexen Aufgaben benötigt, wenn Schwierigkeiten bei der Handlungsausführung auftreten. Vergleichbar mit Untersuchungen im Zusammenhang mit dem Rubikon-Modell konnte nachgewiesen werden, dass zunehmende Schwierigkeit und Spezifität der Leistungsziele die Bildung von Handlungsstrategien fördern und dabei sowohl der Umfang der Planung als auch die Qualität der Pläne im Regelfall zunimmt. Ein weiteres Ergebnis der Untersuchungen zeigt, dass Personen mit schwierigen und spezifischen Zielen dazu neigen, Strategien der Aufgabenbearbeitung zu implementieren, die ihnen z.B. durch Instruktionen von anderen Menschen oder durch eine vorherige Anregung bestimmter Strategien („priming") nahe gelegt werden (Audia et al. 1996; Wegge 1998b). Mangelnde Erfahrung bei der Bearbeitung solch komplexer Probleme kann allerdings dazu führen, dass unbrauchbare bzw. unangemessene Pläne entwickelt werden, wenn die Person besonders gute Leistungen erzielen möchte.

Nach diesem Überblick über die in der Zielsetzungstheorie aufgeführten Mediatoren werden nun die für diese Arbeit relevanten Moderatoren erläutert, die sie beeinflussen können.

*Zielbindung*[3]: Die allgemeine Bedeutung der Zielbindung als Element des Zielsetzungsprozesses wurde bereits zuvor beschrieben. Die Herausforderung bei der Auseinandersetzung mit dem Konstrukt Zielbindung besteht darin, zwischen Zielvorgaben und persönlichen Zielen zu differenzieren. Bei Experimenten zur Mes-

---

[3] Im Weiteren werden „Zielbindung" und „Commitment" synonym verwendet.

sung der Zielbindung wird meist erhoben, ob den Versuchspersonen das Ziel wichtig ist. Da diese Erhebung jedoch im Regelfall nach der Erteilung einer Zielvorgabe erfolgt, ist zu vermuten, dass die Personen die Frage auf die Zielvorgabe und nicht auf persönliche Ziele beziehen. Hier besteht nach Ansicht Wegges (1998a) für die Zielsetzungsforschung noch ein weiterer Klärungsbedarf. Vergleichbar mit der Volitionsstärke im Rubikon-Modell oder der Stärke der Realisationsmotivation in der Handlungskontrolltheorie ist auch die Zielbindung wenig exakt definiert und dementsprechend schwer messbar (P.M. Wright et al. 1994). Wegge (1998a) führt dies unter anderem darauf zurück, dass unterschiedliche Variablen die Stärke der Zielbindung beeinflussen. Diese werden zum Teil vor (Wünschbarkeit des Ziels) und zum Teil nach (z.B. Alternativen zum gewählten Ziel) der Bildung des Ziels wirksam. Locke/Latham (1990a) ordnen diese Faktoren nach zwei Kategorien, wobei die einen eher mit dem Wert des Ziels zusammenhängen und die anderen sich auf die Fähigkeit der Person, das Ziel zu erreichen, beziehen. Beispiele für Bestimmungsfaktoren der ersten Kategorie sind etwa Merkmale der Autoritätsperson, die die Ziele vorgibt, z.B. ihre Macht, ihre Glaubwürdigkeit oder die Art und Weise, wie sie die Zielsetzung an die Mitarbeiter „verkauft". Daneben gehören auch Merkmale der peer group, wie etwa die Unterstützung durch Kollegen, vereinbarte Gruppenstandards und Gruppennormen zur Kategorie, die eher das objektive Ziel beschreiben. Exemplarisch für die Faktoren, die sich eher auf die Fähigkeit der Person beziehen, sind etwa das Vorliegen von Informationen oder Hilfsmitteln zur Erreichung des Ziels.
*Rückmeldung*[4]: Rückmeldungen, die die handelnden Personen direkt aus der Aufgabe selbst oder durch Interaktion mit anderen Personen bekommen, sind weitere Moderatoren der Interdependenz zwischen dem angestrebten Leistungsziel und der tatsächlich erbrachten Performance. Locke/Latham (1990) merken hierbei jedoch an, dass die Vorhersage der Leistungsauswirkung durch Rückmeldungen dadurch erschwert werden, dass Leistungsrückmeldungen von den Handelnden unterschiedlich bewertet werden können, etwa in Abhängigkeit von ihrer Glaubwürdigkeit. Vorhersagen darüber, welche Rückmeldungen letztendlich Auswirkungen auf das Verhalten haben, sind gemäß Kluger/DiNisi (1996) nur schwer möglich. Die Bedeutung von Rückmeldungen für die Interdependenz zwischen gesetztem Ziel und erkennbarer Leistung lässt sich auch aus kontrolltheoretischen Überlegungen (Carver/Scheier 1985, 1990a) ableiten. Hiernach haben Leistungsziele im Prozess der Handlungsimplementierung die Funktion von angestrebten Soll-Größen während die Rückmeldungen Ist-Größen repräsentieren. Legt man für menschliches Leistungsverhalten ein einfaches Regelkreismodell zugrunde, ergeben sich aus den Abweichungen zwischen Soll- und Ist-Größen reaktive Aktualisierungen des Verhaltens in Richtung auf das gefasste Ziel. Spezifischere Informationen über die Soll- und Ist-Größen ermöglichen eine detailliertere Korrektur des gewählten Verhaltens. Eine Metaanalyse über Effekte von Rückmeldungsin-

[4] Im Weiteren werden „Rückmeldung" und „Feedback" synonym verwendet.

terventionen von Kluger/DeNisi (1996) bestätigt die positive Auswirkung von Leistungsrückmeldungen auf den Zusammenhang zwischen Zielen und Leistung. Nach der Zielsetzungstheorie sind neben der festgestellten Diskrepanz zwischen Soll- und Ist-Größen noch zwei weitere Variablen wichtig, um Vorhersagen über Leistungsergebnisse machen zu können. Diese beiden Variablen sind das Ausmaß der Zufriedenheit mit der bisherigen Leistung sowie das Selbstvertrauen des Handelnden. Nach der Theorie wird eine Person, die mit ihrer bisherigen Leistung zufrieden ist, bei geringen Abweichungen ihr Ziel beibehalten oder sogar steigern und somit die Leistung mindestens aufrechterhalten oder sogar steigern. Ein verändertes Bild ergibt sich bei erheblichen Abweichungen zwischen Soll- und Ist-Zustand. Ist die Person mit ihrer bisherigen Leistung zufrieden, wird das Ziel beibehalten und es findet kaum eine Leistungsveränderung statt. Ist die Person jedoch unzufrieden, beeinflusst das Selbstvertrauen die Verhaltensänderung. Ein hohes Selbstvertrauen legt nahe, dass das Ziel beibehalten und die Anstrengung verstärkt wird, während ein geringes Selbstvertrauen eine Absenkung des Leistungsziels vermuten lässt, was letztendlich zu keiner Leistungsverbesserung durch Rückmeldungen führt.

*Personenvariablen*: Locke/Latham (1990a) diskutieren in ihrer Veröffentlichung eine Reihe von Personenvariablen, denen sie eine Moderatorfunktion zusprechen. Neben demografischen Größen (Alter, Geschlecht etc.), denen sie keinen bedeutsamen Einfluss zusprechen, werden Persönlichkeitsmerkmale wie das Leistungsmotiv der Person oder die Neigung zu Depression diskutiert. Letztendlich wird auf Basis der angestellten Untersuchungen (vgl. z.B. Kleinbeck/Schmidt 1996; Wegge/Kleinbeck 1996) nur dem Leistungsmotiv eine moderierende Wirkung bescheinigt, wobei die Richtung des Effekts dahin geht, hoch Leistungsmotivierte stärker von schwierigen und spezifischen Zielen profitieren als niedrig Leistungsmotivierte. Diese Wirkung tritt insbesondere dann zu Tage, wenn die handelnde Person an der Zieldefinition mitwirkt indem sie die Ziele entweder selbständig setzt oder diese gemeinsam mit anderen partizipativ vereinbart. Ein möglicher Grund für die geringe Auswirkung allgemeiner Persönlichkeitsmerkmale auf die Leistungserbringung könnte in den stark strukturierten und eindeutigen Situationen bei den Laborexperimenten liegen.

*Situative Grenzen*: Dieser Moderator beschreibt die Bedingungen, die in der Situation selbst begründet sind und eine nicht durch die Person beeinflussbare Grenze darstellen. Beispiele hierfür können Limitationen der eingesetzten Produktionsfaktoren sein. Situative Grenzen erlangen insbesondere bei der Leistungsanalyse in Feldversuchen eine erhebliche Bedeutung (Antoni 1996).

*Aufgabenkomplexität*: Die Leistungsförderung durch schwierige und spezifische Ziele nimmt mit der Komplexität der Aufgabe ab. Bei relativ einfachen Aufgaben führen schwierige und spezifische Leistungsziele zu etwa 12%igen Leistungsverbesserungen, bei mittelschweren Aufgaben beträgt die Verbesserung noch 9% und bei sehr komplexen Aufgaben nur noch 7,8% (Wegge 1998a, S. 93). Vereinzelt (z.B. Kanfer/Ackermann 1990) ließen sich sogar gegenteilige Effekte im Vergleich zu Situationen ohne konkrete Zielvorgabe beobachten. Aufgrund dieser unterschiedlichen Befunde ist die genaue Definition des Moderators „Aufgabenkomplexität" bedeutsam. Wood (1986) unterscheidet hierbei drei Dimensionen:

- Strukturelle Komplexität, welche die Anzahl der benötigten Teilhandlungen, die zur Aufgabenerfüllung notwendig sind, beschreibt
- Koordinative Komplexität, die ein Maß für den Zusammenhang zwischen den Teilhandlungen und den hieraus entstehenden Produkten darstellt
- Dynamische Komplexität, welche den möglichen Wandel und eine geringe Vorhersagbarkeit der zuvor beschriebenen Komplexitätsdimensionen umfasst.

Locke/Latham (1990a) verwenden in ihrem Modell jedoch nur eine Dimension der Aufgabenkomplexität. Wegge (1998a, S. 94) vermutet, „dass diese Reduktion auf nur eine Dimension darauf zurückzuführen ist, dass alle Versuche, menschliche Aufgabenleistungen und Anforderungen von Aufgaben hinsichtlich ihrer Schwierigkeit bzw. Komplexität zu beschreiben und eindeutig zu klassifizieren, [...] noch zu keinem konsensfähigen Resultat geführt [haben]".

In der in Kapitel 3 dargestellten empirischen Untersuchung liegt der Schwerpunkt auf den zuvor gekennzeichneten Moderatoren, da diese von Führungskräften direkter beeinflusst werden können. Viele der hier beschriebenen Mediatoren hingegen hängen zum weitaus überwiegenden Teil nur von den Mitarbeitern ab und werden deshalb im Rahmen der vorliegenden Arbeit nicht untersucht.

#### 2.2.3.2 Theoretische Modelle zur Zielrealisierung

Nachdem zuvor die Aspekte der Zielsetzung näher beschrieben wurden, geht es im nun folgenden Abschnitt um eine überblicksartige Darstellung der Forschung zur Zielrealisierung. Das Hauptproblem in der Zielrealisierungsphase[5] besteht darin, das Anstrengungsniveau der Handlung so zu regulieren, dass eine effiziente Zielerreichung auch bei auftretenden Störungen sichergestellt ist. Dies gilt sowohl für das Verhalten von Führungskräften als auch für das der Mitarbeiter. Bei der Analyse der zu diesem Themengebiet bestehenden Forschungsliteratur wird deutlich, dass ein Großteil der Veröffentlichungen sich auf Selbstregulationsmechanismen bezieht (vgl. Oettingen/Gollwitzer 2002, S. 51). Übertragen auf die Problemstellung dieser Arbeit bedeutete dies eine Fokussierung auf das Verhalten der Mitarbeiter, die jedoch nicht angestrebt wird. Aus diesem Grund werden Selbstregulationsmechanismen hier nicht weiter erörtert. Vielmehr bildet die von Kuhl (1983a, 1983b, 1987) beschriebene Handlungsregulationstheorie die theoretische Grundlage der Ausführungen zur Zielrealisierung.

---

[5] Im Weiteren werden die Begriffe „Handlungsphase" und „Zielrealisierungsphase" synonym verwendet.

Basierend auf der Feststellung, dass die Existenz von Motivation und Fähigkeit allein oftmals nicht ausreichend ist, um eine einmal gefasste Handlungsabsicht erfolgreich umzusetzen, schlägt Kuhl (1983a, 1983b, 1987) in seiner Theorie der Handlungskontrolle eine Differenzierung zwischen der Zielsetzung und der Zielrealisierung vor. Dabei wird eine grundlegende Unterscheidung zwischen motivationalen Prozessen, welche die Zielsetzung beschreiben, und Prozessen der Handlungskontrolle, die auf Zielrealisierung abzielen, vorgenommen. Da mit der Selektion einer Handlungsabsicht nicht automatisch deren Umsetzung verbunden ist, bedarf es insbesondere wenn diese Handlungsabsicht gegen Konkurrierende abgeschirmt werden muss, eigener volitionaler Prozesse der Handlungskontrolle zur Unterstützung der Realisierung.

In der Theorie der Handlungskontrolle erhält eine Motivationstendenz den Charakter einer Intention, wenn die Person eine Bindung an das anzustrebende Ziel entwickelt. Dieser Intentionscharakter löst eine Reihe von Vermittlungsprozessen aus, die wiederum darauf abzielen, der Intention ungestörten Zugang zum Handeln zu verschaffen, bis sie ihr Ziel erreicht hat (Heckhausen 2003, S. 197). Kuhl (1983a) unterscheidet diese Vermittlungsprozesse von Prozessen der Ausführungskontrolle, die den Ablauf der Handlung schrittweise steuern. Er führt sechs Vermittlungsprozesse auf, die als Handlungskontrollstrategien die Realisierung einer anstehenden Intention fördern sollen:

1. Selektive Aufmerksamkeit: Die Aufmerksamkeit des Individuums wird auf jene Informationen fokussiert, welche die zur Zeit maßgebliche Intention stützen.
2. Enkodierkontrolle: Aspekte der betrachteten Informationen, die mit der augenblicklichen Intention verbunden sind, werden tiefer bearbeitet als nicht mit der Intention in Zusammenhang stehende Informationen. Enkodierkategorien, die mit der augenblicklichen Intention in Verbindung stehen, beeinflussen laut Carr/Bacharach (1976) schon frühe Stadien der Reizverarbeitung.
3. Emotionskontrolle: Handelnde Personen versuchen oftmals, Emotionen in sich zu wecken, welche die Realisierung geplanter Handlungsabsichten unterstützen. Voraussetzung dafür ist ein metavolitionales Wissen darüber, welche Emotionen welche Handlungen fördern. Nach Experimenten von Kuhl/Schneider (1986) wissen bereits Neunjährige, dass Traurigkeit im Gegensatz zu Freude die Ablenkung durch äußere Einflüsse bei der Ausführung einer Tätigkeit erhöht.
4. Motivationskontrolle: Mit Hilfe dieser Strategie kann bei augenblicklich zu schwacher Intention eine Steigerung der Motivationstendenz erreicht werden, indem man sich günstige Erwartungen oder positive Anreize vorstellt. Die zeitweise Schwäche der Intention kann entweder durch konkurrierende Intentionen oder durch auftretende Hindernisse ausgelöst werden. In solchen Fällen greift das Handlungskontrollsystem auf das zeitlich da-

vor liegende Motivationssystem zurück, wobei die Anreize so lange gesteigert werden, bis konkurrierende Zielsetzungen vernachlässigt werden.
5. Umweltkontrolle: Der Prozess der Umweltkontrolle zielt darauf ab, Vorsorge gegen nicht zielführende Versuchungen zu treffen, indem Gegenstände, die man meiden möchte, aus dem direkten Umfeld entfernt werden. Ein weiterer Prozess der Umweltkontrolle besteht darin, im sozialen Umfeld einen sozialen Druck, der gegen die zu vermeidende Handlungstendenz gerichtet ist, aufzubauen.
6. Sparsamkeit der Informationsverarbeitung: Um zum Handeln zu kommen, sollte die Auseinandersetzung mit Erwartungs- und Wertaspekten möglichst sparsam vorgenommen werden (Kuhl/Beckmann 1983). Dies gilt sowohl für die Intentionsbildung, falls sie so lange dauert, dass das Handeln unangemessen verzögert wird, als auch für den Fall, dass die Person nach der Intentionsbildung wieder in die Motivationsphase zurückfällt.

Das Zusammenwirken dieser Regulationsprozesse bewirkt im günstigsten Fall eine von Kuhl als handlungsorientiert bezeichnete Aufmerksamkeit, während eine uneffektive Regulation zum Perseverieren von momentan irrelevanten Bewusstseinsinhalten führt, die dann als Lageorientierung bezeichnet wird (Sack, 1994, S. 9). Diese Zustände des Kontrollsystems sind unabhängig von dem aktuell vorherrschenden Kräfteverhältnis zwischen den um Realisierung konkurrierenden Handlungsintentionen. Der Zustand der Handlungsorientierung ist durch das Drängen nach der Umsetzung der Intention gekennzeichnet, während für die Lageorientierung perseverierende Kognitionsprozesse, die sich auf die gegenwärtige, vergangene oder zukünftige Situation beziehen, charakteristisch sind.
„Handlungsorientierung wird als metakognitive Motivationstendenz definiert, die nicht direkt Handlungstendenzen instigiert, sondern kognitive Prozesse anregt, die der Verwirklichung von Handlungstendenzen zuträglich sind" (Kuhl, 1983b, S. 597). Verallgemeinernd lässt sich die Handlungsorientierung als übergeordnete Direktive charakterisieren, deren Ziel es ist, alle kognitiven Prozessschritte anzuregen, die ein zielgerichtetes Handeln ermöglichen (Schürmann 1996, S. 63). Der Zustand der Handlungsorientierung liegt vor, wenn die Aufmerksamkeit der handelnden Person den folgenden vier Elementen einer Handlungsabsicht in etwa ausgewogen zugewandt ist (vgl. Kuhl 1983a):
1. dem angestrebten Soll-Zustand
2. dem zu modifizierenden Ist-Zustand
3. der zu bewältigenden Diskrepanz zwischen dem Soll- und dem Ist-Zustand
4. der geplanten Handlung, die zur Diskrepanzreduzierung führen soll.

Die Ausgewogenheit wird von Kuhl (1983a, S. 253) jedoch nur vage spezifiziert: Bei Ausgewogenheit seien diese vier Elemente „(z.B. annähernd gleich stark) aktiviert". In Bezug auf leistungsthematisches Handeln heißt dies, dass die Lenkung der Aufmerksamkeit auf Denkinhalte mit instrumenteller Bedeutung für die ange-

strebte Intention leistungsförderlich ist, während eine Fokussierung von Denkinhalten „um ihrer selbst willen" (Kuhl 1983a, S. 210) – wie es für den lageorientierten Aufmerksamkeitszustand charakteristisch ist – nicht zielführend ist (Sack 1994, S. 10f.).
Von einer Lageorientierung wird gesprochen, wenn die o.g. vier Elemente einer Handlungsintention nicht in vergleichbarer Ausprägung vorliegen. Eine starke Ausprägung der Lageorientierung ist hierbei durch eine Zentrierung der Aufmerksamkeit auf nur ein Element gekennzeichnet. Kuhl (1983a) unterscheidet verschiedene Formen der Lageorientierung in Abhängigkeit vom jeweiligen Element, auf das fokussiert wird.
Die Wirksamkeit der zuvor erwähnten Handlungskontrollstrategien wurden von Kuhl in diversen empirischen Untersuchungen im Zusammenhang mit der Erfassung der Persönlichkeitsdisposition Handlungs- vs. Lageorientierung nachgewiesen (Kuhl 1986, 1998, Kuhl/Beckmann 1994).
Als Kritik an der Handlungsregulationstheorie führt Wegge (1998a, S. 35f) auf, dass mit Hilfe dieser Theorie eine überzeugende Erklärung von Leistungsunterschieden zwischen Personen nur in sehr begrenztem Maß erfolgen kann. Er führt dies u.a. auf die fehlende Berücksichtigung der Schwierigkeit der zu realisierenden Aufgabe zurück.

Die Bedeutung der Handlungsregulationstheorie für diese Arbeit lässt sich dahingehend zusammenfassen, dass sie eine Differenzierung unterschiedlicher Prozesse der Handlungsimplementierung vornimmt, die in der empirischen Untersuchung aufgegriffen werden.

In Ergänzung zu Kuhls Theorie werden in der Literatur noch eine Reihe weiterer Prozesse des Zielstrebens genannt, die hier nur kurz dargestellt werden, um ergänzende Hinweise für eine Reihe von Fragestellungen zu geben, die im Zusammenhang mit der Zielerreichung stehen; beispielsweise wie die handelnde Person die Gelegenheit zum Handeln wahrnimmt, wie sie sich vor Ablenkungen schützt, wie sie die Anstrengungsstärke an den Kontext anpasst sowie ein erster Ansatz wie Misserfolge verarbeitet werden. Diese sehr spezifischen Fragestellungen, die zum Teil auch in die Handlungsregulationstheorie einfließen, werden von den folgenden Prozessen isoliert aufgegriffen:
*Prozess der Vorsatzbildung*: Ziele zeichnen sich im Regelfall dadurch aus, dass sie sich zwar auf das Erreichen einer erwünschten Zukunft beziehen, dabei jedoch bezüglich des wann, wo und wie der Handlungsausführung selten spezifiziert sind. Plant die Person das Zielstreben durch Vorsätze in Form von „Sobald die Bedingung XY erfüllt ist, werde ich das zielgerichtete Verhalten Z ausführen" können zusätzliche Verpflichtungen auf Zeit, Ort, Art und Weise und weitere Variablen eingegangen werden. Nach Gollwitzer (1996) stellen Vorsätze eine sehr effektive Selbstregulationsstrategie für das Überwinden von Handlungsinitiie-

rungsproblemen, wie z.B. dem Übersehen von günstigen Gelegenheiten zum Handeln aufgrund von Ablenkung, dar. In mehreren Studien mit unterschiedlichen Zielsetzungen konnte Gollwitzer (1999) zeigen, dass Vorsätze das Erreichen von schwierigen Zielen entscheidend verbessern. Gollwitzer (1993) postuliert, dass Vorsätze die Kontrolle des Handelns von der Person selbst auf die Umwelt verlagern und somit zur Erleichterung der Handlungsinitiierung beitragen. Er führt dies darauf zurück, dass Vorsätze Verknüpfungen zwischen vorweggenommenen situativen Stimuli und zielgerichtetem Verhalten spezifizieren, die in vergleichbarer Stärke sonst nur durch konsistentes und wiederholtes gemeinsames Auftreten entstehen. Des Weiteren wird Vorsätzen auch die Reduzierung von Problemen bei der Realisierung von initiierten Handlungen zugesprochen (Gollwitzer/Schaal 1998), da sie einen wirksamen Schutz gegen von außen kommende Ablenkungen und unerwünschte Gewohnheiten bieten.
*Planende Bewusstseinslage*: Planen kann als mentale Strategie zur Vorbereitung von in der Zukunft liegenden Handlungen aufgefasst werden. Wenn Personen aufgefordert werden, die Realisierung eines gesetzten Ziels im Detail zu planen, entsteht eine planende Bewusstseinslage, die sich nach Gollwitzer/Bayer (1999) durch folgende Merkmale auszeichnet: Nicht relevante Informationen werden ausgeblendet, während die Offenheit gegenüber relevanten Informationen zunimmt. Positive Informationen, die sich auf die Wünschbarkeit der Zielsetzung beziehen, werden stärker berücksichtigt als negative. Auf die Machbarkeit bezogene Informationen werden stark optimistisch interpretiert. Die Selbstwahrnehmung bezüglich wichtiger Eigenschaften wie Intelligenz wird gestärkt während gleichzeitig die wahrgenommene Anfälligkeit für Risiken geschwächt wird. Die planende Bewusstseinslage trägt somit dazu bei, typische Probleme der Zielrealisierung wie z.B. die Ablenkung zu bewältigen.
*Anstrengungsregulationsprozess*: Brehm und R.A. Wright (Brehm/Self 1989; R.A. Wright 1996) haben eine Theorie entwickelt, nach der die Anstrengungsbereitschaft direkt von der wahrgenommenen Schwierigkeit der Aufgabe abhängt. Eine ansteigende Schwierigkeit resultiert danach in einer ansteigenden Anstrengung solange die Aufgabe dabei nicht als unlösbar angesehen wird. Daneben wird auch die potentielle Motivation, die aus bedürfnisbezogenen Variablen resultiert als ein weiterer limitationaler Faktor angesehen. Die potentielle Motivation wird hierbei etwa durch bedürfnisorientierte Ziele, durch die Auswirkungen der Zielerreichung auf die Bedürfnisbefriedigung oder durch den Anreizwert des Aufgabenziels beeinflusst. Eine niedrige potentielle Motivation rechtfertigt keine Steigerung der Anstrengung, wenn die zunächst einfache Aufgabe schwieriger wird, da die obere Grenze des Anstrengungsniveaus niedrig und schnell erreicht ist. Liegt jedoch eine hohe potentielle Motivation vor, führt der Anstieg der Schwierigkeit zu einem Anstrengungsanstieg bis zu einem sehr hohen Schwierigkeitsniveau.
*Diskrepanzreduktionsprozess*: Im Gegensatz zu anderen Theorien der Zielerreichung, in denen Ziele als explizit – zumindest aber implizit – als etwas Attraktives

verstanden werden, haben Ziele nach Bandura (1997) per se keine motivationalen Konsequenzen. Sie definieren vielmehr die Bedingungen, die der handelnden Person eine positive oder negative Selbstbewertung ermöglicht, wobei das Erreichen eines gesetzten Ziels eine positive und das Nichterreichen eines Ziels eine negative Selbstbewertung zur Folge hat. Nach diesem Modell schiebt die Vermeidung von negativen Selbstbewertungen die Person vorwärts und die positive Selbstbewertung als Resultat einer geschlossenen Diskrepanz zieht von vorne. Demnach lösen Ziele nur dann Anstrengungen aus, wenn eine Diskrepanz zwischen der Realität und dem gesetzten Ziel wahrgenommen wird. Nach den Diskrepanztheorien reduziert jedoch ein Anstieg der Aufgabenschwierigkeit die Anstrengungsbereitschaft, da eine schwierigere Aufgabe zu einer Reduktion der Selbstwirksamkeitsgefühle und der Ergebniserwartung zur Folge haben dürfte (ebd.). Bandura empfiehlt daher die Stimulierung des Zielstrebens durch häufiges Geben von Rückmeldungen. Voraussetzung für eine Diskrepanzreduktion ist nach seiner Auffassung, dass die handelnden Personen ein hohes Selbstwirksamkeitsgefühl hinsichtlich der Durchführung der zielrealisierenden Handlungen besitzen.
*Prozessuale Simulationen*: Mentale Simulationen, in denen verschiedene Wege zur Zielerreichung gedanklich ausprobiert werden, bezeichnen S.E. Taylor et al. (1998) als Prozess-Simulationen. Nach ihren Erkenntnissen führt das wiederholte Ausführen dieser Simulationen zu einer erfolgreicheren Zielrealisierung. Als Erklärungsmöglichkeit werden das bessere Verständnis der Aufgabe und die effektivere Organisation der Vorgehensweise durch die mehrfache mentale Wiederholung genannt.

Neben diesen Prozessen des Zielstrebens existieren weitere Modelle zur Erklärung des Zielsetzungs- bzw. Zielrealisierungsverhaltens, die einen oder mehrere der oben erläuterten Aspekte aufgreifen. Exemplarisch soll an dieser Stelle das von Pritchard et al. (1993) entwickelte „Partizipative Produktivitätsmanagement" genannt werden, welches ein anwendungsorientiertes theoretisches Modell zur Erklärung von Leistungsverbesserungen in Arbeitsgruppen darstellt. Dieses auch als PPM bezeichnete Konzept basiert neben der Partizipation der Geführten im Rahmen der Zielsetzung und Zielrealisierungsprozesse auf einem systematischen, strukturierten Feedback zur Leistungserbringung.

Die in den letzten Abschnitten aufgeführten Aspekte zur Zielsetzung und Zielrealisierung unter besonderer Berücksichtigung der Rolle der Führungskraft zeigen neben der Vielfalt der zu untersuchenden Phänomene auch die Einschränkungen bezüglich der Implementierbarkeit der gewonnenen Erkenntnisse, die mit der Forschung auf diesem Gebiet verbunden sind.

### 2.2.4 Betrachtung der Konstrukte Erfolg und Misserfolg

Um der oftmals geäußerten Kritik an der Beliebigkeit der Situation in der Führungsforschung entgegenzutreten, wird in dieser Arbeit das Verhalten in klar definierten Situationen untersucht. In diesem Abschnitt werden die Bedeutung des Erlebens von Erfolgs- und Misserfolgssituationen sowie die daraus resultierenden Konsequenzen für das Führungsverhalten dargestellt. Vor der Untersuchung des Umgangs mit Erfolgs- und Misserfolgssituationen gilt es zunächst, sich mit der Bedeutung der beiden Konzepte „Erfolg" und „Misserfolg" auseinander zu setzen. Eine solche – auf den ersten Blick eventuell sehr ausführlich wirkende – definitorische Betrachtung erweist sich als relevant, da sie die Grundlage für die im Weiteren als Schlüsselsituationen charakterisierten Erfolgs- und Misserfolgskontexte dient. Darüber hinaus dient die „Präzisierung der Begriffe durch prägnante Explikationen" nach E.H. Witte (2004, S. 2) dazu, „negativen Entwicklungen des Wissenschaftsfortschritts entgegenzuwirken". Zudem ist die an dieser Stelle vorgenommene Auseinandersetzung mit dem Erfolg auch für das in Kapitel 2.3 aufgeführte Performance Measurement von zentraler Bedeutung.

#### 2.2.4.1 Erfolg

Obwohl der Erfolgsbegriff scheinbar intuitiv mühelos erfassbar ist (Rudolph 1996, S. 32), erweist sich eine allgemeingültige Operationalisierung des Konstruktes „Erfolg" als kaum möglich (vgl. z.B. D. Fischer et al. 2001, S. 215ff.). Der Begriff Erfolg entstand im 17. Jahrhundert aus „erfolgen" i.S.v. „erreichen, erlangen" (Kluge 2002, S. 253). Eine grundlegende Erfolgsdefinition findet sich etwa im Brockhaus (2001, S. 520), in dem „Erfolg" allgemein als „positives Ergebnis einer Bemühung" bzw. als „Eintreten einer erstrebten Wirkung" definiert wird. Darüber hinaus wird an gleicher Stelle jedoch aufgrund der Komplexität des Konstrukts auch schon eine Differenzierung nach Erfolg in der Betriebswirtschaftslehre und Erfolg in der Psychologie vorgenommen.

Weppler (1995, S. 22ff.) konkretisiert – wie in Tabelle 2-1 dargestellt – sechs unterschiedliche Dimensionen, die den Erfolg kennzeichnen. Jede dieser Dimensionen setzt sich danach aus mehreren Aspekten zusammen, die jeweils auf einem Kontinuum zwischen den beiden extremen Merkmalsausprägungen klassifiziert werden können.

| | | | |
|---|---|---|---|
| **Dimension: Zeit** | | | |
| Aspekt: ***Zeithorizont*** | kurzfristig | ↔ | langfristig |
| Aspekt: ***Bezugszeitpunkt***: | vergangenheitsbezogen | ↔ | zukunftsbezogen |
| **Dimension: Fokus** | | | |
| Aspekt: ***Bezugsrichtung*** | internalistisch | ↔ | externalistisch |
| Aspekt: ***Sichtweise*** | individualistisch | ↔ | kollektivistisch |
| Aspekt: ***Geltung*** | subjektiv | ↔ | objektiv |
| **Dimension: Struktur – organisational** | | | |
| Aspekt: ***Steuerung***: | zentral | ↔ | dezentral |
| Aspekt: ***Umweltverhältnis*** | geschlossen | ↔ | offen |
| Aspekt: ***Veränderung*** | starr | ↔ | flexibel |
| **Dimension: Struktur – sozial** | | | |
| Aspekt: ***Politik*** | monokratisch | ↔ | demokratisch |
| Aspekt: ***Rangstellung*** | totalitär | ↔ | egalitär |
| Aspekt: ***Freiheit*** | manipulativ | ↔ | emanzipatorisch |
| **Dimension: Charakter** | | | |
| Aspekt: ***Qualität*** | materiell | ↔ | ideell |
| Aspekt: ***Abbildung*** | operationabel | ↔ | komplex |
| Aspekt: ***Realisationsform*** | ideal | ↔ | real |
| Aspekt: ***Realisationsgrad*** | optimal | ↔ | funktional |
| Aspekt: ***Vorstellung*** | konkret | ↔ | abstrakt |
| **Dimension: Werte** | | | |
| **Aspekt: *Moralität*** | moralfrei | ↔ | moralisch |

Tabelle 2-1: Darstellung des Erfolgsbegriffs (Quelle: eigene Darstellung in Anlehnung an Weppler 1995, S. 22ff.)

Je nach Gewichtung der einzelnen Dimensionen und Kriterien ergibt sich damit eine Vielzahl unterschiedlicher Messgrößen als Erfolgsmaße, die im Rahmen dieser Arbeit jedoch nicht vollständig dargestellt werden sollen. Gzuk (1995) unternimmt einen Versuch der Strukturierung der breiten Palette dieser Erfolgskriterien in vier Erfolgsdimensionen, denen er etwa 80 einzelne Messgrößen zuordnet:

- *Ziel-Output-Verhältnis*: z.B. Marktanteil, Gewinn, Rentabilität
- *Input-Output-Verhältnis*: z.B. Produktivität, Fehlerquoten, Ausschussproduktion
- *Ziel-Input-Verhältnis*: z.B. Realismus der Zielsetzungen, Ausstattung mit Ressourcen
- *Realisationsvorsorge*: z.B. Beziehungen zu Stakeholdern, Antizipation von Problemen

Aufgrund der individuellen Ausprägungen der Unternehmensziele und Umweltfaktoren lässt sich in der erfolgsbezogenen Managementforschung kein allgemeingültiges, unternehmensübergreifendes Set gültiger Erfolgsmaße zur Verfügung stellen (Wolf 2000, S. 561). Vielmehr sind bei der Bestimmung wesentlicher Erfolgskriterien vielfältige unternehmensinterne und -externe Aspekte zu berücksichtigen und gegeneinander abzuwägen (Orlikowski 2002, S. 58). Die Herausforderung besteht in der Erfassung der je nach Zielsetzung der Betrachtung relevanten Faktoren, die als Indikatoren für den Erfolg dienen können (vgl. u.a. Steinle et al. 1996; Wolfensberger 2002). Dies gilt insbesondere wenn die Unterschiedlichkeit der Perspektiven, welche die Ausgangsbasis für eine Untersuchung des Erfolgs bilden, mit in die Betrachtung einbezogen werden. Vergleicht man etwa die Zielsetzungen der unterschiedlichen Stakeholder eines Unternehmens, so ergeben sich z.T. erhebliche Unterschiede bei der Erfolgsbeurteilung. Exemplarisch kann dies für ein Industrieunternehmen an den diametral entgegengesetzten Interessen der Mitarbeiter, die Erfolg primär am Erhalt der Arbeitsplätze messen und dem Fokus von Umweltverbänden, für die eine Reduktion der Umweltbelastung und somit eine Verringerung der Produktion – die wiederum zu einer Verkleinerung der Belegschaft führt – der primäre Erfolgsmaßstab ist, dargestellt werden.

---

***Exkurs: Erfolg i.e.S. aus betriebswirtschaftlicher Perspektive***

Auch im ökonomischen Sprachgebrauch zeigt sich eine große Zahl von zu unterscheidenden Erfolgsarten z.B. kalkulatorischer Erfolg, periodengerechter Erfolg, außerordentlicher Erfolg etc. (vgl. z.B. Weppler 1995), welche von den divergierenden Zielen, denen die Erfolgsermittlung dienen kann, zeugt. In diesem Zusammenhang ist jedoch herauszustellen, dass im Gegensatz zum täglichen Sprachgebrauch im betriebswirtschaftlichen Kontext die unterschiedlichen Erfolgsbetrachtungen im engeren Sinne, welche primär rechenökonomische Salden darstellen, auf eine grundlegende Erfolgsdefinition zurückzuführen sind (Lehmann 2002, Sp. 392). Danach ist der in einer bestimmten Periode erzielte Erfolg (z.B. eines Unternehmens) wie folgt definiert (vgl. z.B. W.Zimmermann et al. 2003, S. 1ff.):

*Erfolg = bewerteter Ertrag – bewerteter Einsatz der Produktionsfaktoren*

Die auf dem Erfolgsbegriff i.e.S. aufsetzende erfolgswirtschaftliche Analyse im Unternehmenskontext (vgl. z.B. Preißner 2003) zielt darauf ab, die Ertrags- und Aufwandsstruktur sowie die Quellen und Einflussfaktoren des Erfolges erkennbar zu machen (W.Zimmermann et al. 2003, S. 90). Abbildung 2-4 zeigt die einzelnen Komponenten des Unternehmenserfolges in der Terminologie der Betriebswirtschaftslehre, aus der sich bei einer Ergebnisquellenanalyse die Einordnung der Erfolgskategorien nach den Kriterien der Betriebsbedingtheit und der Regelmäßigkeit in folgende Gruppen ergibt:

- (ordentliches) Betriebsergebnis
- ordentliches betriebsfremdes Ergebnis (Finanzergebnis)
- außerordentliches Ergebnis

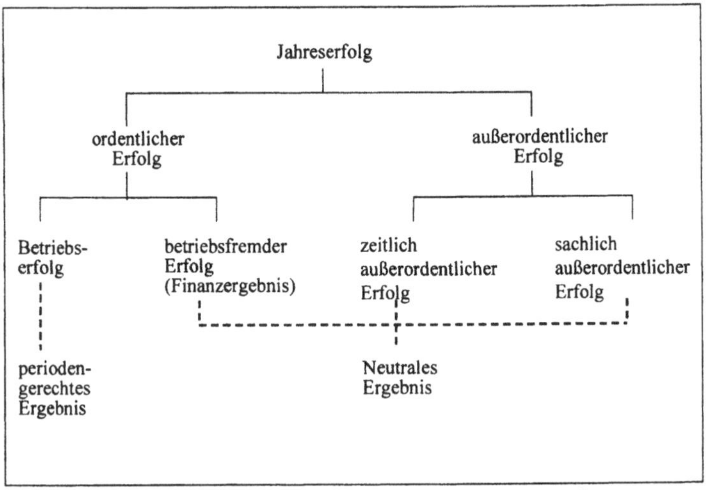


Abbildung 2-4: Betriebswirtschaftliche Terminologie der Komponenten des Unternehmenserfolges (Quelle: eigene Darstellung)

Für die Erfolgsbeurteilung einer Unternehmung ist besonders der Anteil und die Entwicklung des ordentlichen Betriebserfolges relevant, der aus dem eigentlichen Betriebszweck resultiert, also leistungsbedingt ist und regelmäßig erwirtschaftet wird. Dieser auf Basis der kalkulatorischen Erfolgsrechnung ermittelte Wert ist generell von dem handels- und steuerrechtlichen Jahresabschluss der Unternehmung, welcher die offizielle und extern orientierte Gesamtabrechnung einer Wirtschaftsperiode repräsentiert, zu differenzieren (Schierenbeck 2000, S. 635). Während der Jahresabschluss vielfältige Optionen für die Bewertung einzelner Positionen enthält, die in gewissem Umfang die Gestaltung der zu veröffentlichenden Zahlen ermöglicht (Coenenberg 2003), vermittelt der Betriebserfolg eher Informationen über die Leistungsfähigkeit einer Unternehmung. Die Analyse des ordentlichen Betriebserfolges ermöglicht es, die (kalkulatorischen) Erfolgskomponenten der Unternehmensprozesse im einzelnen und kurzfristig zu betrachten und dient somit der Kontrolle der Wirtschaftlichkeit und Budgetierung (Hartl 2002). Die Erfüllung dieser Aufgabe wird dabei in erheblichem Maße von den zugrunde liegenden Kostenrechnungssystemen und Kostenrechnungsgrundsätzen bestimmt (vgl. z.B. Ewert 2003), auf die hier jedoch nicht näher eingegangen werden soll.

Parallel zu diesem Erfolgsbegriff i.e.S. gibt es aber auch in der ökonomischen Terminologie weiter gefasste Definitionen. Wirtschaftlicher Erfolg i.w.S. lässt sich generell in die drei Grundkategorien Arbeitsergebnis (Qualität und Quantität), Kosten und Zeit einteilen (vgl. z.B. Locke/Latham 1990b, S. 13; Cremer 2002, S. 48), die eng miteinander korrelieren. Im Zusammenhang mit betriebswirtschaftlichen Betrachtungen finden sich auch noch globalere Erfolgsbegriffe, etwa wenn vom grundsätzlichen Erfolg des Marketing gesprochen wird, ohne dass diese näher definiert oder gar mit Kennzahlen untermauert werden.

Die Ausführungen des Exkurses lassen sich dahingehend zusammenfassen, dass in der betriebswirtschaftlichen Betrachtung zwischen der relativ einheitlichen Definition von „Erfolg" im engeren Sinne und den Interpretationen des Konstruktes „Erfolg" im weiteren Sinne, die je nach Zielsetzung z.T. stark variieren, differenziert werden muss. Der Erfolgsbegriff, wie er sich in der Betriebswirtschaftslehre seit ihrem Bestehen entwickelt hat, kann laut Weppler (1995, S. 193) „...als Produkt und Ergebnis einer spezifischen Rationalitätsvorstellung verstanden werden, die maßgeblichen Einfluss auf die strukturellen Merkmale des Erfolgsbegriffs genommen hat."

---

Neben den zuvor behandelten Aspekten des Erfolgs auf der Unternehmensebene soll an dieser Stelle auf den Erfolg auf der persönlichen Ebene der Individuen zur weiteren Abgrenzung des Erfolgskonstruktes verwiesen werden. Der individuelle berufliche Erfolg der Mitarbeiter wird in einer Vielzahl von Publikationen (vgl. z.B. Hirschel 2004; Bismarck 2000) thematisiert und mit Hilfe unterschiedlicher Kriterien gemessen (in Anlehnung an Moser/Schuler 1999, S. 32):

- Beurteilung durch Vorgesetzte
- Beurteilung durch 360° Feedback
- Objektive Leistungsergebnisse
- Gehalt – relativ zu Kollegen oder absolut
- Gehaltssteigerung
- Beförderungen
- Karrieremaße (z.B. Position/Alter)
- Qualitätsmaße (z.B. Fehlerquote)
- Preise und Auszeichnungen

- Berufszufriedenheit
- Fehlzeiten
- Fluktuation
- Physische und psychische Gesundheit
- Arbeitszufriedenheit und allgemeines Wohlbefinden
- Titel

Kritik an der gegenwärtigen Nutzung des Erfolgsbegriffes lässt sich unter anderem daran üben, dass nicht sämtliche Messgrößen für alle Zwecke geeignet sind (Rudolph 1996, S. 35), obwohl die oftmals unreflektierte Nutzung der Begriffe dies zu implementieren scheint:

- Die Vielfalt der möglichen Messgrößen, die in ihrer Breite kaum ausreichend bekannt sind, birgt die Gefahr der Beliebigkeit bei der Auswahl, da oftmals nur Fragmente des gesamten Spektrums der Messgrößen als Grundlage für die Untersuchungen eingesetzt werden.
- Die große Anzahl der möglichen Einflussfaktoren erschwert die explizite Kausalzuordnung einzelner Einflüsse. Oftmals werden die untersuchten Zusammenhänge scheinbar willkürlich aus dem breiten Spektrum ausgewählt.
- Zufällige Einflüsse finden keine ausreichende Berücksichtigung. Das nicht beabsichtige Verhalten, das zur Erreichung der Ziele geführt hat, wird in der ex post Betrachtung rationalisiert und als beabsichtigte Handlung ausgegeben.
- Aufgrund unterschiedlicher Beobachtungs- und Beurteilungsperspektiven ist es möglich, dass Erfolgsfaktoren ebenso gut Misserfolgsfaktoren sein können.
- Eine zeitliche Stabilität des Erfolgsbegriffs ist nicht eindeutig gegeben. So kann etwa ein Erfolg in der Vergangenheit zu einem Misserfolg in der Zukunft werden.
- Die Definition des Begriffs „Erfolg“ ist ebenso kulturabhängig wie die motivierende Wirkung, die von dem Erfolgserlebnis ausgeht. Eine Übertragung von Forschungsergebnissen auf andere Kulturkreise ist dementsprechend kritisch zu hinterfragen.

Zusammenfassend wird als Erfolg im Sinne dieser Arbeit als das im Wesentlichen von individuellen und kontextbedingten Faktoren abhängige Empfinden einer subjektiv als Erfolg gekennzeichneten Situation durch eine Person respektive Personengruppe verstanden. Die kontextbedingten Faktoren sind hierbei möglichst exakt zu erfassen und darzustellen.

#### 2.2.4.2 Misserfolg

Nachdem zuvor eine umfassende Darstellung des Konstruktes „Erfolg“ vorgenommen wurde, wird nun auf den Misserfolg als zweite für diese Arbeit relevante Determinante erfolgskritischer Situationen eingegangen. Obwohl das Erleben von Misserfolgen nach Kleinbeck (2004) zum menschlichen Alltag gehört, findet eine eingehende Auseinandersetzung mit dem Begriff „Misserfolg“ über den alltagssprachlichen Gebrauch hinaus nicht statt. Daher sei auch an dieser Stelle noch einmal auf den Brockhaus (2001, S. 520) verwiesen, in dem „Misserfolg“ im Zusammenhang mit Erfolg in der Psychologie mit „Liegt die Leistung unter dem erwarteten Niveau, so wird dies als Misserfolg [...] gewertet.“ umschrieben wird. Auch in der weiter gefassten wissenschaftlichen Auseinandersetzung wird dem Konstrukt Misserfolg selbst kein mit der Erfolgsforschung vergleichbarer Raum gewidmet. Insbesondere in der ökonomisch orientierten Literatur finden sich keine expliziten Auseinandersetzungen mit Misserfolg. Vielmehr wird Misserfolg dort als Abwesenheit von Erfolg respektive von einzelnen Komponenten des Erfolges definiert (vgl. z.B. Wenzlitschke 2001).

Diese Einschränkung lässt sich in weiten Teilen auch auf die Psychologie übertragen. Obwohl die Misserfolgsverarbeitung im Vergleich zur Auseinandersetzung mit Erfolgen eine breitere Rolle in der Motivationsforschung einnimmt (Heckhausen 2003), lassen sich im Gegensatz zum „Erfolg“ keine ausführlichen Auseinandersetzungen mit dem eigentlichen Konstrukt „Misserfolg“ finden. Auch hier wird Misserfolg entweder durch die Abwesenheit von Erfolg oder über die Nichterfüllung von vorher spezifizierten Leistungsindikatoren (Kleinbeck 2004) definiert.

Obwohl die augenscheinlich nachvollziehbare Definition von „Misserfolg“ als Gegenteil des Erfolges insoweit zu kritisieren ist, dass Erfolg aktiv angestrebt und verfolgt wird, während dies im Regelfall für den Misserfolg nicht in vergleichbarer Weise angenommen werden kann, gilt diese Negativdefinition für die vorliegende Arbeit. Als Leistungsindikator eignen sich dabei die zuvor aufgeführten Maßstäbe zur Erfolgsbeurteilung. Unter Misserfolg wird somit das Verfehlen von durch Leistungsindikatoren beschriebenen Zielsetzungen verstanden.

### 2.2.5 Individueller Umgang mit Erfolg und Misserfolg

Erfolg und Misserfolg, das Erleben der jeweiligen Situationen sowie der individuelle Umgang damit werden durch ein Konglomerat unterschiedlicher Faktoren, die vom betroffenen Individuum und seinem Umfeld determiniert werden, beeinflusst. Erfolg und Misserfolg sind nach Brunstein (1995) als vielschichtige soziale Konstrukte zu bezeichnen. Der individuelle Fokus auf die Situation sowie der gewählte Fokussierungsgrad und die Perspektive der Beobachtung und der Analyse bestimmen die jeweilige Sichtweise und Interpretation der situativen Konstellation durch das Individuum und tragen somit zur Einordnung als Erfolgs- bzw. Misserfolgssituation bei. Neben dem individuellen Anspruchsniveau beeinflusst

auch die objektive Situationsbewertung sowie der organisationale Kontext die Interpretation als Erfolg oder Misserfolg.
Wie bereits erwähnt, wird zur Einstufung eines Handlungsergebnisses als Erfolg bzw. Misserfolg ein Leistungsmaßstab benötigt, anhand dessen ein Vergleich der erzielten Leistung mit dem vorgegebenen Ziel möglich ist. Findet diese Einstufung im Unternehmenskontext statt, ist zu beachten, dass mit zunehmender Unternehmensgröße die Komplexität durch eine Vielzahl übergeordneter, zum Teil konträrer Ziele steigt und somit eine klare Bewertung der Leistung als Erfolg oder Misserfolg erschwert wird.
Die über die individuelle Differenzierung in Erfolgs- und Misserfolgssituationen hinaus bestehende Möglichkeit einer neutralen – d.h. weder explizit positiven noch negativen – Bewertung von Situationen durch die betroffenen Personen, wie sie etwa bei Weppler (1995) dargestellt wird, wird an dieser Stelle nicht weiter verfolgt. Auch zufällige Einflüsse, welche den Erfolg bzw. Misserfolg gemäß Rudolph (1996, S. 34) nachweislich maßgeblich mit beeinflussen, werden trotz ihrer Allgegenwart im Weiteren ausgeblendet.
Für die Auseinandersetzung mit den Konstrukten „Erfolg“ und „Misserfolg“ ist darüber hinaus zu beachten, dass der jeweilige Maßstab dafür vom soziokulturellen Kontext einer Gesellschaft bestimmt wird und daher immer nur eine begrenzte Aussagekraft aufweist (Schieffer 1997, S. 9). Da der empirische Teil dieser Arbeit nur in Deutschland erhoben wird, findet eine Vertiefung dieser Thematik nicht statt.
Die Frage, wie Personen mit Misserfolgserlebnissen umgehen, weist eine hohe Verbreitung in unterschiedlichen Teilbereichen der Psychologie – insbesondere im Zusammenhang mit Motivation – auf (Brunstein 1995). Eine vergleichbare Auseinandersetzungen mit Erfolgserlebnissen findet in der Literatur nicht im gleichen Umfang statt. Daher liegt der Schwerpunkt dieses Abschnittes auf dem Umgang mit Misserfolgssituationen.

Da sich die gezeigte Leistung in immer stärkerem Maße als das entscheidende Kriterium zur Verteilung von Gütern innerhalb unserer Gesellschaft entwickelt, verstärkt sich der Wunsch und die Bereitschaft der Menschen, beständig höhere Leistungen, zum Beispiel für ihren Arbeitgeber, zu erbringen, um an der Wohlstandsverteilung zu partizipieren. Mit der ständig anspruchsvolleren Zielsetzung steigt allerdings auch die Wahrscheinlichkeit, einen Misserfolg zu erleben, wenn die gesetzten Ziele nicht erreicht werden (Kleinbeck 2004). Diese Misserfolgserlebnisse beeinflussen laut Ilgen/Davies (2000) die Motivation einer Person und können somit die Richtung und Intensität des zukünftigen Handelns beeinflussen. Wie in Abbildung 2-5 zusammenfassend dargestellt, weisen alle Modelle eine relativ begrenzte Anzahl möglicher Reaktionen nach einem Misserfolg auf (vgl. Kleinbeck 2004):

- Hat die Person die gesetzten Ziele nicht erreicht, so wird sie evtl. versuchen, Ursachen für das Scheitern zu ermitteln, um sich erneut vorzunehmen, das Ziel zu erreichen. Hierbei kann sie entweder ihren Anstrengungseinsatz intensivieren und/oder eine veränderte Handlungsstrategie entwickeln. Nach Locke/Latham (1990a) wird diese Möglichkeit von Personen gewählt, die ein hohes Vertrauen in ihre eigene Tüchtigkeit besitzen und ein klares Bild vom angestrebten Ziel haben. Je wahrscheinlicher und wertvoller sie die Zielerreichung einschätzen, desto stärker ist ihre Zielbindung ausgeprägt.
- Eine weitere Reaktionsmöglichkeit besteht in der Reduzierung des Ziels auf ein Niveau, bei dem sich der Handelnde die Zielerreichung zutraut. Diese, für Personen mit gering ausgeprägtem Vertrauen in die eigene Tüchtigkeit symptomatische Verhaltensweise, führt zu einer absinkenden Wahrscheinlichkeit des Misserfolgs. Gleichzeitig kann ein solches Vorgehen bei häufiger Anwendung durch viele Personen übergeordnete Unternehmensziele gefährden.
- Die dritte Möglichkeit besteht in der vollständigen Aufgabe des Ziels, indem sich die Person von der ursprünglichen Aufgabe zurückzieht und neue Aufgaben angeht. Diese Alternative wird oftmals dann gewählt, wenn die subjektive Wahrscheinlichkeit des Erfolgs als sehr gering oder nicht mehr vorhanden eingeschätzt wird (Brandstätter 2004).
- Als vierte Möglichkeit bietet es sich an, das Handlungsergebnis nicht als einen persönlichen Misserfolg anzusehen, indem die Verantwortung für das Ergebnis auf Andere übertragen wird oder das Feedback als unerheblich bzw. unrealistisch zurückgewiesen wird. Diese Verhaltensweise ist insbesondere bei der Rückmeldung durch externe Beurteiler zu beobachten, die vom betreffenden Handelnden nicht akzeptiert werden (Kluger/DeNisi 1996).

Es bleibt darauf hinzuweisen, dass auch eine Kombination unterschiedlicher Teilkomponenten der zuvor aufgezeigten Reaktionen möglich ist. So könnte beispielsweise die Herabsetzung des ursprünglichen Ziels mit einer Veränderung der Handlungsstrategie einhergehen.

Welche der hier skizzierten Verhaltensweisen gewählt wird, hängt von einer Reihe von Kontextfaktoren ab, unter denen der Misserfolg entstanden ist. Im Folgenden werden verschiedene Merkmale skizziert, welche die Wahl der Verhaltensvariante maßgeblich beeinflussen (vgl. Kleinbeck 2004):

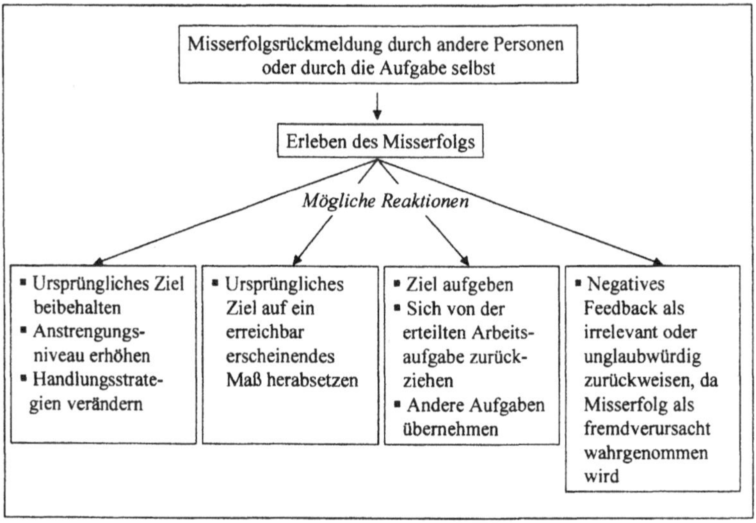


Abbildung 2-5: Mögliche Reaktionen auf das Erleben von Misserfolg (Quelle: eigene Darstellung in Anlehnung an Kleinbeck 2004, S. 283)

*Zielsetzungs- und Zielrealisierungsverhalten der Führungskraft:*

Wie bereits beschrieben, hat das Verhalten in Bezug auf das Setzen und Realisieren von Zielen erhebliche Bedeutung für die Leistungserbringung der Mitarbeiter. Dies gilt insbesondere im Zusammenhang mit dem Erleben von Misserfolgssituationen.

Die Schwierigkeit und Komplexität der erteilten Aufgabe beeinflusst das Verhalten nach einem Misserfolgserlebnis insoweit, als dass bei sehr schwierigen und komplexen Aufgaben eine Leistungssteigerung nur dann zu beobachten ist, wenn klar ist, dass die bisherigen Handlungsstrategien prinzipiell richtig waren. Nur wenn dies gegeben ist, zahlt sich in der Zukunft eine verstärkte Anstrengung aus (Wood/Locke 1990a).

Maßgeblicher Einfluss auf die Reaktion der Betroffenen wird auch der Bedeutung des Ziels für die Person beigemessen. So zeigte Brunstein (1995) mehrfach, dass ein Misserfolgserlebnis im Zusammenhang mit Identitätszielen zu einem im Vergleich zu unbedeutenden Zielen höheren Anstrengungsniveau bei Folgeversuchen führt.

Auch das Rückmeldeverhalten der Führungskraft gegenüber ihren Mitarbeitern ist im Falle eines Misserfolgserlebnisses besonders bedeutsam. Nach Kleinbeck (2004) ist es hierbei vorteilhaft, wenn sich Rückmeldungen aus der Aufgabe selbst ergeben. Early (1988) stellte fest, dass ein rechnergestütztes Feedback von den Probanden im Vergleich zu einem Vorgesetztenfeedback als glaubwürdiger eingeschätzt wurde. Diskrepanzen zwischen der empfangenen Rückmeldung und der eigenen Leistungseinschätzung führen nach Fiege et al. (2001) dazu, erwartungswidrige negative Leistungsrückmeldungen in Frage zu stellen. Eine weitere Determinante stellt der Informationsgehalt des Feedbacks dar. Unabhängig ob es sich um ein positives (nach Erfolg) oder negatives (nach Misserfolg) Feedback handelt, kann es nur verhaltenswirksam werden, wenn es sich direkt auf die Arbeitsaufgabe bezieht und durch das Verhalten des Feedbackempfängers beeinflussbar ist.

Die Ausrichtung auf neue Aufgaben nach dem Erleben eines Misserfolgs ist eine weitere entscheidende Komponente des Verhaltens der Führungskraft. Beckmann und Heckhausen (1988) haben sich in einer Untersuchung mit dem Einfluss von erlebtem Misserfolg auf die rückblickende Bewertung und die Aufmerksamkeitsumschaltung auf neue Aufgaben beschäftigt. Sie konnten experimentell zeigen, dass die Ankündigung einer neuen Aufgabe die Bewertung des vorherigen Misserfolgs zeitlich strafft und die Aufmerksamkeitsumschaltung auf die neue Aufgabe früher erfolgt.

In Abbildung 2-6 wird deutlich, das der Anteil der vorausblickenden Gedanken in der Bedingung mit Ankündigung einer neuen Handlung nach Misserfolg deutlich höher ist als in den beiden Vergleichsgruppen. Darüber hinaus konnte durch die Ankündigung einer neuen Aufgabe verhindert werden, dass die Probanden bei zwischen Ergebniskonstatierung („Da habe ich aber schlecht abgeschnitten") und Selbstbewertung („ich bin wohl ziemlich unbegabt") oszillierenden Selbstbewertungsgedanken hängen blieben, welche in besonderem Maße die Aufmerksamkeitsumschaltung blockieren.

*Persönlichkeitsmerkmale:*

Als Erklärung für unterschiedliche Reaktionsmuster wird häufig auf die Bedeutung von relativ stabilen Persönlichkeitsunterschieden hingewiesen (Brunstein 1995, S. 2). Die heute überwiegend mit den Begriffen „traits" oder „Dispositionen" operierende Forschung hat in den vergangenen Dekaden eine Reihe unterschiedlicher Persönlichkeitsmerkmale als Erklärung der unterschiedlichen Reaktionen auf Misserfolgsereignisse aufgeführt. Exemplarisch sind in diesem Zusammenhang etwa Untersuchungen zur Ängstlichkeit (Hindel/Krohne 1985; Lavelle et al. 1979), Kontrollüberzeugung (Pittman/Pittman 1979), Leistungsmotiv (W.U. Meyer 1973), Hilflosigkeit (Dweck/Wortmann 1982) oder wie bereits beschrieben der Disposition der Handlungskontrolle (Kuhl 1992) zu nennen.

Vereinzelt wurde auch eine Kombination mehrerer dieser Persönlichkeitsmerkmale vorgeschlagen (Brunstein 1995, S. 2) um interindividuelle Differenzen in Misserfolgsreaktionen erklären zu können (z.B. „self-esteem" und „self-consciousness" bei Brockner et al. 1983).

Im Zusammenhang mit den Dispositionen ist auch auf intraindividuelle Variationen, die sich auf Unterschiede in der Verarbeitung von Erfolgs- und Misserfolgserlebnissen derselben Person in unterschiedlichen Kontexten und Situationen beziehen, hinzuwiesen (Brunstein 1995, S. 2). Solche situations-abhängigen Verhaltensdifferenzen lassen sich allein durch die Persönlichkeitsdimensionen, die weitgehend kontextfrei erhoben werden, nur schwer erklären (Brunstein 1995, S. 3).

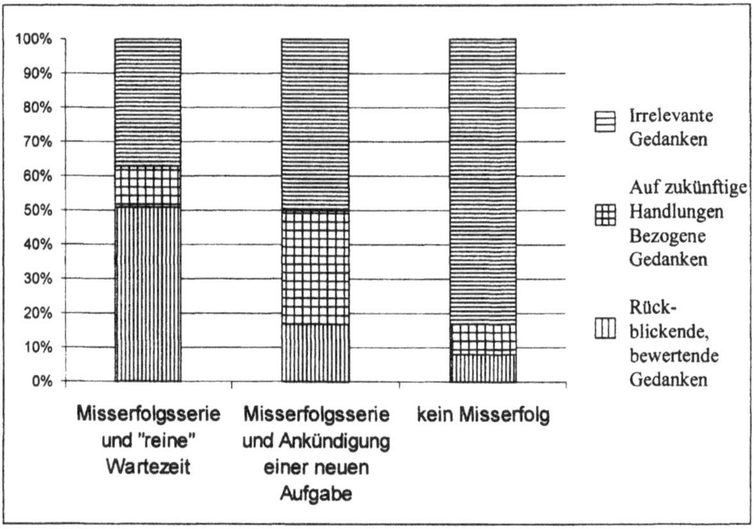


Abbildung 2-6 : Prozentuale Häufigkeiten der Gedankeninhalte nach einer Aufgabenerledigung (Quelle: Beckmann/Heckhausen 1988)

*Attribution von Erfolg und Misserfolg:*

Kleinbeck (2004) nennt die Attribution von Erfolg und insbesondere von Misserfolg als weiteren Kontextfaktor, der sich als maßgeblich für die Wahl des Verhaltens nach Misserfolgssituationen erwiesen hat. Attributionstheoretische Ansätze beschäftigen sich mit kausalen Alltagserklärungen (Böhm 1994), mit denen sich Menschen Sachverhalte begreiflich machen. Diese Suche nach Erklärungen ist darauf zurückzuführen, dass generell das Bedürfnis besteht, Phänomene nicht nur wahrzunehmen, sondern diese auf bestimmte Bedingungen (Ursachen) zurückzuführen. Durch solche Kausalattributionen sollen die eigene Umwelt und künftige Ereignisse kontrollierbarer gemacht werden. Vielfältige Forschungsergebnisse (z.B. J.P.Meyer 1980; Russel 1982) verdeutlichen einen generellen Unterschied zwischen der Attribution von Erfolg und Misserfolg. Erfolg wird eher als internal, stabil und kontrollierbar verursacht angesehen als Misserfolg.

## 2.3 Performance Measurement

Eine detaillierte Erörterung der theoretischen Fundamente des Controllings ist als Basis für die Auseinandersetzung mit dem Terminus „Performance Measurement" (PM) der darauf folgenden Betrachtung der Operationalisierung dieses Begriffes im Bankensektor unerlässlich und kann nicht durch einen kurzen Verweis auf die Literatur substituiert werden. Darüber hinaus dient eine umfassende Darstellung dieser Sachverhalte als Fundament für die in Kapitel 2.4 detailliert dargestellte Balanced Scorecard.

An dieser Stelle ist darauf hinzuweisen, dass es in der Literatur für die in diesem Kapitel erörterten Konzepte eine Vielzahl unterschiedlicher Definitionen und Auffassungen gibt. Dies gilt für den sehr weit gefassten und verbreiteten Begriff „Controlling" (vgl. z.B. Jung 2003, S. 5; Kieper 1996, S. 5ff.) ebenso wie für den erst in den letzten Jahrzehnten geprägten Begriff „Performance Measurement" (vgl. Gleich 2001, S. 45). Eindeutige, treffsichere und allgemein anerkannte Definitionen gibt es laut Jung (2003) bisher nicht. J. Weber (1999, S. 19) spricht in diesem Zusammenhang von einem „Wirrwarr" der Definitionen. Auf umfangreiche Versuche der Systematisierung des Controllings, wie sie etwa von Eschenbach/Niedermayr (1996) und Coenenberg/Baum (1992) vorgenommen werden, wird hier verzichtet. Es erscheint jedoch sinnvoll, in den entsprechenden Abschnitten ein für diese Arbeit geltendes Controlling- und Measurementverständnis abzuleiten, das als Grundstein für die Konzeption des Untersuchungsmodells dient. Hierfür werden zunächst die Grundlagen der Erfolgsmessung als Fundament jeglicher Auseinandersetzung mit der Messung von Arbeitsergebnissen kurz skizziert bevor anschließend ein Überblick über das allgemeine Controlling und dessen Weiterentwicklung zum Performance Measurement erfolgt. Fortgeführt wird diese Betrachtung durch die Auseinandersetzung mit derzeitigen Ansätzen des PM in Banken.

### 2.3.1 Grundlagen der Erfolgsmessung

Die steigende Unsicherheit, die durch die immer dynamischer auf alle Organisationen einwirkende zunehmende Anzahl komplexerer Umweltfaktoren bedingt wird, verlangt eine permanente Anpassung der Steuerungsinstrumente eines Unternehmens (Jung 2003, S.1). Die objektive Messung des unternehmerischen Erfolges auf verschiedenen Hierarchieebenen eines Unternehmens erweist sich hierbei seit jeher als herausforderndes und vielfältig diskutiertes Problemfeld innerhalb der Betriebswirtschaftslehre (vgl. Camphausen 2003), welches bis zum jetzigen Zeitpunkt nur ansatzweise zufriedenstellend gelöst werden konnte (Gleich 2001, S. 1). Der Differenzierung von E.H. Witte/Lecher (1996) bezüglich der Leistungsbeurteilung folgend wird der Schwerpunkt auf Aktivkriterien, welche die Güte der Zielerreichung bei der Aufgabenbewältigung beschreiben, gelegt.

Die dort ebenfalls beschriebenen Passivkriterien, die die Wirkung der Situation auf die Mitarbeiter beschreiben, werden nicht weiter betrachtet.
Neben der im Abschnitt 2.2.4.1 erfolgten Auseinandersetzung mit dem Konstrukt „Erfolg“ bedarf es in diesem Zusammenhang der Hinterfragung der Messbarkeit der einzelnen Faktoren sowie der (ökonomischen) Sinnhaftigkeit solcher Messungen.

#### 2.3.1.1 Messtheoretische Betrachtung

„Scattered about the literatures of economics, mathematics, philosophy, physics, psychology and statistics are axiom systems and theorems that are intended to explain why some attributes of objects, substances and events can reasonably be represented by numbers“ (Krantz et al. 1971, S. XVII). Nach diesem Zitat kann die Theorie des Messens als eine Querschnittsfunktion über verschiedene Wissenschaftsdisziplinen bezeichnet werden. In allen Bereichen der Wissenschaft – insbesondere in den Natur- und Sozialwissenschaften – sind exakte Durchführungen von Messungen unerlässlich für die weitere Bearbeitung der gewonnenen Daten (E.H. Witte 1977, S. 12ff.). Im Rahmen der folgenden skizzenhaften Betrachtung wird die sozialwissenschaftliche Literatur im Vordergrund stehen.
Messen wird im Kontext dieser Arbeit als die Bestimmung der Ausprägung einer Eigenschaft eines Objektes definiert. Grundvoraussetzung für Messungen jeglicher Art sind somit erstens die Existenz einer Menge von Objekten, die Träger der zu messenden Eigenschaft sind, und zweitens das Vorhandensein mindestens einer beobachtbaren Eigenschaften.
Der Messvorgang selbst besteht darin, unter Einhaltung bestimmter Regeln den in der Realität existierenden Objekten und Eigenschaften numerische Entsprechungen gegenüberzustellen (Schrank 2002, S. 44), d.h. es wird ein „numerisches Modell empirischer Sachverhalte“ (Litz 1998, S. 34f.) erstellt, um die weitere Nutzung in standardisierter Form zu ermöglichen. Ohne eine solche numerische Quantifizierung handelt es sich nicht um Messen i.e.S. sondern lediglich um Beobachtungen (vgl. Berka 1983, S. 16).
Neben der direkten Messung, bei der ein Tatbestand direkt durch eine numerische Größe dargestellt wird, gibt es oftmals – besonders in Sozialwissenschaften – Situationen in denen keine Zahlen existieren, die den Sachverhalt so wiedergeben, dass dieser umfassend und eindeutig beschrieben wird. Ein Beispiel für eine solche indirekte Messung ist etwa die Beurteilung des Erfolgs eines Unternehmens, bei der Korrelate der empirischen Phänomene zur Messung herangezogen werden.

Bei der Erhebung von Daten müssen Informationen im Regelfall einem pragmatischen Zweck dienen. Dieser ist beispielsweise in der Beantwortung einer betriebswirtschaftlichen Fragestellung zu sehen, die wiederum zur Beeinflussung einer real existierenden Situation dient. Daher müssen nach Beendigung der Messungen Informationen vorliegen, die den Umgang mit der Ausgangssituation in besserer Weise ermöglichen, als dies ohne die Messung möglich gewesen wäre. Darüber hinaus ist bei Messungen jeglicher Art die der ökonomische Vertretbarkeit (Randolph 1979, S. 60), die ein sinnvolles Verhältnis zwischen dem Aufwand der Erhebung und dem aus der Information gewonnenen Nutzen proklamiert, zu erfüllen. Dies führt insbesondere bei betriebswirtschaftlichen Fragestellungen, bei denen oftmals mit den im Folgenden dargestellten Kennzahlen und Indikatoren operiert wird, zu einer eher pragmatischen Auslegung der Ansprüche an das Messen.

#### 2.3.1.2 Kennzahlen, Indikatoren und Kennzahlensysteme

Kennzahlen werden in der Betriebswirtschaftslehre permanent zur Verdichtung und Darstellung relevanter Informationen genutzt (Stadler/Weißenberger 1999), wobei nach Beobachtungen von Gladen (2001, S. 12) die qualitativen den quantitativen Informationen oftmals vorgezogen werden. In anderen Bereichen der wissenschaftlichen Diskussionen wird der Kennzahlenbegriff nur selten aufgegriffen (Geiß 1986, S. 24f.). Die erhebliche Verbreitung im wirtschaftswissenschaftlichen Bereich hat Schrank (2002, S. 16) zufolge jedoch zu einer Vielzahl ähnlicher, teilweise synonym verwendeter Begriffe wie Kennziffer, Maßzahl oder Indikator geführt. Im Sinne einer Arbeitsdefinition werden die am häufigsten vorkommenden Begriffe kurz voneinander abgegrenzt. Die hier vorgenommenen Definitionen werden im den folgenden Betrachtungen des allgemeinen Controllings, des Performance Measurements, des Bankencontrollings und insbesondere in Abschnitt 2.4 im Zusammenhang mit Balanced Scorecards zur Performance Messung verwendet.

*Kennzahlen im weiteren Sinne* sind quantitative Informationen, die für die spezifischen Bedürfnisse der Unternehmensanalyse und -steuerung aufbereitet worden sind.

*Kennzahlen im engeren Sinne* sind Maßgrößen, die willentlich mehr oder weniger stark verdichtet werden, um in einer konzentrierten Form über einen zahlenmäßig erfassbaren Sachverhalt berichten zu können (vgl. J. Weber 1999, S. 217ff.).

Durch Zusammenfassungen von Basiszahlen werden die Informationen zu Kennzahlen verdichtet. Diese Verdichtung führt auf der einen Seite zu einer Informationsentlastung für das Management, andererseits jedoch auch zu einem Informationsverlust. Insbesondere hochverdichtete Kennzahlen verlieren die Realitätsnähe und werden so immer stärker zu Kunstzahlen (vgl. Birk 1991), da die so verdichteten Kennzahlen nur als Surrogate der abgebildeten Tatbestände anzusehen sind. Diese Problematik hat zur Entwicklung von Kennzahlensystemen mit Kennzahlen

abnehmender Verdichtungsgrade geführt (vgl. Gladen 2001, S. 13). Dies manifestiert sich auch in der Systematik der Balanced Scorecard.
Kennzahlen lassen sich in absolute und relative Kennzahlen unterscheiden (vgl. u.a. Reichmann 2001). Absolute Kennzahlen geben die Anzahl der Elemente einer näher definierten Menge an. Da absolute Zahlen ohne Vergleich mit anderen Zahlen gemäß Jung (2003, S. 155) nur eine eingeschränkte Aussagekraft haben, werden sie in Teilen der Literatur nicht zu den eigentlichen Kennzahlen gezählt (vgl. u.a. Gladen 2001, S. 15).
Relative Kennzahlen werden durch die Verknüpfung von Sachverhalten in Form eines Quotienten gebildet. „Dabei tritt der zu messende Wert in den Zähler, der als Maß dienende in den Nenner. Daraus ergibt sich auch eine bestimmte Konsequenz. Die Zählergröße wird zwar an der anderen gemessen, d.h. in Einheiten dieser letzteren ausgedrückt, jedoch beherrscht die Zählergröße die Kennzahl ganz eindeutig" (Wissembach 1967, S. 17).

- Gliederungszahlen geben den Anteil einer ausgewählten Größe an einer Gesamtmenge an.
- Beziehungszahlen stellen Beziehungen zwischen ungleichartigen Zahlen verschiedener Grundgesamtheiten her, zwischen denen eine Ursach-Wirkungs-Beziehung vermutet wird. Diese Ursache-Wirkungs-Beziehungen führen dazu, dass Beziehungszahlen im Rahmen der Balanced Scorecard vermehrt eingesetzt werden.
- Indexzahlen werden eingesetzt, um Zeitreihen bzw. die zeitlichen Veränderung von Daten darzustellen. Dabei wird ein Basiswert gleich 100 gesetzt und die anderen Zahlen werden im Verhältnis dazu umgerechnet. Dies ist besonders dann von Bedeutung, wenn aus Datenschutzgründen keine absoluten Zahlen genannt werden (können).

*Indikatoren im engeren Sinne* sind keine über Verdichtung gewonnenen quantitativen Informationen. Sie sind Ersatzgrößen, deren Ausprägung oder Veränderung den Schluss auf die Ausprägung und Veränderung einer anderen als wichtig erachteten Größe zulassen" (Wissembach 1967, S. 14).

Oftmals werden mit Hilfe von Indikatoren stellvertretend nicht direkt messbare oder beobachtbare Tatbestände bzw. Größen abgebildet. Diese Stellvertretergrößen lassen sich in der Regel leichter messen und beobachten, weisen jedoch auch eine geringere Validität als die der Maßgrößen zugrunde gelegten Originaltatbestände auf (vgl. J.Weber 1999; H.-U. Küpper 1995). Insbesondere in der internen Prozessperspektive der BSC (vgl. Kapitel 2.4.2.3) wird häufig auf Indikatoren zur Messung zurückgegriffen.
Im Zusammenhang mit dem Einsatz von Kennzahlen in Unternehmen ist kritisch anzumerken, dass der relativ häufige Einsatz von Kennzahlen und Indikatoren oftmals dazu führt, dass eine Überprüfung der Angemessenheit des Kennzahlen-

einsatzes nicht mehr stattfindet (vgl. u.a. Preißner 2002, S. 48). Eine Hinterfragung der Sinnhaftigkeit der zueinander in Relation gestellten Variablen findet oftmals nicht statt, da Kennzahlen durch „ihre exakten Werte ein gewisses Vertrauen einflößen" (ebd.). Auch hängt ihre Ermittlung von der Genauigkeit der Messmethode und vorliegenden stochastischen Schwankungen ab (vgl. J.Weber 1999, S. 442ff.), die im späteren Einsatz der Kennzahlen oftmals nicht berücksichtigt werden. Zusammenfassend kann festgehalten werden, dass der Aussagewert isolierter Kennzahlen insgesamt begrenzt ist (Horváth 2000, S. 555ff.).

Diese Kritik hat u.a. zu der Verbreitung von *Kennzahlensystemen* beigetragen, mit deren Hilfe eine systematische Analyse der Unternehmenssituation und eine Ursachenforschung betrieben werden kann. Kennzahlensysteme zeigen die kausalen Zusammenhänge zwischen unterschiedlichen Größen auf und liefern somit betriebswirtschaftlich verwertbare Aussagen über Unternehmungen bzw. deren Einheiten (vgl. Reichmann 2001). Bei Kennzahlensystemen handelt es sich um hierarchisch strukturierte Kennzahlenpyramiden, die eine sogenannte Spitzenkennzahl durch zahlreiche darunter angeordnete Kennzahlen erklären. Als Spitzenkennzahl wird laut Preißner (2002, S. 50) in unternehmensweit eingesetzten Kennzahlensystemen meist die Rentabilität bzw. der Gewinn eingesetzt. Dabei wird zwischen Ordnungssystemen, die Kennzahlen unter sachlichen oder empirischen Aspekten zusammenfassen, und Rechensystemen, die Kennzahlen in einem mathematischen Zusammenhang stellen, unterschieden.
Kennzahlensysteme mit ihrer Ausrichtung auf eine Spitzenkennzahl stellen die Verbindung zwischen einzelnen Kennzahlen und umfangreichen Performance Measurement Systemen dar (Harengel 2000, S. 39). Auf die in der Literatur (vgl. z.B. Gillmann 2001, S. 107ff.; Gladen 2001, S. 103ff.; Kudernatsch 2001) angeführten abweichenden Abgrenzungen zwischen Kennzahlensystemen und Performance Measurement Systemen soll an dieser Stelle nicht weiter eingegangen werden.

### 2.3.2 Allgemeine Einführung in das Controlling

Dieser Abschnitt gibt einen kurzen Einblick in das Controlling indem er auf die Ziele, Funktionen und unterschiedliche Ausrichtungen des Controllingbegriffes skizzenhaft hinweist und mit einer Arbeitsdefinition abschließt.

Das Ziel des Controllings ist im Wesentlichen in der Sicherstellung der Erreichung der Unternehmensziele und insbesondere in der zielgerichteten Koordination aller darauf ausgerichteten Maßnahmen zu sehen (Jung 2003, S.6). Dabei übernimmt das Controlling im Wesentlichen die folgenden zentralen Funktionen (vgl. Preißler 2000, S. 31) :

- *Ermittlungs- und Koordinationsfunktion*: Die Notwendigkeit zur Ermittlung und Koordination von Informationen ergibt sich aus der Arbeitsteilung und dem Zeitablauf des betrieblichen Gütererstellungsprozesses, wobei Interdependenzen zwischen verschiedenen Bereichen und Perioden zu berücksichtigen sind (vgl. u.a. Kühne 2002, S. 43). Hierzu bedarf es u.a. des Aufbaus eines aussagefähigen Kosten- und Leistungsrechnungssystems (vgl. Jung 2003, S. 10) sowie dessen permanenter Weiterentwicklung.
- *Kontrollfunktion:* Die Kontrollfunktion i.e.S. umfasst neben der Erfolgskontrolle, bei der die in der Vergangenheit erzielten Resultate analysiert werden, auch das Feststellen von Abweichungen und ist thematisch daher eng mit der Steuerungsfunktion verbunden. Die Kontrollfunktion ist jedoch nur eine Teilfunktion des Controllings und daher ist es falsch, Controlling nur mit dem deutschen Begriff der Kontrolle gleichzusetzen (vgl. ebd. S. 11).
- *Steuerungsfunktion*: Schwerpunkt dieser Teilfunktion des Controllings ist das frühzeitige Erkennen von Abweichungen sowie die Einleitung von Gegensteuerungsmaßnahmen. Um dies zu erreichen, bedarf es einer permanenten Berichterstattung, die als quantitative Analyse die Basis für die Entscheidungsfindung und Entscheidungsunterstützung bildet.
- *Planungs- und Prognosefunktion:* Diese Teilfunktion beinhaltet u.a. das Aufstellen eines erfolgswirtschaftlich orientierten Gesamtplanes inkl. der Koordination der darin enthaltenen Teilpläne für das Unternehmen. Insbesondere für die Prognose zukünftiger Entwicklungen gilt es, außerbetriebliche Einflüsse und Trends zu erkennen und in die weitere Unternehmensinterne Planung einzubeziehen.

Controlling kann damit im Sinne einer Arbeitsdefinition in Anlehnung an Jung (2003, S. 7) als funktionsübergreifendes Steuerungsinstrument, das den Entscheidungs- und Steuerungsprozess eines Unternehmens durch zielgerichtete Informationsverarbeitung unterstützt, bezeichnet werden.

### 2.3.3 Weiterentwicklung des Controllings zum Performance Measurement

Viele der klassischen bilanz- und rechnungswesenorientierten Steuerungskonzepte sind starker Kritik ausgesetzt (vgl. Kaplan/Norton 1997, S. 22; Evans et al. 1996, S. 20; Vitale/Mavrinac 1995, S. 45), wobei sich die Kritik auf die Leistungsfähigkeit dieser Konzepte in dynamischen und zum Teil turbulenten Wettbewerbsumfeldern bezieht. Müller-Stevens (1998, S. 34) erhebt ferner den Vorwurf, dass diese Systeme viele Zahlen produzieren, jedoch nur einen geringen Nutzen schaffen. Zwar können viele Aktivitäten und Ergebnisse in Unternehmungen finanziell gemessen werden, dies führt jedoch in vielen Fällen dazu, den Blick für die tatsächlich erbrachte Leistung im Sinne eines Outputs zu verfälschen und darüber hinaus mögliche Leistungs- bzw. Ergebnispotentiale nicht transparent zu machen (Gleich 2001, S. 1).

Unter Bezugnahme auf Gleich (2001, S. 8) wird hier die Kritik an traditionellen Controllingansätzen skizzenhaft in Form von definierten Defiziten dargestellt:

- *Zeitbezug*: Controllinginstrumente die ausschließlich auf der Basis bilanzieller Kennzahlen operieren, stellen nur die monetären Ereignisse in der Vergangenheit dar und unterstützen somit ein vergangenheitsbezogenes Vorgehen (vgl. Brown/Laverick 1994, S. 96; Dhavale 1996, S. 51).
- *Ausrichtung*: Eine ausschließliche Orientierung auf interne Nutzergruppen und die Außerachtlassung von externen Umfeldfaktoren fördert die suboptimale Ausrichtung des Unternehmens (Müller-Stevens 1998, S. 37).
- *Aggregationsgrad*: In traditionellen Controllinginstrumenten werden überwiegend hoch aggregierte Unternehmenskennzahlen eingesetzt, was dazu führt, dass untergeordnete leistungsrelevante Ebenen – wie etwa Abteilungen – und deren Kennzahlen meist keine Beachtung finden.
- *Langfristiges Steuerungsziel:* Controllinginstrumente, die sich rein auf bilanzielle Kennzahlen stützen, führen bei ausschließlicher Anwendung oftmals zu kurzfristigen Suboptima anstelle nachhaltiger Leistungsfähigkeit (Lynch/ Cross 1983, S. 3; Horváth 2004). Eine Maximierung des kurzfristigen finanziellen Erfolgs führt nicht automatisch zu langfristigem Unternehmenserfolg und somit zur Existenzsicherung des Unternehmens. Es ist sogar möglich, dass ein langfristiger Erfolg nur erreicht werden kann, indem der kurzfristige Erfolg gemindert wird.
- *Dimension:* Kunden- und wettbewerbsorientierte Informationen finden – trotz deren steigender Bedeutung – in monetär geprägten, hoch aggregierten und vergangenheitsbezogenen Controllingsystemen keine ausreichende Berücksichtigung (vgl. Lorino 1997, S. 26).
- *Format:* Eine ausschließlich quantitative Ausrichtung des Berichtswesens unterdrückt schwache Signale mit Frühwarncharakter und verhindern somit das frühzeitige Entdecken strategischer Fehlentwicklungen (vgl. Müller-Stevens 1998, S. 38).
- *Planungsbezug:* Controllingkonzepten, die auf bilanziellen Kennzahlen basieren, fehlt der direkte inhaltliche Bezug zu den Unternehmens- bzw. Geschäftsfeldstrategien (vgl. Skinner 1974; Dhavale 1996, S. 51).
- *Anreizbezugspunkt:* Traditionelle Controllingkonzepte motivieren das Management eher, eine Abweichungsminimierung als kontinuierliche Verbesserungsaktivitäten anzustreben (vgl. Turney/Anderson 1989).
- *Immaterielle Unternehmenswerte:* Die vernachlässigte Berücksichtigung der immateriellen Unternehmenswerte (z.B. Wissen der Mitarbeiter, Attraktivität von Markenartikeln) kann zu Fehleinschätzung der Unternehmenssituation führen (vgl. Meffert 1998, S. 721).

Ansätze zur Eliminierung der genannten Schwachstellen zeigen sich u.a. in multifunktionalen Kennzahlensystemen (vgl. u.a. Reichmann 2001, S. 27ff.), die einen besonderen Schwerpunkt auf die Einbeziehung verschiedener Dimensionen der Informationen legen. Wie beim ROI-Kennzahlensystem, auch als „Du Pont System of Financial Control" bezeichnet, aus dem Jahr 1919 (vgl. Horváth 2000, S. 230) standen dabei jedoch monetäre Kennzahlen immer noch deutlich im Vordergrund (vgl. auch Jung 2003, S. 163ff). Auch das von Hahn (1996, S. 156) vorgestellte Planungs- und Kontrollsystem (PuK-Kennzahlensystem), welches als erweitertes Cash-Flow-Kennzahlensystem bezeichnet werden kann, greift Kritikpunkte an traditionellen Controllingkonzepten auf und eliminiert diese teilweise. Dennoch integriert auch dieses Konzept nicht-monetäre Aspekte nicht umfassend genug und weist darüber hinaus einen sehr hohen Aggregationsgrad auf. Als Alternative zum traditionellen Controllingsystem wird oftmals das Total-Quality-Management (TQM) angesehen, das sich stark an der Qualität der Produkte orientiert. Der ausschließliche Einsatz dieses Konzeptes ist kritisch zu hinterfragen wenn sich der Umsetzungserfolg nur in Qualitätsdimensionen (z.B. Anzahl der Fehler in der Produktion) zeigt, ohne finanzielle Komponenten mit einzubeziehen (Stalk/Webber 1993, S. 93ff.).

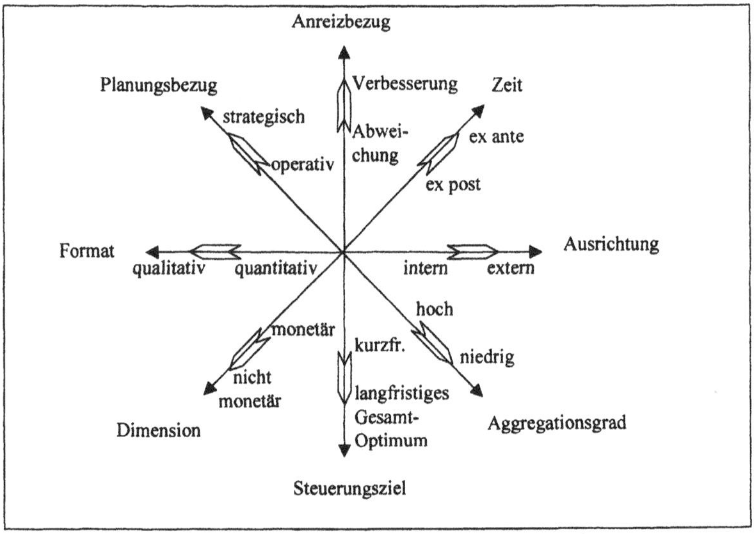


Abbildung 2-7: Ansatzpunkte für die Weiterentwicklung von Steuerungskonzepten
(Quelle: Gleich, 2000, S. 11)

Abbildung 2-7 zeigt, wie sich die zuvor skizzierten Defizite von traditionellen Controlling-Instrumenten zusammenfassen und mit Ansatzpunkten für die Weiterentwicklung von Steuerungskonzepten ergänzen lassen. Demnach sollten Controllingkonzepte der neuen Generation folgende Merkmale aufweisen (vgl. Brown/Laverick 1994; Neely et al. 1994, S. 106; Gleich 1997a, S. 114ff.; Müller-Stevens 1998, S. 36ff.):

- neben vergangenheits- auch zukunftsbezogene Steuerungsinformationen liefern und nutzen
- interne und externe Objekte, die mit dem Unternehmen verbunden sind, einbinden
- kurz- und langfristige Optimierungsmöglichkeiten sowohl für das Gesamtunternehmen als auch für Teilbereiche liefern
- neben finanziellen Kennzahlen auch Kennzahlen, die die langfristige finanzielle Leistungsfähigkeit des Unternehmens abbilden, einbeziehen
- neben quantitativen („hard facts") auch qualitative („soft facts") Informationen einbeziehen
- strategische und operative Kennzahlen generieren und nutzen
- kontinuierliche Verbesserungsbemühungen statt Abweichungsreduzierungen des Managements unterstützen

Diese Merkmale versucht das Konzept des Performance Measurement einzubeziehen. Der Begriff „Performance Measurement" steht im angloamerikanischen Bereich für den konzeptionellen Neuanfang sowie für die Anwendung neuer Konzepte und Kennzahlensysteme in der Unternehmenssteuerung (vgl. Gleich 1998, S. 6). Beim Konstrukt des Performance Measurement geht es demnach um die Messung der erreichten Leistung eines Unternehmens (Gillmann 2001, S. 107). Da die Abgrenzung von Controlling und Performance Measurement ähnlich strittig wie die Definition des Controllingbegriffes an sich ist (Gleich 1997a), soll an dieser Stelle nicht weiter darauf eingegangen werden.
Gleich (1997a, S. 115) kommt zu folgender Definition von Performance Measurement, die auch für den Kontext dieser Arbeit als maßgeblich anzusehen ist:
„Performance Measurement" bezeichnet den Aufbau und Einsatz meist mehrerer quantifizierbarer Maßgrößen verschiedenster Dimensionen (z.B. Kosten, Zeit, Qualität, Innovationsfähigkeit, Kundenzufriedenheit). Diese werden zur Beurteilung der Effektivität und Effizienz der Leistung und Leistungspotentiale unterschiedlichster Objekte im Unternehmen (Organisationseinheiten unterschiedlichster Größe, Mitarbeiter, Prozesse) herangezogen".

Effizienz wird in diesem Zusammenhang als die Relation zwischen dem wertmäßigen In- und Output definiert („doing the things right"). Effektivität hingegen wird anhand einer konkreten Zielsetzung und dem jeweiligen Output gemessen

(„doing the right things") und daher häufig für die Messung langfristiger Ziele einer Organisation eingesetzt (Horváth 2004, S. 142; Scholz 1992, S. 535ff.).

Durch die mit dem Einsatz neuer Kennzahlen angestrebte Leistungstransparenz im Performance Measurement wird eine Leistungssteigerung auf allen Unternehmens-ebenen mittels effektiverer Steuerungs- und Planungsabläufe (Dhavale 1996, S 52) sowie eine höhere Mitarbeitermotivation angestrebt (Hiromoto 1988, S. 22ff.).

Die Bedeutung des modernen Performance Measurements kann unter anderem an der Vielzahl der seit Anfang der neunziger Jahre veröffentlichten unterschiedlichen Performance Measurement Systeme abgelesen werden. Gleich (2001, S. 46) nennt in diesem Zusammenhang beispielsweise:

- Balanced Scorecard (Kaplan/Norton 1997)
- Data Envelopment Analysis (Werner/Brokemper 1996)
- Quantum Performance Measurement (Hronec 1996)
- Poductivity Measurement and Enhancement System (PROMES) (Kleingeld 1994)
- Business Management Window (Bull 1993)

Die Ausweitung der Performance Measurement Aktivitäten der Unternehmen ist zum Teil auf die vermehrte Publikation führungsrelevanter Informationen, die vorher nur im internen Controlling verwendet wurden, zurückzuführen (Lachnit/Ammann 2003, S. 390). Diese Entwicklung zu einem offeneren Umgang mit Informationen über die wirtschaftliche Lage der Unternehmen zeigt sich etwa in der Erweiterung des Konzernabschlusses um Segmentberichterstattungen und Kapitalflussrechnungen aufgrund des Transparenz- und Publizitätsgesetztes (TransPuG) zur Erfüllung der Risikoberichterstattung nach § 315 Abs. 1 HGB. Die ab 2005 geltenden Vorschriften zur Erstellung von Konzernabschlüssen für kapitalmarktorientierte Unternehmen nach den International Accounting Standards (IAS) werden diese Tendenz verstärken.

Die überwiegend praxisgetriebene Entwicklung des PM hat dazu geführt, dass für einzelne Wirtschaftssegmente individuelle Performance Measurement Ansätze entwickelt wurden. Im folgenden Abschnitt werden aktuelle Entwicklungen des allgemeinen Performance Measurements im Finanzdienstleistungssektor dargestellt, bevor in Kapitel 2.4 die Balanced Scorecard als operationalisiertes Instrument genauer dargestellt wird.

### 2.3.4 Performance Measurement in Banken

Moderne Performance Measurement Systeme haben nach Reichmann/Fröhling (1994, S. 61) branchenspezifischen Besonderheiten zu berücksichtigen und sind darüber hinaus den jeweiligen Unternehmen anzupassen. Während es die individuellen Belange von Unternehmen nicht zulassen, ein allgemeingültiges Controlling-System für alle Unternehmungen zu entwickeln, können branchenspezifische Besonderheiten ermittelt und einbezogen werden und somit brancheneinheitliche Controlling-Systeme geschaffen werden (Schmölz 2001, S. 87). Spezifika der durch Banken erstellten Dienstleistungen (vgl. z.B. Voit 2002) wirken sich gravierend auf die Steuerung und somit auch auf das Controlling von Banken aus (Kolbeck 1994, S. 100) und bilden somit das Fundament für die Konzeption eines bankenspezifischen Controllings. Die Besonderheit der Situation der Banken lässt sich überwiegend auf zwei Umstände zurückführen: Zum einen die *Immaterialität* der Güter und zum anderen die Tatsache, dass *Geld* das zentrale Objekt der Leistungsprozesse der Banken ist.

Nach einer Einordnung von Sarathy (1994, S. 115) werden Dienstleistungen in einem Prozess erstellt, in dem die Produktion und der Vertrieb weitestgehend zusammenfallen. Aufgrund der nicht vorhandenen Lagerfähigkeit ist eine Produktion zum Vertriebszeitpunkt notwendig (Büschgen 1998, S. 311). Diese Einschränkung bei der Produktionsflexibilität führt zu einem relativ starren Personal- und somit Kostengefüge, da eine Nivellierung der Beschäftigungsschwankungen nur begrenzt möglich ist (Süchting/Krumnow 1989, S. 221) und die Personalausstattung tendenziell an den Bedarfsspitzen auszurichten ist. Bis zur weiten Verbreitung moderner Kommunikationsmedien führte die Körperlosigkeit der Bankdienstleistungen dazu, dass Produzent und Abnehmer sich räumlich eng beieinander befinden mussten (Meffert/Bruhn 2003, S. 60). Diese Trennung ist heute jedoch weitestgehend aufgehoben, so dass Banken nur noch für eingeschränkte Bevölkerungskreise als typisch lokale Unternehmen anzusehen sind. Die Immaterialität bedingt eine verstärkte Integration der Kunden in den Produktions- und Absatzprozess (Eilenberger 1997; Kreitel 1995), die dazu führt, dass das Kundenverhalten sich auf die Qualität der Dienstleistung auswirkt (Berkenstein 1993, S. 1098). So ist etwa die Qualität einer Kreditberatung stark von den Auskünften des Kunden abhängig. Darüber hinaus erschwert die Einbindung der Kunden den Qualitätsüberwachungsprozess von Seiten der Bank (Segal-Horn 1993, S. 32), da die jeweils spezifische Kundensituation in die Qualitätsbewertung einfließt. Die Unmöglichkeit der Patentierung von Bankdienstleistungen führt zu einem sehr geringen Differenzierungspotential hinsichtlich der Art der Dienstleistungen (Schmölz 2001, S. 89), was wiederum ein fast identisches Dienstleistungsprogramm der Banken zur Folge hat (Büschgen 1998, S. 312).

Besonderheiten im Bereich des Controllings in Banken ergeben sich darüber hinaus aus dem Umstand, dass Geld Gegenstand des Leistungsprozesses ist. Diese Tatsache führt zu einer besonderen Vertrauensempfindlichkeit für bankspezifische

Dienstleistungen (Backhaus/Kleine 1994, S. 461), da Vertrauensverluste gegenüber einem einzigen Unternehmen zu einem eingeschränkten Vertrauen gegenüber der gesamten Branche führen können (Priewasser 2001, S.110).
Da ein funktionsfähiger Bankensektor eine notwendige Voraussetzung für eine prosperierende Volkswirtschaft ist, hat auch der Staat ein besonderes Interesse an einem funktionierenden und stabilen Bankensystem. Dies hat zur Folge, dass der Bankenmarkt im Vergleich zu anderen Sektoren weltweit stark reglementiert ist (R. Weber 2004).

Aus den genannten Charakteristika der Bankdienstleistungen ergeben sich verschiedene konzeptionelle Anforderungen an Controlling-Systeme im Bankensektor, die in Tabelle 2-2 zusammengefasst werden. Die umfangreiche Nutzung der modernen Telekommunikation bietet Potential für die stärkere Einbeziehung der Kunden in den Produktionsprozess. Den Leistungserstellungsprozessen kommt aufgrund der mangelnden Differenzierungsmöglichkeiten eine höhere Bedeutung zu. Daher gilt es bei einem Controlling im Dienstleistungssektor die gesamten Wertschöpfungsprozesse sowie die damit verbundenen Ressourcenströme zu analysieren.
Aus den Besonderheiten in Bezug auf Geld als Objekt des Leistungsprozesses ergibt sich die Anforderung an das Controlling, die Rahmenbedingungen, die von Seiten des Gesetzgebers definiert werden, besonderes zu beachten, da sie den Wertschöpfungsprozess in Banken stark beeinflussen. Des Weiteren muss das Controlling die verschiedenen Leistungs- und Absatzbeziehungen erfassen, da auch diese erhebliche Potentiale bei der Erzielung von Wettbewerbsvorteilen beinhalten (Schmölz 2001, S. 92).

Die aufgeführten Besonderheiten in Verbindung mit den sowohl quantitativen als auch qualitativen Veränderungen des Marktes (vgl. Kapitel 3.4.3) haben dazu geführt, dass traditionelle Controllingkonzepte immer stärker durch moderne integrierte Unternehmenssteuerungssysteme ersetzt werden (Winkler/ Bruckner, 2001, S. 745). Servatius (2002, S.201) spricht in diesem Zusammenhang von Performance Measurement als dem zentralen „Nervensystem des Unternehmens".

Bei der Analyse des aktuellen Einsatzes des Performance Measurements in Banken wird nach Hörter (1998, S. 76) deutlich, dass hinsichtlich des aktuellen Umfangs der Anwendung keine einheitliche Auffassung besteht. Daher werden hier anhand einzelner Beispiele Ausprägungen moderner Performance Measurement Systeme aufgezeigt, ohne dass diese für die gesamte Branche Gültigkeit hätten. Insbesondere aufgrund unterschiedlicher strategischer Schwerpunktsetzungen einzelner Institute ist eine absolute Vergleichbarkeit bestehender Performance Measurement Systeme innerhalb des Bankensektors nicht gegeben.

| | Eigenarten von Bankdienstleistungen | Auswirkungen | Strategische Anforderungen |
|---|---|---|---|
| Immaterialität als Wesensmerkmal von Bankdienstleistungen | Zusammenfallen von Produktion und Absatz | fehlende Lagerfähigkeit, taggleiche Produktion, starre Personal- und Kostenstrukturen, hohe Fixkosten aufgrund von Ausrichtung an Bedarfsspitzen | Entwicklung von Flexibilitätspotentialen |
| | fehlende Möglichkeiten des physischen Transports | früher: Trennung von Produktion und Absatz unmöglich<br>heute: durch Nutzung von mod. IT möglich | konsequente Nutzung der Möglichkeiten der Multi-Kanal-Strategie |
| | Integration der Kunden in den Produktions- und Absatzprozess | Kundenverhalten beeinflusst Qualität der Leistung, Probleme bei Qualitätsmanagement, große Bedeutung der Kundenbeziehung | konsequentes Management der Servicequalität, Fokussierung auf Beziehung zum Kunden |
| | starke Erklärungsbedürftigkeit der Produkte | Beratung als Quelle von Wettbewerbsvorteilen | Augenmerk auf Beratungsleistungen |
| | mangelnde Patentierbarkeit | leichte Imitierbarkeit und geringe Differenzierungsmöglichkeiten im Produktbereich | Leistungsprozesse und Ressourcenkombination als Differenzierungsschwerpunkte |
| Geld als spezifisches Objekt des Bankleistungsprozesses | Vertrauenspflicht | starke Reglementierung | besondere Berücksichtigung der aufsichtsrechtlichen und wirtschaftspolitischen Rahmenbedingungen |
| | Dualismus von Wert- und Betriebsphäre | Wertschöpfungsmöglichkeiten in Leistungsbeziehungen | Erfassung der Wertschöpfungs-potentiale der Leistungs- und Absatzbeziehungen |

Tabelle 2-2: Eigenarten von Bankdienstleistungen (Quelle: eigene Darstellung in Anlehnung an Schmölz 2001, S. 90)

Die Entwicklung des PM in Banken hat sich in den letzen Jahrzehnten von der reinen Ergebnis- bzw. Rentabilitätssteuerung über die Konzentration auf die Begrenzung von Risiken im Rahmen der Risikosteuerung bis zur integrierten Rendite-/Risikosteuerung als Inbegriff moderner Gesamtbanksteuerung vollzogen (Wöhle 2002, S. 15). Diese Weiterentwicklung ist in Teilen auf das Versagen traditioneller Steuerungskonzepte bei Fehlentwicklungen einzelner Banken – wie etwa der Barings Bank – (Gleich 2001, S.7) zurückzuführen. Trotz dieser Weiterentwicklungen wird in weiten Teilen der Literatur die Auffassung vertreten, dass Controlling respektive Performance Measurement Konzepte noch nicht in dem Maße auf den Bankensektor übertragen worden sind, wie es z.B. in weiten Bereichen der Industrie und des Handels der Fall ist (vgl. z.B. Aschendorf 2001, S. 27). Als Gründe hierfür werden u.a. die Phasenverschiebung um etwa 10 Jahre bei der Branchenentwicklung der Banken im Vergleich zur Automobilindustrie sowie der geringere Eigenkapitaleinsatz der Banken genannt.

Verschiedene Studien (u.a. Siebert 2002; Hörter 1998; Matten 1997; Dinter/Swoboda 2003) führen folgende Performance Measurement Instrumente als maßgeblich und bereits in erheblichem Umfang im Bankensektor implementiert auf:

- *Benchmarking*: Benchmarking wird als Synonym für verschiedenste Vergleiche mit jeweils führenden Unternehmen als Grundlage für die Optimierung der eigenen Prozesse verwendet. Der Fokus liegt hierbei in der Verbesserung der Effektivität und Effizienz in allen mit der Produktion und dem Absatz von Bankdienstleistungen verbundenen internen und externen Faktoren.
- Self-Assessment mittels *Business-Excellence-Modell*: Grundlage dieses Modells ist die Vorstellung, dass nur mit zufriedenen Mitarbeitern und gut strukturierten Prozessen Bankkunden zufrieden gestellt werden können. Durch die langfristige Bindung dieser Kunden an das Unternehmen können langfristig wirtschaftliche Erfolge erzielt werden.
- *Balanced Scorecard*: Die Balanced Scorecard als Instrument des Performance Measurements sowie der Einsatz dieses Instruments im Bankensektor wird in Kapitel 2.4 ausführlich dargestellt.
- *Shareholder-Value-Modell*: Im Grundsatz geht es bei diesem Modell um die Ausrichtung des unternehmerischen Handelns an der Steigerung des Unternehmenswertes und somit am Vermögen der Anteilseigner bzw. Aktionäre. Die Zielgröße ist hierbei der sogenannte „Marktwert des Eigenkapitals (Shareholder Value)“, der durch die Einbeziehung einer Vielzahl von internen und externen Faktoren als Steuerungsgrößen beeinflusst wird.

## 2.4 Die Balanced Scorecard als Instrument des Performance Measurements

Aufgrund der Kritik an den bestehenden – überwiegend auf finanzielle Aspekte ausgerichteten – Kennzahlen und Kennzahlensystemen (vgl. hierzu u.a. Kaplan /Norton 1997, S. VII ff.) entwickelte ein Arbeitskreis des Nolan Norton Institutes um David Norton und Robert Kaplan Anfang der 90'er Jahre ein Performance Measurement System (Kaplan/Norton 1992; dies. 1993; dies. 1996a; dies. 1996b; dies. 1996c; dies. 1997). Ziel der Zusammenarbeit mit Unternehmensvertretern aus unterschiedlichen Branchen war die Entwicklung eines zukunftsweisenden Performance Measurement Systems, das die Schwächen bestehender Systeme überwindet. Der Name „Balanced Scorecard" der mit „ausbalancierter Berichtsbogen" übersetzt werden kann, wurde erstmals in dem Artikel „The Balanced Scorecard – Measures that drive performance" (Kaplan/Norton, 1992, S. 71 ff.) erwähnt.

Vor der inhaltlichen Betrachtung der Balanced Scorecard scheint es angebracht, sich kurz mit dem Namen dieses Performance Measurement Systems auseinander zu setzen: Die Bedeutung von „balanced" beschreibt nach Klingbiel (1999, S. 57) den anzustrebenden Ausgleich zwischen

- unternehmensinternen und –externen
- monetären und nicht-monetären sowie
- vorlaufenden und nachlaufenden

Messgrößen. Der Begriff „Scorecard" bezieht sich auf die Form der Darstellung, bei der generell die Abbildung auf einer einzigen Seite angestrebt wird (Harengel/Hess 1999, S. 240).

Während sich die ersten Veröffentlichungen von Kaplan/Norton ausschließlich auf den Einsatz der Balanced Scorecard als Performance Measurement System beziehen (vgl. Kaplan/Norton 1992, S. 71 ff.), wurde die BSC in der Folgezeit zu einem Managementsystem zur Strategieimplementierung weiterentwickelt (vgl. z.B. Jöhnk/G.Zimmermann 2001, S.14). Mittlerweile wird die BSC vielfach als „das Performance Measurement System schlechthin" (Kudernatsch 2001 S.12) bezeichnet. In den folgenden Abschnitten wird der Schwerpunkt auf die Anwendung der Balanced Scorecard als Kennzahlensystem im Rahmen des Controllings gelegt. Die Bedeutung der BSC als strategisches Managementsystem wird nur am Rande behandelt. Ein Überblick über die BSC als Managementsystem wird beispielsweise in Wagner (2002) gegeben.

### 2.4.1 Grundkonzept der Balanced Scorecard

Grundlage der Balanced Scorecard ist der Anspruch, die verschiedenen die Funktionsbereiche eines Unternehmens repräsentierenden Perspektiven ausgewogen miteinander zu verknüpfen und somit ein ausgleichendes Moment zwischen den einzelnen Perspektiven zu schaffen. Hierfür wird die Unternehmensleistung in folgenden vier Dimensionen gemessen:

- Finanzielle Perspektive
- Kundenperspektive
- Interne Prozessperspektive
- Lern- und Entwicklungsperspektive

Der Zusammenhang zwischen diesen vier Perspektiven wird in Abbildung 2-8 aufgezeigt. Im Zentrum der Abbildung steht die Vision bzw. Strategie des Unternehmens, die von den vier Perspektiven konkretisiert und operationalisiert werden muss. Die zwischen den außen angeordneten Perspektiven dargestellten Pfeile symbolisieren die Interdependenzen der Perspektiven untereinander.

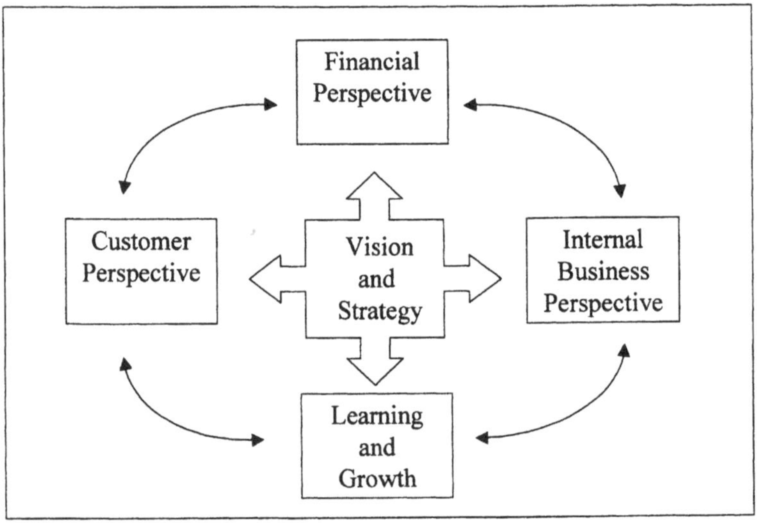


Abbildung 2-8: Die vier Perspektiven der Balananced Scorecard (Quelle: Kaplan/Norton 1996c, S. 76)

Empirische Untersuchungen zur Anwendung der BSC in der Praxis (z.B. R. Bauer et al. 2002; Brabänder/Hilcher 2001) zeigen, dass in der Regel diese vier Perspektiven verwendet werden, wobei die unter den Perspektiven subsummierten Kennzahlen oftmals variieren (vgl. Klingbiel 1999, S. 56). Die Aussage von Horváth (2000, S. 126) „Es gibt nicht die universell richtigen Perspektiven, sondern nur die individuell zweckmäßigen" sowie die Stellungnahme von Kaplan und Norton (1997, S. 33) nach der die Definition der vier Perspektiven allenfalls als Schablone und nicht als Zwangsjacke interpretiert werden sollten, stellen hierzu nur einen scheinbaren Widerspruch dar. Vielmehr haben sich die von Beginn an fokussierten vier Perspektiven als weitestgehend nützlich und stabil für die Breite der Unternehmen erwiesen (Kudernatsch 2001, S. 13). Die unternehmensspezifische Adaptierung findet in den meisten Fällen innerhalb der vorgegebenen Perspektiven auf der Ebene der operationalisierten Kennzahlen statt. Gründe für die Beschränkung auf die „klassischen vier Perspektiven“ sind zum einen in der mit der steigenden Anzahl von Perspektiven verbundenen exponentiell wachsenden Komplexität der Modelle zu sehen. Zum anderen besteht die Herausforderung bei der Entwicklung einer Balanced Scorecard darin, nicht isoliert voneinander betrachtete Aspekte einfließen zu lassen, sondern Ursache-Wirkungs-Zusammenhänge (vgl. Kapitel 2.4.2.5) zwischen den einzelnen Perspektiven darzustellen (Wagner 2002, S. 15).

Durch die Einbeziehung unterschiedlicher Perspektiven unterstützt die BSC den ganzheitlichen Blick auf sämtliche Aspekte des Geschäftsablaufes, den klassische Performance Measurement Systeme oftmals nicht gewährleisten können. Die Einteilung in vier Perspektiven weist eine Reihe von Vorteilen auf, die zu einer größeren Akzeptanz des Instruments und somit zu einer weiten Verbreitung in der Praxis führt:

- Durch die verschiedenen Perspektiven können Prioritäten leichter erkannt werden und daher Budgets bzw. Ressourcen einfacher allokiert werden (Kudernatsch 2001, S. 15).
- Die ausgewählten Perspektiven repräsentieren die klassische Produktionsfunktion, die zu den Grundlagen einer wirtschaftlichen Ausbildung gehört (J. Weber 2000, S. 8).
- Die Aufteilung in vier Perspektiven fördert die Übersichtlichkeit und Nachvollziehbarkeit des Controllinginstruments (Wagner 2002, S. 13).

Nach Meinung von Kaplan/Norton (1997, S. 143ff.) sind bei der unternehmensindividuellen Ausgestaltung einer Balanced Scorecard stets drei Grundprinzipien zu beachten, die im Schrifttum zur Balanced Scorecard mittlerweile allgemein übernommen wurden (vgl. u.a. Friedag 1998, S. 293; Jöhnk/G.Zimmermann 2001, S. 14):

1. Berücksichtigung von Ursache-Wirkungs-Zusammenhängen
2. Gekoppelte Integration nicht-finanzieller Kennzahlen in ein monetär ausgerichtetes Management-Informationssystem
3. Einbeziehung von Ergebnis- und Leistungstreiberkennzahlen

*Ad 1.*: Da die BSC die Strategie eines Unternehmens bzw. der strategischen Geschäftseinheit wiederspiegelt, müssen bei der Entwicklung der Balanced Scorecard die Annahmen über die erfolgskritischen Einflussfaktoren einfließen, die sich in Form von Ursache-Wirkungs-Zusammenhängen darstellen lassen. Diese Kausalketten, die oftmals auch nur hypothetisch angenommen werden, bilden die Grundlage für die Perspektiven der Balanced Scorecard.

*Ad 2.:* Trotz der Integration nicht-monetärer Kennzahlen in ein Controllingsystem ist nicht von einer Gleichrangigkeit der Perspektiven auszugehen (Horváth 1998, S. 23), vielmehr bildet die finanzielle Perspektive den Endpunkt der Kausalkette und dient somit als Fokus für die anderen Perspektiven (Kaplan/Norton 1997, S. 145). Hintergrund dieser Fokussierung auf die finanzielle Perspektive ist die Überlegung, dass im Regelfall der langfristige finanzielle Erfolg eines Unternehmens das oberste Unternehmensziel ist, dem sich alle anderen Ziele unterzuordnen haben (vgl. Reiter 1995). Basierend auf diesem zweiten Grundprinzip wird die BSC in der Literatur häufig als Instrument des Shareholder-Value-Managements bezeichnet (Horváth/Kaufmann 1998, S. 39ff.; Bruhn 1998, S. 148ff.; Harengel 2000, S. 103).

*Ad 3.:* Das dritte Grundprinzip repräsentiert die Anforderung an ein modernes Performance Measurement System, die Unternehmensführung bei der Realisierung der gewählten Strategie zu unterstützen. Daher muss die BSC ein Instrument sein, das möglichst frühzeitig darstellt, ob sich das Unternehmen noch im Zielkorridor befindet, oder ob es schon zu Abweichungen gekommen ist. Um dieser Anforderung gerecht zu werden, fließen zwei Arten von Kennzahlen in die BSC ein:

- *Ergebniskennzahlen*, die der Messung der vergangenen und gegenwärtigen Leistungen bei den kritischen Einflussfaktoren des langfristigen finanziellen Erfolgs dienen.
- *Leistungstreiberkennzahlen* sollen die strategischen Überlegungen zur Beeinflussung der Ergebniskennzahlen darstellen. Die Leistungstreiberkennzahlen liefern somit Informationen zur Steuerung des Unternehmens hinsichtlich der als erfolgskritisch definierten Einflussfaktoren und dienen gleichzeitig als Frühindikatoren für den zukünftigen Erfolg (Jöhnk/G.Zimmermann 2001, S. 19).

In diesem Zusammenhang ist zu verdeutlichen, dass beide Kennzahlenarten nur zusammen betrachtet Auskunft über die gegenseitigen Interdependenzen geben können (Wagner 2002, S. 12). Diese Differenzierung zwischen den beiden Arten von Kennzahlen wird später bei der detaillierteren Beschreibung der einzelnen Perspektiven erneut aufgegriffen.

Das Grundprinzip der Balanced Scorecard liefert zunächst nur einen leeren Bezugsrahmen, den es durch die spezifischen Anforderungen des Unternehmens zu füllen gilt (vgl. u.a. Harengel 2000, S. 55). Dieser Bezugsrahmen ist für die einzelnen Perspektiven identisch aufgebaut und jeweils mit strategischen Zielen, Kennzahlen, Vorgabewerten für die Kennzahlen sowie Maßnahmen zu ergänzen. Daher sind zunächst auf der Basis der Unternehmens- bzw. Geschäftsbereichsstrategie für die vier Perspektiven strategische Ziele zu formulieren (Kaplan/Norton

1997, 142ff.). Diese strategischen Ziele sind anschließend in Kennzahlen (auch als Messgrößen bezeichnet) zu überführen, welche im nächsten Schritt anhand von Zielgrößen (auch als Vorgabewerte bezeichnet) konkretisiert werden. Anhand der ausgewählten Kennzahlen können durch die Zielgrößen Soll-Ist-Vergleiche für die zugrunde gelegten strategischen Ziele durchgeführt werden. Insbesondere wenn die BSC als strategisches Steuerungsinstrument eingesetzt wird, müssen im letzten Schritt, Initiativen bzw. Maßnahmen festgelegt werden, durch die die Vorgabewerte und damit auch die zugrunde liegenden strategischen Ziele erreicht werden sollen. Somit ergibt sich für jede der vier Perspektiven eine detailliertere Beschreibung, die exemplarisch in Abbildung 2-10 für die Finanzperspektive dargestellt wird.

| Finanzielle Perspektive | | | | |
|---|---|---|---|---|
| „Wie sehen uns unsere Investoren?“ | Ziele | Kenn-zahlen | Vor-gaben | Maß-nahmen |
| | | | | |
| | | | | |
| | | | | |
| | | | | |

Abbildung 2-9: Aufbau einer Perspektive am Beispiel der finanziellen Perspektive (Quelle: Kaplan/Norton 1996c, S. 76)

Für die Anzahl der in der Balanced Scorecard zu verwendenden Kennzahlen bzw. Indikatoren zeichnet sich eine übereinstimmende Tendenz zu einer relativ stringenten Reglementierung der einzubeziehenden Kennzahlen ab. Nach Sure/Thiel (1999a, S. 117) erweisen sich vier bis sieben Kennzahlen pro Perspektive als praktikabel. Wiedemann (2001, S. 5) und J. Weber (2000, S. 8) vertreten die Auffassung, dass insgesamt nicht mehr als 25 Kennzahlen verwendet werden sollten, die darüber hinaus gleichmäßig über die Perspektiven verteilt sein sollten. Lohmann (2001, S. 417) geht davon aus, dass etwa 20 Kennzahlen ein Unternehmen gut darstellen können. Auch Gehringer und Michel (2000, S. 43) plädieren für eine Begrenzung der betrachteten Kennzahlen, weisen in diesem Zusammenhang aber auf die Möglichkeit der Einbeziehung von untergeordneten Kennzahlen, die einen noch detaillierteren Einblick geben können, hin. Als Gründe für eine solche Beschränkung werden hauptsächlich eine abnehmende Übersichtlichkeit der Scorecard mit steigender Anzahl von Kennzahlen sowie ein sehr hoher Aufwand für die Generierung der Daten angegeben.

### 2.4.2 Das multiperspektivische Konzept

Im Folgenden werden nun die vier wesentlichen Perspektiven der Balanced Scorecard nach Kaplan und Norton sowie die zugrunde liegende Ursache-Wirkungskette genauer erläutert.

#### 2.4.2.1 Finanzperspektive

Den in der Finanzperspektive dargestellten finanzwirtschaftlichen Kennzahlen kommt innerhalb der vier Perspektiven eine herausragende Bedeutung zu (Wagner 2002, S. 19), da sich fast alle Stakeholder eines Unternehmens überwiegend an finanziellen Größen orientieren, wenn es um die Beurteilung eines Unternehmens geht (Kaplan/Norton 1997, S. 46ff.). Für gewinnorientierte Unternehmen zeigt die finanzielle Perspektive, ob die Implementierung der gewählten Strategie zur Ergebnisverbesserung beiträgt (J. Weber 2000, S. 8). Hierfür werden verschiedene Teilaspekte des bzw. der Unternehmensziele konkretisiert und unter der finanzwirtschaftlichen Perspektive subsumiert. Daher sollten die langfristigen finanziellen Ziele den Fokus für alle anderen Ziele und Kennzahlen der BSC und somit „das letzte Glied in der Kette“ (Matheis/Schalch 1999, S. 38) darstellen.
Um nicht einfach isolierte monetäre Messgrößen nebeneinander zu stellen, ist es wichtig, dass die finanziellen Ziele eine nachweisbare Verbindung zu der unternehmensinternen Strategie sowie zu den anderen drei Perspektiven der Balanced Scorecard aufweisen. Jede gewählte Kennzahl muss daher ein Teil der Ursache-Wirkungskette sein, die schließlich zur Verbesserung der finanziellen Leistung der Organisation führt (Kudernatsch 2001, S. 22).

Bei der Entwicklung der finanziellen Perspektive der BSC gilt es, finanzielle Messgrößen für die zugrunde liegende Strategie auszuwählen. In Tabelle 2-3 werden einige Beispiele für die Gestaltung der Finanzperspektive in Abhängigkeit von der Lebensphase der jeweiligen Unternehmenseinheit sowie des strategischen Themas dargestellt.
Als Zusammenfassung für die Finanzperspektive der Balanced Scorecard ist festzuhalten, dass diese an etablierte finanziell orientierten Kennzahlensysteme anknüpft und darüber hinaus aufzeigt, ob die Implementierung der gewählten Unternehmensstrategie zur Ergebnisverbesserung beiträgt. Hierbei werden nur die als am wichtigsten erachteten Erfolgsfaktoren berücksichtigt, wobei diese Kennzahlen eine Doppelfunktion ausüben, indem sie zum einen die finanzielle Leistung,

die von der Strategie erwartet wird definieren und zum anderen als Endziele für die anderen Perspektiven dienen. Daher müssen alle anderen Perspektiven eng mit der Finanzperspektive verbunden sein. Je nach individuellen Unternehmens- und Marktverhältnissen steht eine Vielzahl denkbarer Ziele und Kennzahlen zur Verfügung, aus denen die relevanten auszuwählen sind.

| | | Strategische Themen | | |
|---|---|---|---|---|
| | | Ertragswachstum/ Ertragsmix | Kostensenkung / Produktivitätssteigerung | Vermögensverwendung/ Investitionsstrategie |
| Geschäftseinheitsstrategie | Wachstum | - Umsatzwachstumsrate pro Segment<br>- Prozent der Erträge aus neuen Produkten | - Ertrag pro Mitarbeiter | - Investition in % des Umsatzes<br>- F&E in % des Umsatzes |
| | Reife | - Rentabilität von Kunden und Produktlinien<br>- Prozentuale Erträge aus neuen Anwendungen | - Kosten des Unternehmens vs. Kosten bei der Konkurrenz<br>- indirekte Kosten | - Kennzahlen für das Working Capital<br>- ROCE[6] |
| | Ernte | - Rentabilität von Kunden und Produktlinien<br>- Prozentzahl der unrentablen Kunden | - Einheitskosten (pro Einheit) | - Amortisation<br>- Durchsatz |

Tabelle 2-3: Beispiele für Ziele der finanziellen Perspektive (Quelle: Kaplan/Norton 1997, S. 50)

### 2.4.2.2 Kundenperspektive

Für die Kundenperspektive wird die Unternehmensstrategie in spezifische, messbare markt- sowie kundenbezogene Ziele transformiert. Obwohl der Kunde durch die Abnahme der Produkte und Dienstleistungen direkten Einfluss auf die finanzielle Perspektive hat und die Kundenperspektive für ein Unternehmen insgesamt sehr bedeutsam ist, existieren in den Unternehmen bisher zu wenig Leistungsbewertungen und Handlungsrichtlinien, um den Bedürfnissen der Kunden zu entsprechen. Dies ist überwiegend darauf zurückzuführen, dass in der Vergangenheit der Handlungsschwerpunkt der Unternehmen auf ihren internen Potentialen – und hierbei insbesondere auf Produktionsleistung und technologischer Innovation – lag (Kaplan/Norton 1997, S. 62). Zudem war die Politik der Unternehmen in der Vergangenheit stark auf die Gewinnung neuer Kunden und die Initiierung einzelner Transaktionen fixiert statt die Potentiale der bestehenden Kunden verstärkt zu

[6] Return on Capital employed (ROCE): Indikator für die Rendite des eingesetzten Kapitals: ROCE= EBIT / durchschnittliche Nettokapitalbindung

nutzen. Demgegenüber kommt heute der Pflege und Intensivierung der bestehenden Kundenbeziehungen eine wachsende Bedeutung zu (Dichtl/Schneider 1994). E.H. Witte (2000, S. 22) postuliert daher die Forderung, „[...] den Kunden als komplexes psychisches System zu betrachten mit Erwartungen, Gefühlen und Zielen bezogen auf Produkt und Verkaufssituation.“

Um die Kundenperspektive auszuarbeiten, muss ein Unternehmen im ersten Schritt die Kunden- und Marktsegmente, auf denen es konkurrenzfähig sein will, in Abstimmung mit der Unternehmensstrategie identifizieren. Bestimmende Faktoren sind hierbei insbesondere Qualität, Preis, Funktionalität, Image und Service der Produkte und Dienstleistungen. Im zweiten Schritt können dann einzelne Kennzahlen für die Kundenperspektive abgeleitet werden, wobei zwei unterschiedliche Kennzahlenarten zum Einsatz kommen:

- Kernindikatoren
- Leistungstreiber der Kernindikatoren

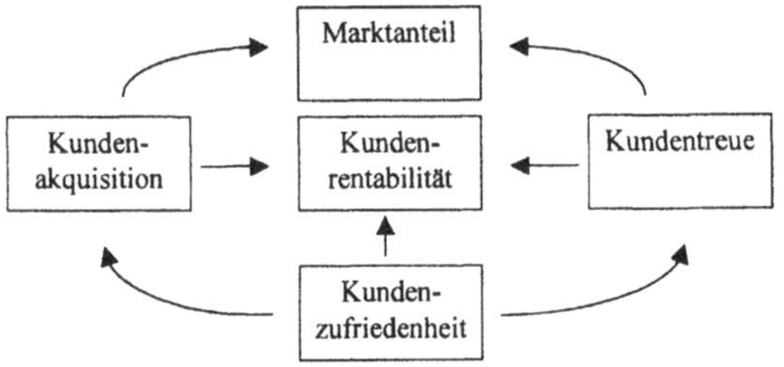


| | |
|---|---|
| Marktanteil | Anteil des Geschäfts in einem existierenden Markt (als Anzahl der Kunden oder verkaufte Einheiten) |
| Kunden-akquisition | Maß für die Gewinnung neuer Kundenakquisition (in absoluten oder relativen Zahlen) |
| Kundentreue | Information über die Dauerhaftigkeit der Beziehung zu den Kunden |
| Kunden-zufriedenheit | Zufriedenheitsgrad der Kunden anhand spezifischer Leistungskriterien innerhalb der Wertvorgaben |
| Kunden-rentabilität | Maß für den Nettogewinn aus der Geschäftsbeziehung zu einem Kunden oder Segment unter Einbeziehung der entstandenen Ausgaben |

Abbildung 2-10: Kundenperspektive (Quelle: eigene Darstellung in Anlehnung an Kaplan/Norton 1997, S. 66)

Zunächst werden nun die Kernindikatoren der Kundenperspektive betrachtet. Diese in Abbildung 2-10 dargestellten Kernkennzahlen, die in Form von Spätindikatoren Aufschluss über bereits beendete Transaktionen liefern, lassen sich vergleichsweise einfach generieren (Meffert 2000, S. 360f). Die hier aufgeführten Kernkennzahlen für die Kundenperspektive sind zwar für alle Unternehmen gleich (Kaplan/Norton 1997, S. 66), um ihren Einfluss auf die individuellen Unternehmensabläufe jedoch so groß wie möglich zu gestalten, sollten sie auf die Zielkundengruppe(n) abgestimmt werden, auf die sich die Unternehmensstrategie ausrichtet.

*Marktanteil:* Ist die Zielkundengruppe definiert, erweist sich die Bewertung des Marktanteils meist als trivial: Branchenvereinigungen, Handelsorganisationen, statistische Landesämter sowie andere verfügbare Quellen können oftmals direkt für die Schätzung des Marktanteils herangezogen werden. Ein relevantes und in der Praxis häufig aufzufindendes Ziel stellt das Wachstum des Marktanteils dar (Meffert 2000, S. 250f). Soll der Absatz von Produkten oder Dienstleistungen in einer Zielkundengruppe erhöht werden, ist es empfehlenswert, eine zweite Kennzahl für den Marktanteil zu verwenden: den Anteil an den Geschäften dieser Kunden. Dieser stellt den Anteil des eigenen Umsatzes mit dem jeweiligen Geschäftspartner ins Verhältnis zum Gesamtumsatz des Geschäftspartners.

*Kundenakquisition:* Für die meisten Unternehmen ist die Ausweitung des Kundenkreises ein wichtiges strategisches Ziel (Karg 2001), da ein ausschließlich auf Bestandskunden basierendes Wachstum oftmals nicht ausreichend ist. Kennzahlen hierfür können entweder auf Basis der Anzahl der Neukunden oder durch den Gesamtumsatz mit Neukunden gebildet werden. Da die Gewinnung von Neukunden in der Regel mit hohen Marketingaufwendungen verbunden ist, werden in diesem Zusammenhang auch häufig Kennzahlen zu den Marketingkosten pro Neukunden gemessen.

*Kundentreue:* Neben der Kundenakquisition kann die Steigerung des Marktanteils auch durch die Ausweitung der Geschäfte mit bereits bestehenden Kunden erreicht werden. Wie Analysen von Heskett et al. (1994, S. 164ff.) gezeigt haben, ist die Wichtigkeit der Kundentreue innerhalb der Service-Wert-Kette besonders hervorzuheben. Eine Kennzahl für die Ermittlung der Kundentreue stellt etwa Veränderungsraten der Umsätze mit bestehenden Kunden dar.

*Kundenzufriedenheit:* Die Kundenzufriedenheit beeinflusst die Kundenakquisition, die Kundentreue und die Kundenrentabilität direkt. Sie stellt damit nach Preißner (2002, S. 167) eine der komplexesten Größen im Kennzahlensystem einer BSC dar. Die Evaluation der Kundenzufriedenheit hat sich in der Praxis mittlerweile in nahezu allen Wirtschaftsbereichen durchgesetzt, wobei die Qualität der erhobenen Daten und somit die Verwertbarkeit für das Unternehmen sehr unterschiedlich ausfällt (Hinterhuber 2002). Darüber hinaus lassen sich nicht alle relevanten Einflussfaktoren immer in hinreichender Exaktheit operationalisieren (Preißner 2002, S. 244).

*Kundenrentabilität:* Eine zufriedenstellende Zielerreichung der zuvor genannten vier Kategorien lässt noch nicht den Schluss auf insgesamt rentable Kundenverbindungen zu. „Unternehmen sollten [aber] nicht nur zufriedene, sondern vor allem rentable Kunden zum Ziel haben" (Kaplan/Norton 1997, S. 69). Daher gilt es die individuelle oder Gesamtkundenrentabilität regelmäßig zu überprüfen. Eine z.B. durch Activity-based Costing Systems (vgl. u.a. Braun 1999) ermittelte Kundenrentabilität hilft dem Unternehmen, rentable von unrentablen Kunden zu differenzieren, um im darauffolgenden Schritt zu überlegen, ob die zur Zeit nicht rentablen Kundenverbindungen gehalten, ausgebaut oder aufgelöst werden sollen (Wagner 2002, S.27).

Neben den oben genannten Kernindikatoren der Kundenzufriedenheit lassen sich auch Leistungstreiber d.h. Frühindikatoren definieren, die die Wertangebote an den Kunden darstellen (Friedag 1998, S. 292). Diese Wertangebote umfassen Merkmale, die die Produkte und Dienstleistungen kennzeichnen, mit denen bei den Kunden im Zielsegment Treue und Zufriedenheit erzielt werden soll. Wertangebote lassen sich – wie bei Ehrmann (2000, S. 119) dargestellt – in drei Segmente unterteilen:

- Produkt/ Serviceeigenschaften
- Image und Reputation
- Kundenbeziehungen

Die *Produkt/Serviceeigenschaften* umschreiben die Funktionalität des Produktes sowie seinen Preis und die zugrunde liegende Qualität, wobei die Gewichtung dieser Eigenschaften je nach Kundensegment variiert.
Die *Image und Reputationsdimension* repräsentiert die immateriellen Faktoren, die ein Unternehmen aus Kundensicht attraktiv machen. Durch ein erhöhtes Marketing-Engagement kann über den materiellen Aspekt des Produktes oder der Dienstleistung hinaus eine Kundentreue erreicht werden. Eine Verbesserung der Image- und Reputationsdimension setzt eine genaue Analyse des Zielkundensegments voraus, um auf Kundenwünsche reagieren zu können.
In der Dimension *Kundenbeziehungen* werden Reaktions- und Lieferzeiten des Unternehmens und darüber hinaus die Zufriedenheit des Kunden mit diesen Zeiten sowie der Erreichbarkeit des Unternehmens erfasst. In dieser Dimension werden auch die langfristigen Kundenverbindungen und die daraus resultierenden Möglichkeiten der Zusammenarbeit – etwa bei der Produktentwicklung – aufgeführt.

Die Darstellung der strategischen Ziele des Unternehmens in Bezug auf die Kunden- und Marktsegmente kann also als zentrales Element der Kundenperspektive bezeichnet werden. Um die Vergangenheitsbetrachtung in Form von Ergebniskennzahlen um eine zukunftsorientierte Sichtweise mit Hilfe der definierten Leistungstreiber zu ergänzen, sind Unternehmensaktivitäten, die einen Wert für Kunden darstellen, zu identifizieren und in die Kundenperspektive aufzunehmen.

#### 2.4.2.3 Interne Prozessperspektive

Für die interne Prozessperspektive müssen die Prozesse identifiziert werden, die für die Erreichung der Stakeholderziele den größten Einfluss auf die Kundenzufriedenheit und die Unternehmenszielerreichung haben (Kaplan/Norton 1997, S. 25) und somit am kritischsten sind. In diesem Zusammenhang müssen nicht nur die Kernkompetenzen sondern auch die kritischen Technologien identifiziert und gemessen werden, die zur Sicherung oder Erreichung der Marktführerschaft notwendig sind. Diese Abhängigkeit der internen Prozessperspektive von übergeordneten Zielen führt dazu, dass die interne Prozessperspektive in der Regel nach der Formulierung von Zielen und Kennzahlen für die finanzielle und die Kundenperspektive entwickelt wird. Der top-down Prozess bietet hierbei die Möglichkeit, völlig neue oder verbesserungsbedürftige Geschäftsprozesse offen zu legen (Schmelzer/Sesselmann 2001, S. 61f).

Insbesondere bei der Ableitung der Ziele und Kennzahlen für den Bereich der internen Prozessperspektive zeigen sich nach Wagner (2002, S. 31) deutliche Unterschiede zwischen der Balanced Scorecard und anderen Performance Measurement Systemen. Während viele herkömmliche Systeme stark auf die Steuerung und Verbesserung bestehender Prozesse ausgerichtet sind, zeichnet sich die BSC durch ihre Zukunftsorientierung aus, mit der auch noch zu entwickelnde Prozesse einen hohen Stellenwert haben. Auch stellt die BSC den kompletten Leistungsprozess innerhalb eines Unternehmens dar, statt sich wie viele andere Steuerungssysteme auf einzelne Teilleistungsbereiche eines Unternehmens zu konzentrieren.

Kaplan/Norton (1997, S. 94ff.) empfehlen die komplette Wertschöpfungskette des Betriebsprozesses darzustellen und schlagen hierfür das in Abbildung 2-11 dargestellte Modell vor, das drei Hauptgeschäftsprozesse enthält. Der Innovationsprozess, in dem die Kundenwünsche identifiziert und neue Lösungen für die Befriedigung der Wünsche erarbeitet werden, markiert den Beginn der Wertschöpfungskette. Im anschließenden Betriebsprozess werden bereits bestehenden Kunden existierende Produkte und Dienstleistungen angeboten. Daran anschließend folgt der Kundendienstprozess, der sich mit dem Angebot von Dienstleistungen nach dem Produktverkauf auseinandersetzt.

Der *Innovationsprozess* besteht aus zwei Teilen: Um die Kundenbedürfnisse festzustellen, werden im ersten Schritt durch Marktforschungen charakteristische Merkmale wie Marktgröße, Kundenpräferenzen und die mögliche Preisgestaltung ermittelt. Messgrößen für die Identifikation von Kundenwünschen stellen einen Frühindikator für die interne Prozessperspektive dar, der durch die hohe Ausrichtung auf den Kunden eine direkte Verbindung zur Kundenperspektive der Balanced Scorecard aufweist.

Die zuvor gewonnenen Informationen bilden im zweiten Schritt die Grundlage für die Produktentwicklungsprozesse. Hierbei gilt es, die allgemeinen Informationen in produktspezifische Eigenschaften umzusetzen und den Produktionsprozess für das Produkt zu gestalten. Eine Messgröße kann der Zeitraum vom Aufgreifen einer Idee bis zur Marktreife des Produktes sein. Hewlett Packard benutzt beispielsweise die break-even-time (BET) als Kennzahl, die die Zeit vom Beginn der Produktentwicklung bis zum ersten Verkauf der Produkte misst und dabei neben der Zeit auch die aufgelaufenen Kosten berücksichtigt (vgl. Kaplan/Norton 1997, S. 96).

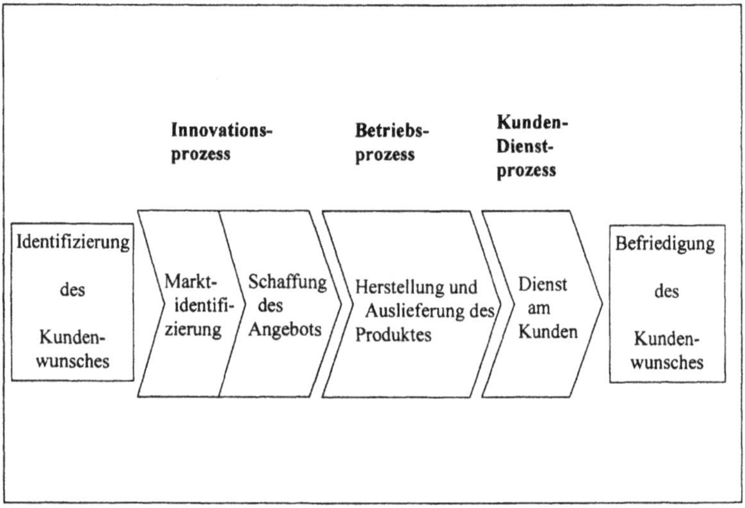


Abbildung 2-11: Interne Prozessperspektive (Quelle: eigene Darstellung in Anlehnung an Kaplan/Norton 1997, S. 95)

Der nächste Schritt ist der als klassisch zu bezeichnende *Betriebsprozess*, der die Kostenreduktion und die qualitative Verbesserung der Produktionsprozesse zum Ziel hat. In der Praxis liegt der Fokus stark auf der Effizienzverbesserung der bestehenden Prozesse. Der Betriebsprozess umfasst sämtliche Arbeitsschritte von der Bestellung des Produktes oder der Dienstleistung über den Einkauf und die Produktion bis zur Lieferung und Abrechnung. Grundlage für die Zielwerte, die überwiegend aus den Kategorien Zeit, Qualität und Kosten kommen, bilden bestehende Kundenverbindungen und bereits existierende Produkte. Der Einfluss moderner Managementsysteme wie dem TQM Ansatz haben dazu geführt, dass neben den bewährten Kosten- und Finanzkennzahlen auch Messgrößen für Qualität und Zykluszeiten eingesetzt werden (vgl. z B. Lynch/Cross 1991).

Messungen der Qualität finden weitestgehend durch verbreitete Kennzahlen wie Produktfehlerquoten, Kundenreklamationen oder Materialabfälle Beachtung. Für Dienstleistungsunternehmen stehen Fehler im Vordergrund, die negative Auswirkungen auf die Kosten haben. Kennzahlen hierfür sind etwa Wartezeiten für den Kunden, finanzielle Verluste für den Kunden oder ungenaue Informationsweitergabe an den Kunden.

Der *Kundendienstprozess*, der Garantie- und Wartungsarbeiten sowie die Bearbeitung von Fehlern und Reklamationen beinhaltet, ist der letzte Prozess, der in der internen Prozessperspektive analysiert wird. Das gesamte Kundendienstmanagement hat als präferenzbildendes Instrumentarium in den letzten Jahren an Bedeutung gewonnen (Meffert 2000, S. 940). Generell nimmt die Bedeutung dieses Segments innerhalb des Verkaufsprozesses aufgrund der steigenden Komplexität der auf dem Markt angebotenen Produkte und Dienstleistungen permanent zu (vgl. Schlesinger/Heskett 1991, S. 71ff.).

Die Bedeutung der internen Prozessperspektive für die Unternehmen ist somit darin zu sehen, dass durch die Auseinandersetzung mit dieser Perspektive, aus der Vielzahl der internen Prozesse diejenigen identifiziert und anschließend perfektioniert werden müssen, die für die Zielerreichung in den Zielkundensegmenten sowie bei den Shareholdern von besonderer Bedeutung sind. Unternehmen sollten demnach Kosten-, Qualitäts-, Zeit- und Leistungseigenschaften definieren, die den Verkauf von hochwertigen Produkten und Dienstleistungen an die Zielkunden ermöglichen.

#### 2.4.2.4 Lern- und Entwicklungsperspektive

Die letzte der vier Perspektiven der Balanced Scorecard ist die Lern- und Wachstumsperspektive, in der Ziele und Kennzahlen zur Förderung einer lernenden und wachsenden Organisation entwickelt werden. Investitionen in qualifizierte Mitarbeiter und Lernprozesse innerhalb der Organisation bilden hierfür den Ausgangspunkt (Wagner 2002, S. 36). Die in den vorigen Abschnitten beschriebenen übrigen drei Perspektiven der Balanced Scorecard geben vor, in welchen Bereichen das Unternehmen besondere Leistungen erbringen muss, um auf dem Markt erfolgreich zu sein. Die Lern- und Entwicklungsperspektive (auch als Lern- und Wachstumsperspektive bezeichnet) schafft die zur Erreichung der in den anderen Perspektiven vorgegebenen Ziele notwendige Infrastruktur innerhalb des Unternehmens. Somit stellen die Ziele der Lern- und Entwicklungsperspektive die treibenden Faktoren für den langfristigen Unternehmenserfolg dar. Trotz dieser grundlegenden Bedeutung stehen diese Investitionen jedoch häufig im Fokus von Kosteneinsparungen, da der direkte Bezug dieser Faktoren zum monetären Erfolg des Unternehmens nicht immer klar ersichtlich ist (vgl. u.a. Aschendorf 2001, S.

20ff.). Der Einsatz der Balanced Scorecard auf der Gesamtunternehmensebene betont aber durch die Einbeziehung der Lern- und Wachstumsperspektive die Notwendigkeit von Investitionen in die Zukunft, um langfristig finanzielle Wachstumsziele zu erreichen. Nach Kaplan/Norton (1997, S. 121) lassen sich dabei drei Hauptkategorien differenzieren, die im Folgenden näher beschrieben werden:

- Mitarbeiterpotentiale
- Potentiale von Informationssystemen
- Motivation, Empowerment und Zielausrichtung

In der ersten Hauptkategorie werden zunächst die *Mitarbeiterpotentiale* betrachtet. In den letzten Jahrzehnten hat sich der Blick des Managements auf die Rolle der Mitarbeiter stark verändert (Kaplan/Norton 1997, S. 122). Die steigende Automatisierung von repetitiven Arbeitsvorgängen führt zu einer Verlagerung der Aufgabengebiete von einer rein exekutiven Arbeit zu einer verstärkten Generierung von Ideen, wie Prozesse und Leistungen für den Kunden verbessert werden können. Aufgrund dieser besonderen Verantwortung der einzelnen Mitarbeiter muss das Know-how der Mitarbeiter durch geeignete Maßnahmen weiterentwickelt werden, damit ihre Fähigkeiten zur Erreichung von Unternehmenszielen genutzt werden können. Untersuchungen haben ergeben, dass in den meisten Unternehmen die Ziele aus dem Themenbereich der Mitarbeiterpotentiale aus den drei Größen Mitarbeiterzufriedenheit, Personaltreue und Mitarbeiterproduktivität besteht (vgl. Kaplan/Norton 1997, S. 123). Da diese Kennzahlen eher Spätindikatoren sind, werden sie, wie in Abbildung 2-12 dargestellt durch treibende Faktoren – den sogenannten „Befähigern" ergänzt.
Der Mitarbeiterzufriedenheit kommt eine zentrale Rolle für steigende Produktivität, Qualität und Kundenorientierung sowie der Effizienz der Mitarbeiter und damit letztlich für die Ergebnisse zu (Pott 2001, S. 6ff.). Für die Erhebung der Mitarbeiterzufriedenheit bedarf es mehrerer Operationalisierungsschritte, die sowohl die Abbildung der Hypothesen über die Zufriedenheit in ausgewählten Kennziffern als auch die Erhebung der Daten umfassen. Wie Beispiele zeigen, ist dieser Abbildungsprozess nicht eindeutig und es müssen Annahmen getroffen werden, die sich entweder auf Werturteile oder auf mehr oder weniger gut abgesicherte Ergebnisse aus der Literatur stützen (Lehner 1990, S. 5).
Die Mitarbeiterzufriedenheit wird in der Regel durch repräsentative anonyme Umfragen gemessen, bei denen Elemente wie die allgemeine Zufriedenheit mit dem Unternehmen, die Zufriedenheit mit dem individuellen Arbeitsplatz und dem direkten Vorgesetzten oder der Grad der Mitbestimmung bei Entscheidungen erfragt werden. Darüber hinaus können auch die Anzahl der Fehltage oder die Bereitschaft für die Erbringung von Zusatzleistungen der Mitarbeiter erfragt werden (Ehrmann 2000, S. 125).
Da langjährige Mitarbeiter einen großen Erfahrungsschatz besitzen und Unternehmen daran interessiert sind, dieses Potential für die Zukunft auch weiterhin zu

nutzen, stellt die Mitarbeitertreue eine weitere wichtige Kennzahl für die Lern- und Wachstumsperspektive der Balanced Scorecard dar, die normalerweise durch die durchschnittliche Firmenzugehörigkeit in Jahren gemessen wird.
Die Mitarbeiterproduktivität misst den Einfluss, den eine Steigerung der Mitarbeiterfähigkeiten auf Innovationen und die Verbesserung interner Prozesse ausübt. Die hierfür am weitesten verbreitete Kennzahl ist das Umsatzwachstum pro Mitarbeiter, das aber nur eine einseitige Auskunft gibt, da die Kostenseite keine Beachtung erfährt. Für die Zielvorgabe und Messung der Mitarbeiterproduktivität ist daher die Wertschöpfung pro Mitarbeiter eine vorteilhafte Alternative, die auch die Kosten mit einschließt (Wagner 2002, S. 39).

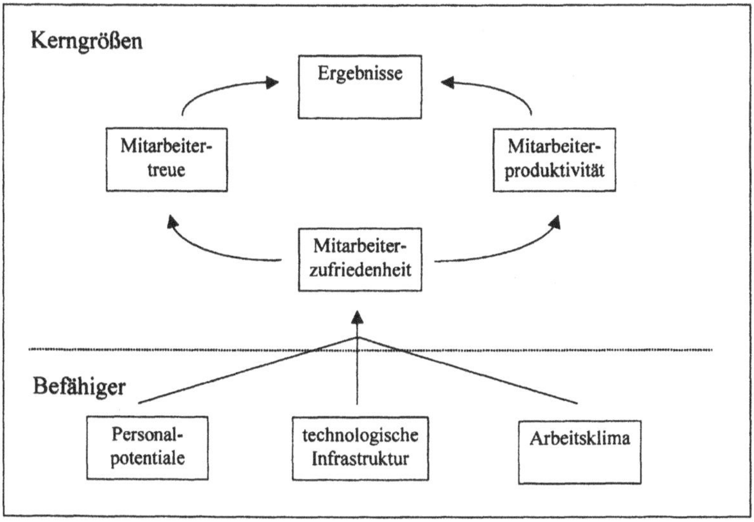

Abbildung 2-12: Lern- und Entwicklungsperspektive (Quelle: Kaplan/Norton 1997, S. 124)

Die zweite Hauptkategorie stellen die *Potentiale von Informationssystemen* dar. Eine von Kaplan/Norton für diesen Kontext empfohlene Zielgröße ist die strategische Informationsdeckungsziffer („information coverage ratio“), die die Relation zwischen den erhältlichen Informationen und dem strategisch erwünschten Informationsbedarf beschreibt. Einsetzbare Kennzahlen für die strategische Informationserhältlichkeit sind beispielsweise der Anteil an Prozessen, die real-time Informationen über die Qualität oder die aktuelle Zykluszeit der Produktion bieten, oder der Anteil der Mitarbeiter, der Online-Zugriff auf kundenbezogene Daten hat.

*Motivation, Empowerment und Zielausrichtung* sind die dritte Hauptkategorie der Lern- und Entwicklungsperspektive, da selbst hochqualifizierte und gut informierte Mitarbeiter nur dann zum Unternehmenserfolg beitragen, wenn sie motiviert

sind, den Interessen des Unternehmens zu dienen und Freiheiten für eigenständige Entscheidungen haben (Kaplan/Norton 1997, S. 131). Die Wirkung von motivierten und eigenverantwortlich handelnden Mitarbeitern kann anhand verschiedener Kennzahlen gemessen werden. Die Verbreitung von Verbesserungsvorschlagsprogrammen für Mitarbeiter (Schmidt 2002) hat dazu geführt, dass die Kennzahl „Anzahl der Verbesserungsvorschläge pro Mitarbeiter“ in fast jeder Organisation eingesetzt wird. Die Aussagekraft dieser leicht zu erhebenden Kennzahl kann dadurch gesteigert werden, dass nur die Anzahl der implementierten Verbesserungsvorschläge betrachtet wird. Die materiellen Resultate der umgesetzten Mitarbeitervorschläge können zum einen durch Einsparungen auf der Kostenseite, zum anderen durch Verbesserungen in Bezug auf Zeit und Qualität in internen- oder Kundenprozessen erzielt werden. Aus diesen Resultaten lässt sich als weitere Kennzahl die durch Verbesserungsvorschläge eingesparte Summe pro Mitarbeiter ermitteln. Die Motivation der Mitarbeiter kann auch über die Beteiligung in unternehmensnahen sozialen Einrichtungen oder der Teilnehmerquote beim Betriebsausflug gemessen werden (Friedag/Schmidt 1999, S. 170).
Immer mehr Organisationen verwenden Teamarbeit, um komplexe interne Prozesse wie etwa die Produktenwicklung oder den Kundenservice zu gewährleisten. In diesen Unternehmen sollten auch für diese Form der Arbeitsorganisation Ziele und Kennzahlen in die Balanced Scorecard aufgenommen werden, um den Erfolg der Teambildung und die Teamleistung zu unterstützen (Kaplan/Norton 1997, S. 137). Beispiele für Ziele und Kennzahlen für die Teamleistung innerhalb der Lern- und Entwicklungsperspektive sind der Prozentsatz der von Teams entwickelten Unternehmenspläne oder der Anteil der Teams, die gemeinsame Ziele und darauf basierende Incentives haben.

Grob skizziert beschreibt die Lern- und Wachstumsperspektive somit die für die Erreichung der in den anderen drei Perspektiven vorgegebenen Ziele nötige Infrastruktur. Angestrebt wird eine sich kontinuierlich weiterentwickelnde und damit lernende Organisation, die sowohl durch intern gesteuerte Verbesserungsprozesse als auch durch externe Impulse eine Vorreiterrolle auf dem Markt einnimmt. Eine besondere Bedeutung kommt in diesem Zusammenhang den Investitionen in die Qualifizierung der Mitarbeiter zu, da dieser „weiche“ Faktor eine der Grundvoraussetzungen für den langfristigen Erfolg des Unternehmens darstellt.

#### 2.4.2.5 Bedeutung von perspektivenübergreifenden Ursache-Wirkungsketten

In den vorangegangenen Abschnitten wurden die Grundlagen der Balanced Scorecard sowie die vier Perspektiven beschrieben. Im Folgenden findet eine Auseinandersetzung mit den dahinterliegenden Ursache-Wirkungsketten statt, die neben

der Übersetzung der Geschäftsstrategie in operationalisierte Ziele und Kennzahlen eine weiteres Kernelement der BSC darstellen.
Jedes Ziel bzw. jede Messgröße des Hypothesengefüges einer BSC sollte in einem direkten oder indirekten Ursache-Wirkungszusammenhang mit den obersten finanziellen Zielen stehen. Nach Kudernatsch (2002, S.22) stellt die Identifizierung der Ursache-Wirkungszusammenhänge jedoch die größte Herausforderung beim praktischen Einsatz der Balanced Scorecard dar, da bei der Erstellung keine formale Herleitung oder mathematisch Verknüpfung wie etwa im ROI-Kennzahlenschema erfolgt.
Die Verknüpfungen zwischen den Zielen bzw. Kennzahlen stellt eine der Besonderheiten der Balanced Scorecard gegenüber anderen Kennzahlensystemen dar (Kaplan/Norton 1997, S. 17f). Für eine Erhöhung der Plausibilität und somit einer Steigerung der Akzeptanz der BSC sollten die Interdependenzen möglichst exakt quantifiziert und die Reaktionszeiten zwischen den Größen abgeschätzt werden (Horváth/Kaufmann 1998, S. 46). Daher ist es wichtig, dass die BSC das gesamte Geschäftsmodell („Theory of Business“) beschreibt, indem die definierten Erfolgsfaktoren, ihre Messung und der vermutete Kausalzusammenhang einbezogen werden. Nach Müller (2000, S. 110) gibt es eine mehrfache Bedeutungen der Ursache-Wirkungszusammenhänge:

- *Zwischen* allen Perspektiven existieren Wirkungszusammenhänge, wobei die motivierten und qualifizierten Mitarbeiter eine Schlüsselstellung einnehmen.
- *Innerhalb* der Perspektiven bestehen Beziehungen zwischen den Zielen, Messgrößen und den daraus resultierenden Maßnahmenvorgaben.

Trotz der von allen Seiten anerkannten erheblichen Bedeutung der Ursache-Wirkungsketten weisen die Überlegungen von Kaplan/Norton nach Auffassung von Karlowitsch 2002, S. 143) Mängel bei der Implementierung des Instruments in der Praxis auf. Insbesondere wird kritisiert, dass durch den bloßen Hinweis von Kaplan/Norton (1996a, S. 254ff.) auf die Verwendung von Korrelationsanalysen als statistischem Verfahren zur Quantifizierung der Wirkungszusammenhänge die BSC als ein absolut rechenbares und deterministisches Instrument dargestellt wird. Diese Sichtweise wird von Kaufmann (1997, S. 425) als „Wunschvorstellung“ charakterisiert. Gleich (1997b) geht in seiner Kritik an Ursache-Wirkungsketten sogar noch einen Schritt weiter und zweifelt die Zweckmäßigkeit der Forderung nach perspektivenübergreifenden Ursache-Wirkungsketten an.
Dessen ungeachtet kommt der Darstellung der Ursache-Wirkungszusammenhänge in der Unternehmenspraxis eine ständig steigende Bedeutung zu (Horváth & Partner 2000, S. 37), die auch auf die intensivere Auseinandersetzung der Verantwortlichen in den Unternehmen mit den theoretischen Grundlagen des Modells zurückzuführen ist. Die BSC zeichnet sich hierbei durch ein hohes Maß an Über-

sichtlichkeit aus, das sie von anderen Performance Measurement Systemen unterscheidet.

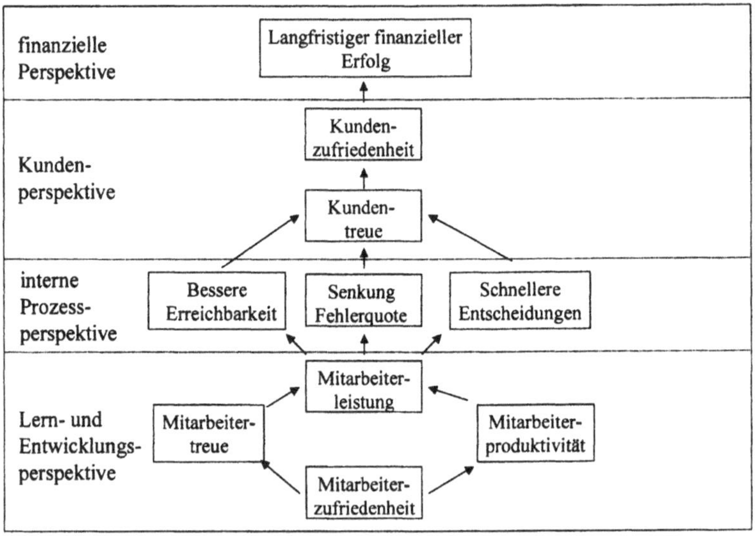


Abbildung 2-13: Beispiel einer Kausalkette (Quelle: eigene Darstellung in Anlehnung an Kaplan/Norton 1997)

Ein weitgehend allgemeingültiges Beispiel für eine Kausalkette (vgl. u.a. Jöhnk/ G.Zimmermann 2001, S. 17f; Kudernatsch 2002, S. 26f) hinter den vier Perspektiven der Balanced Scorecard ist in Abbildung 2-13 dargestellt und lässt sich folgendermaßen beschreiben: Ausgangspunkt ist die Mitarbeiterzufriedenheit, die sich über die Mitarbeitertreue und -produktivität auf die Mitarbeiterleistung auswirkt. Diese nimmt Einfluss auf die internen Prozesse, die wiederum von den Kunden wahrgenommen werden und zu einer höheren Kundenzufriedenheit führen. Diese resultiert im letzten Schritt der Kausalkette in einer Steigerung des langfristigen finanziellen Erfolgs der Organisation.

### 2.4.3 Balanced Scorecard in Banken

Nachdem zuvor allgemeingültige Aspekte der Balanced Scorecard behandelt wurden, geht es im folgenden Abschnitt darum, die Möglichkeiten für den Einsatz von Scorecards in Banken zu diskutieren und anschließend einen Überblick über die tatsächliche Anwendung der BSC im Bankensektor zu geben.

Durch die zuvor beschriebene Flexibilität der BSC, die auf der individuellen Ausgestaltung der Perspektiven beruht, wird überwiegend die Meinung vertreten, eine

Adaptierung der Balanced Scorecard an das Geschäftsumfeld eines Bankinstitutes sei möglich. Hierbei gibt es neben Aussagen über die generelle Einsetzbarkeit bei Banken wie etwa bei Harengel und Hess (1999, S. 239) auch Hinweise über die Anwendbarkeit im Retailbanking (Hayward 1999). Darüber hinaus wird die Eignung auch für die unterschiedlichen Sektoren des deutschen Bankwesens untersucht. Insbesondere für die privaten Großbanken sehen Sure und Thiel (1999b, S. 54ff.) Vorteile beim Einsatz der BSC während Diemer et al. (2002a, S. 216ff.), Ehrlich et al. (2002, S. 210ff.), Jöhnk et al. (2000, S. 470) und Sauer (2001, S. 326ff.) den Sparkassensektor im Blick haben und Reuter (2003, S. 22ff.) Vorteile für den genossenschaftlichen Banksektor sieht. Hervorgehoben werden von den Autoren eine Reihe von Vorteilen der Einführung der Balanced Scorecard für das Bankgeschäft:

- Ein großer Teil der benötigten Informationen liegt in den Banken bereits vor, was auf das insgesamt sehr fortschrittliche Leistungscontrolling im Finanzdienstleistungssektor zurückzuführen ist (Propach/Reuse 2003, S. 323ff.; Harengel/Hess 1999,S. 244).
- Aufgrund der „Einfachheit" kann mit Hilfe der BSC jedem Bankmitarbeiter seine Rolle innerhalb des Unternehmens verdeutlicht werden, was besonders für die hochkomplexen Arbeitsabläufe im Bankbetrieb vorteilhaft ist (Sure/Thiel 1999b, S. 59; Wiedemann 2001, S.3).
- Der zunehmende Wettbewerb um lukrative Kunden im Bankensektor hat in vielen Banken bereits zu kundenorientierten Reorganisationen geführt, die eine gute Grundlage für die Implementierung der Balanced Scorecard darstellen (C.Meyer/Köhle 2000, S. 16).
- Die BSC kann helfen, aus der Vielzahl der laufenden Umstrukturierungen der Banken diejenigen zu identifizieren, die sich „mit den wirklich wichtigen Themen" beschäftigen (Diemer et al. 2002a, S. 220; Winkler/ Bruckner 2001, S. 745f).

Es werden jedoch auch eine Reihe von Schwierigkeiten bei der Einführung der BSC in Banken aufgeführt:

- Eine eindimensionale Betrachtungsweise[7] der Zielerreichung ist nicht ausreichend (vgl. Sure/Thiel 1999b, S. 57) und führt gerade bei wettbewerbsstarken Geschäften wie dem Retailbanking nicht zwangsläufig zum Erfolg.
- Die große Produktvielfalt der Banken birgt die Gefahr, „zu viele, falsche oder zu finanzorientierte Messgrößen anwenden zu wollen" (C.Meyer/ Köhle 1999, S. 16).

[7] Bsp.: Soll der Marktanteil gesteigert werden und ist dies durch eine Verbilligung der Produkte geplant, wird zwar das primäre Ziel der Marktanteilssteigerung erreicht, das aber auf Kosten der Marge. Daher lässt die singuläre Betrachtung des Marktanteils keinen Rückschluss auf den finanziellen Gesamterfolg der Maßnahme zu.

- Petry et al. kritisieren die fehlende Einbeziehung der Konkurrenzperspektive, die in Zeiten eines sich verstärkenden Wettbewerbsdrucks einen entscheidenden Erfolgsfaktor darstellt (Petry et al. 2001a, S. 134).
- Nach Ansicht von Petry et al. (2001b, S. 654) macht die Balanced Scorecard keinerlei quantitative Aussagen darüber, wie die einzelnen Perspektiven und Kennzahlen innerhalb der Bank zusammenhängen.

Diese und weitere Kritikpunkte führen dazu, dass vereinzelt (z.B. Petry et al. 2001b, S. 650ff.) die Auffassung vertreten wird, dass die Balanced Scorecard nicht als Instrument der Steuerung einer Gesamtbank geeignet sei, da ihr wesentliche Elemente eines Steuerungssystems fehlen. Die Balanced Scorecard hat sich nach R.Bauer et al. (2002, S.12) mittlerweile zu dem mit Abstand populärsten Konzept für die Umsetzung von Strategien im Finanzdienstleistungssektor entwickelt. Einer Untersuchung aus dem Jahr 2002 zufolge geben 70% der befragten Kreditinstitute in Deutschland, Österreich und der Schweiz an, die Balanced Scorecard bereits einzusetzen oder deren Einsatz zu planen (ebd., S. 13). In knapp 30% der befragten Unternehmen wird die BSC unternehmensweit eingesetzt, wobei vorwiegend Führungskräfte mit diesem Instrument arbeiten. Eine Umfrage unter österreichischen Kreditinstituten aus dem Jahr 2001 zufolge halten 43% der Befragten die BSC für sehr geeignet und 41% für geeignet zur Führung eines Bankbetriebes (Winkler/Bruckner 2001, S. 749). Hierbei sei angemerkt, dass keine der o.g. Befragungen zwischen dem Einsatz der Balanced Scorecard als Performance Measurement System und der Nutzung als Gesamtbanksteuerungssystem differenziert. Die überwiegende Anzahl der befragten Institute setzt die BSC auf der Unternehmensebene ein, der Einsatz von Scorecards für einzelne Filialen ist bisher noch eher die Ausnahme.

### 2.4.4 Grenzen der Balanced Scorecard

Die wohl am häufigsten geäußerte Kritik am Konzept der Balanced Scorecard richtet sich gegen die Erstellung der Ursache-Wirkungsketten (z.B. Petry et al. 2001a,S. 131f; Petry et al. 2001b, S. 651f;
Sauer 2001, S. 329). Auch wenn Zusammenhänge zwischen den Kennzahlen – wie von Kaplan und Norton empfohlen – mittels Korrelationsanalysen nachgewiesen werden können, dürfen solche Beziehungen nicht als Ursache-Wirkungsbeziehungen im Sinne von Kosiol interpretiert werden (Harengel 2000, S. 82), nach der erst die wissenschaftliche Ermittlung eines exakt definierten Aussagesystems eine solche Ursache-Wirkungsbeziehung zulässt (Kosiol 1978, S.135f). Selbst wenn eine positive Korrelation für einen statistischen Zusammenhang zwischen Variablen spricht, ist dies nicht mit einer Kausalität gleichzusetzen, da im Regelfall keine Überprüfung auf eine Scheinkausalität erfolgt (J. Weber 1999, S. 84). Eine ähnliche Meinung vertreten Petry et al. indem sie die Quan-

tifizierung der Ursache-Wirkungsketten als „alles andere als einfach" (2001a, S. 131; 2001b, S.651) bezeichnen und anmerken, dass eine aufgrund von Plausibilitätsüberlegungen unterstellte Wirkungskette die Beziehungen zwischen den Perspektiven nicht quantifizieren kann. Ein Grund für diese Kritik an der Systematik der Balanced Scorecard ist darin zu sehen, dass der Großteil der Publikationen, die sich mit den Ursache-Wirkungszusammenhängen auseinandersetzen, nur Einzelzusammenhänge im jeweiligen Unternehmenskontext analysiert. Eine Ausnahme bildet die Arbeit von Kudernatsch (2002), in der neben einer umfassenden Metauntersuchung zu Einzelzusammenhängen auch das gesamte Interdependenzen-Netz einer BSC empirisch untersucht und überwiegend bestätigt wurde.
Es ist festzuhalten, dass sich die Kritik an den Ursache-Wirkungsketten weitestgehend auf die wissenschaftlich-theoretische Diskussion beschränkt. Eine empirische Untersuchung aus dem Jahr 2000 in Betrieben, die bereits mit der BSC arbeiten, zeigt, dass die Bildung von Ursache-Wirkungszusammenhängen erst an 6. Stelle der Problemnennungen noch nach „Angst vor Transparenz" oder „mangelnde Akzeptanz des Verfahrens" steht (Brabänder/Hilcher 2001, S. 258).
Dieser Unterschied in der Beurteilung der Ursache-Wirkungszusammenhänge zwischen der theoriegeleiteten Diskussion auf der einen Seite und der praktischen Anwendung auf der anderen Seite ist zum Teil sicherlich auf den hohen Pragmatismus des BSC-Konzeptes zurückzuführen, der darauf beruht, dass aus den Schwächen der traditionellen Kennzahlensysteme die Anforderungen an ein neues Performance Measurement System abgeleitet werden. Eine solche empirisch-deduktive Vorgehensweise dient jedoch im Allgemeinen nur zur Entdeckung neuer Hypothesen und kann daher nur dem Beschreibungs- und Entdeckungszusammenhang zugeordnet werden (Bea et al. 2000, S. 70f). Eine systematische Ableitung des Kennzahlensystems aus der Zielhierarchie – wie es bei anderen Kennzahlensystemen üblich ist – ist für die BSC bisher nur selten stringent herausgearbeitet worden, was die Erklärungskraft der verwendeten Variablen zum Teil in Frage stellt.
Im Zusammenhang mit den Interdependenzen der Kennzahlen weist Harengel (2000, S. 83) darauf hin, dass eventuelle Veränderungen in den Korrelationen zwischen den Kennzahlen nicht berücksichtigt werden. Obwohl Kaplan und Norton ständig (z.B. Kaplan/Norton 1997, S. 265ff.) auf die hohe Dynamik der Umwelt hinweisen und postulieren, dass diese Veränderungen durch die Kennzahlen der BSC erfasst werden (Kaplan/Norton 1997, S. 28), finden Veränderungen des Unternehmensmodells und der dabei vorausgesetzten Zusammenhänge explizit kaum Berücksichtigung. Da Kaplan/Norton jedoch die BSC explizit als anzupassende Schablone (1997, S. 33) kennzeichnen und in diesem Zusammenhang auch die Veränderbarkeit der einzelnen Ziele herausstellen, kann daraus nach Harengel/Hess (1999, S. 241) auch die Aufforderung zur regelmäßigen Überprüfung der Abhängigkeiten der einzelnen Perspektiven und Kennzahlen abgeleitet werden.

Einen weiteren Kritikpunkt stellt das generelle Akzeptanzproblem von top-down initiierten Prozessen dar, das auch die Implementierung einer Scorecard negativ beeinflussen kann (Harengel 2000, S. 80). Daher muss sichergestellt werden, dass der Einführungsprozess durch die oberste Führungsebene getragen wird und diese dafür sorgt, dass alle Mitarbeiter, die von der Einführung der Balanced Scorecard betroffen sind, die Intention sowie die Art und Herleitung der BSC verstehen. Eine frühzeitige Einbindung aller beteiligten Mitarbeiter (Ewing 1995, S. 7f) sowie eine umfassende Kommunikation des Veränderungsprozesses (Diemer et al. 2002b, S. 285ff.) bieten darüber hinaus die Möglichkeit, Ideen der Mitarbeiter in das Konzept einzuarbeiten.

Petry et al. (2001a, S. 131ff.) bemängeln die fehlende Berücksichtigung der Konkurrenzperspektive, die in einigen Branchen aufgrund der bestehenden Wettbewerbssituation besonders wichtig ist. In diesem Zusammenhang stellen sie heraus, dass „für eine verbesserte Erreichung rentabilitäts- oder wertorientierter Ziele [...] auf eine Konkurrenzbetrachtung jenseits der Balanced Scorecard nicht verzichtet werden [sollte]“ (ebd.), da gerade die Einbeziehung des Wettbewerberverhaltens das strategische Handeln und die Sicherung von Wettbewerbsvorteilen ausmachen.

Trotz dieser – überwiegend auf Einzelaspekte der Balanced Scorecard abzielender – Kritikpunkte erweist sich die BSC als das zur Zeit umfassendste und zugleich auch am weitesten verbreitete Instrument zur Messung des Erfolges wirtschaftlicher Einheiten, bei dem neben vergangenheitsorientierten Kennzahlen auch zukunftsorientierte Parameter in die Berechnungen einfließen.

## 2.5 Fazit und daraus abzuleitender Forschungsbedarf

Ohne einen Anspruch auf Vollständigkeit zu erheben, erscheint eine kurze Integration der zuvor dargestellten theoretischen Konstrukte sinnvoll, um das weitere Vorgehen der Arbeit verständlicher zu machen.

Die in den Abschnitten 2.1 und 2.2 dargestellten Theorien zum Führungsverhalten zeigen die Bedeutung der Aktivitäten der Vorgesetzten für das Erfüllen der durch die Organisation vorgegebenen Ziele auf. Während eine Reihe von Kontextfaktoren (z.B. gesamtwirtschaftliche Situation, Kundenstruktur) von den jeweiligen Führungskräften nicht oder nur in sehr geringem Maße beeinflusst werden können, haben sie im Umgang mit Ihren Mitarbeitern erhebliche Gestaltungsspielräume. Umfangreiche Studien haben gezeigt, dass insbesondere Prozesse der Zielsetzung und Zielrealisierung die Performance maßgeblich beeinflussen. Ein weiterer Faktor, der gemäß der herangezogenen Literatur eine erhebliche Auswirkung auf die Performance aufweist, ist das gemeinsame Erleben von Erfolgs- und Misserfolgssituationen der Führungskräfte gemeinsam mit ihrem Team. Diese Komponenten des Führungsverhaltens – zum einen das Zielsetzungs- und Zielrealisierungsverhalten und zum anderen der Umgang mit Erfolg und Misserfolg – werden in der im nächsten Kapitel dargestellten empirischen Untersuchung miteinander verknüpft, und deren Zusammenhang zur Performance überprüft.

Die Messung der nachhaltigen Führungsperformance erfolgt im Rahmen dieser Arbeit mittels einer Balanced Scorecard, bei der neben kurzfristig aussagekräftigen finanziellen Kennzahlen auch langfristig wirksame Treiber des Erfolgs in die Analyse einfließen. Diese multiperspektivische Vorgehensweise zielt auf die Erhebung eines nachhaltigen, quantifizierbaren Performancekriteriums ab.

Die Arbeit stellt das Verhalten der Führungskräfte in Erfolgs- und Misserfolgssituationen ins Zentrum der Betrachtung und analysiert, inwiefern Zusammenhänge zwischen dem Verhalten in erfolgskritischen Situationen und dem nachhaltig messbaren Führungserfolg bestehen. Ziel ist es hierbei, theoriegeleitete Ausschnitte aus dem typischen Aktivitätenkontinuum der Führungskräfte zu erfassen, die sich als besonders relevant für den langfristigen wirtschaftlichen Erfolg der betrachteten Organisationseinheiten erweisen.

Für diese Konzeptualisierung gilt eine Reihe von Prämissen, die hier zusammenfassend aufgeführt werden. Eine detaillierte Erläuterung erfolgt jeweils an den entsprechenden Stellen der folgenden Teilabschnitte.

- Die erfolgreiche Realisierung geplanter Handlungen durch die Mitarbeiter kann durch gezielte Steuerung der Kontextfaktoren von Seiten der Führungskraft erheblich beeinflusst werden. Führungskräfte haben aufgrund ihrer hierarchischen Stellung die Möglichkeit und auch die Verpflichtung, Umfeldbedingungen zu schaffen, die die Mitarbeiter in ihrem Handeln unterstützen.
- Ziel aller Aktivitäten der Führungskraft ist es, gemeinsam mit den Mitarbeitern die durch die Organisation vorgegebenen Ziele zu erreichen.
- Die Versuchspersonen verfügen über ein vergleichbares Leistungsmotiv hinsichtlich der Erreichung der Ziele. Sie akzeptieren die Ziele als für das Handeln ihrer Person relevant und streben nach der Erfüllung der Ziele. Diese Prämisse begründet sich unter anderem dadurch, dass die Mitarbeiter durch ihre bewusste Wahl einer Tätigkeit im Vertrieb eines Finanzdienstleisters einen Self-Selection-Process (vgl. z.B. Berk 2001) durchlaufen haben, und somit zumindest ähnliche Motivkonstruktionen aufweisen sollten. Aufgrund der weiten Verbreitung erfolgsabhängiger Bezahlungskomponenten im Einflussbereich der empirischen Studie erscheint die Annahme der Adaption der Ziele sowie der aktiven Zielverfolgung durch die Mitarbeiter annehmbar.

Auf Basis der in Kapitel 2 ausführlich dargestellten theoretischen Konzepte lässt sich für die empirische Untersuchung ein Leitfragensystem entwickeln, aus dem anschließend die Untersuchungshypothesen abgeleitet werden.

Grundvoraussetzung für Aussagen über Zusammenhänge zwischen Verhaltensweisen und der Performance ist, dass mit Hilfe des eingesetzten Untersuchungsdesigns eine Unterscheidung zwischen guten und schlechten Führungskräften möglich ist. Hieraus ergibt sich die Frage:

- Kann mit Hilfe der in der Untersuchung eingesetzten Selbsteinschätzung der Performance durch die Führungskräfte eine Differenzierung in gute und schlechte Führungskräfte vorgenommen werden?

Ist diese Unterscheidung möglich, lassen sich Zusammenhänge zwischen dem Verhalten von Führungskräften in erfolgskritischen Situationen und der Performance untersuchen, wobei zunächst folgende allgemein gefasste Frage zu beantworten ist:

- Lässt sich ein Zusammenhang zwischen der Globalvariable Führungsverhalten und der messbaren Führungsperformance nachweisen?

Ist auch diese Frage zu bejahen kann das Führungsverhalten detaillierter untersucht werden:

- Besteht ein Zusammenhang zwischen dem Konstrukt Zielsetzungsverhalten und der messbaren Führungsperformance?
- Besteht ein Zusammenhang zwischen dem Konstrukt Zielrealisierungsverhalten und der messbaren Führungsperformance?

Auch in Bezug auf den Einfluss der erlebten Situation lassen sich mehrere Fragestellungen ableiten:

- Unterscheiden sich in Abhängigkeit von der geschilderten Situation die Prädiktoren der Performance?
- Zeigen sich nach Misserfolgen deutlichere Zusammenhänge zwischen dem Zielsetzungs- bzw. Zielrealisierungsverhalten und der Performance als nach Erfolgssituationen?

Ausgehend von den zuvor entwickelten Fragestellungen lassen sich die Arbeitshypothesen ableiten, die der Eingrenzung der empirischen Untersuchung und der Schwerpunktsetzung bei der Auswertung der Daten dienen. Die Vermutungen besitzen einen überwiegend explorativen Charakter, da sie in diesem Konkretisierungsgrad bisher durch keine empirischen Untersuchungen gestützt werden.

**Basale Hypothese:**
*H1: Es lassen sich Performanceunterschiede zwischen den Führungskräften feststellen.*

**Grundhypothese über den Zusammenhang zwischen Verhalten und Performance:**
*H2: Es besteht ein Zusammenhang zwischen dem Führungsverhalten in erfolgskritischen Situationen und der messbaren Performance.*

Die Untersuchung des möglichen Zusammenhangs zwischen den Variablen erfolgt über eine unspezifische Zusammenhangshypothese, da keine ausreichenden Erkenntnisse vorliegen, um genaue Angaben über die Größe des erwarteten Zusammenhangs zu machen (vgl. Bortz / Döring 2002, S. 51f).

**Weitergehende Detailhypothesen zum Zusammenhang Verhalten-Performance:**
*H3: Es besteht ein Zusammenhang zwischen den Dimensionen des Zielsetzungsverhaltens in erfolgskritischen Situationen und der messbaren Performance.*

*H4: Es besteht ein Zusammenhang zwischen den Dimensionen des Zielrealisierungsverhaltens in erfolgskritischen Situationen und der messbaren Performance*

**Hypothesen über den Einfluss der Situation:**
*H5: In Abhängigkeit von der geschilderten Situation unterscheiden sich die Prädiktoren der Performance*

*H6: Nach dem Erleben einer Misserfolgssituation zeigen sich deutlichere Zusammenhänge zwischen den Dimensionen des Zielsetzungsverhaltens und der Performance als nach dem Erleben einer Erfolgssituation.*

*H7: Nach dem Erleben einer Misserfolgssituation zeigen sich deutlichere Zusammenhänge zwischen den Dimensionen des Zielrealisierungsverhaltens und der Performance als nach dem Erleben einer Erfolgssituation.*

Da – analog zur Grundhypothese – die bisher vorliegenden Erkenntnisse über den Untersuchungsgegenstand keine ausreichenden Hinweise auf spezifische Hypothesen über Zusammenhänge bezüglich einzelner Dimensionen bieten, werden auch hierfür unspezifische Zusammenhangshypothesen formuliert, die es im Weiteren zu überprüfen gilt.

# 3 Empirische Untersuchung

Der Abschnitt beginnt mit einer kurzen Beschreibung des Untersuchungsdesigns, der Stichprobe der Gesamtuntersuchung und des Untersuchungsablaufes. Anschließend folgt die Darstellung der Erhebungsmethode für das Verhalten in Erfolgs- und Misserfolgssituationen. Im weiteren Verlauf wird die Entwicklung des Instruments zur Messung des messbaren Führungserfolgs aufgezeigt. Die Beschreibung der Hauptuntersuchung bildet den Abschluss dieses Kapitels.

## 3.1 Festlegung von Untersuchungsdesign, Untersuchungsablauf und Stichprobe

Zur Beantwortung der am Ende des vorigen Kapitels aufgezeigten Fragestellungen müssen die Variablen „Verhalten von Filialleitern in Erfolgs- und Misserfolgssituationen“ sowie „Leistung der Filiale“ operationalisiert werden. Dementsprechend lässt sich die empirische Untersuchung in zwei Module unterteilen, die an dieser Stelle aufgrund der separaten Vorgehensweise bei der Entwicklung sowie ihrer unterschiedlichen theoretischen Fundierungen getrennt beschrieben werden.
Die in Kapitel 3.3 aufgeführte erste Voruntersuchung beschreibt die Entwicklung des Fragebogens zur Verhaltenserfassung in Erfolgs- und Misserfolgssituationen. Die in der zweiten Voruntersuchung vorgenommene Entwicklung der Balanced Scorecard zur Erfassung des Führungserfolges wird in Kapitel 3.4 dargestellt. Es ist zu beachten, dass beide Voruntersuchungen zeitlich etwa parallel verliefen, um den Gesamtzeitraum der empirischen Analyse zu reduzieren.

Bei der zugrunde liegenden Untersuchung handelt es sich um ein Querschnitts-Korrelationsdesign, bei dem die gesamte Stichprobe der Hauptuntersuchung zu einem Zeitpunkt erhoben wird. Bei diesem quantitativen Forschungsansatz wird mittels einer Online-Befragung zum einen das Verhalten von Filialleitern in Erfolgs- und Misserfolgssituationen und zum anderen die Leistung der jeweiligen Filialen erhoben. Online-Umfragen erweisen sich für Untersuchungen mit einer exakt definierten Zielgruppe, die gezielt per E-Mail angeschrieben wird, als effizientes Befragungsinstrument (Göritz et al. 2002). Die im Zusammenhang mit Online-Erhebungen häufig kritisierten Schwierigkeiten in Bezug auf die Anonymität der Versuchspersonen (vgl. z.B. Sassenberg/Kreutz 2002) treten in der vorliegenden Untersuchung aufgrund der verwendeten Software nicht auf. Eine Zuordnung der Antworten zu einzelnen Personen nach der Durchführung der Befragung ist nicht möglich.

In Abgrenzung zu weiten Teilen der bestehenden Literatur befasst sich die empirische Untersuchung mit einer sehr eng eingegrenzten Stichprobe, die darüber hinaus im Rahmen einer Feldstudie befragt wird: Filialleiter von Retailbanken in

Deutschland. Durch diese Eingrenzung der Erkenntnisobjekte soll eine stärkere Vergleichbarkeit der Ausgangssituation, in der sich die Probanden befinden, geschaffen werden. Steinke (1999, S. 30) postuliert in diesem Zusammenhang, dass die Einbettung des Kontextes unabdingbar für das Verständnis der Bedeutung von Handlungen bzw. Äußerungen ist. Ein weiterer Vorteil der Fokussierung auf eine eng begrenzte Zielgruppe liegt im höheren Konkretisierungsgrad der zu untersuchenden Variablen. Dies manifestiert sich etwa in der exakten Beschreibung unterschiedlicher Situationen, welche für diese Zielgruppe als bekannt anzunehmen sind. Da die sachgerechte Beschreibung der Ausgangslage die Basis für die weitere Untersuchung bildet, überwiegen die hier geschilderten Vorteile etwaige Nachteile, die beispielsweise in einer eingeschränkten Generalisierbarkeit der Ergebnisse zu sehen sind.

Da der Begriff des Retailbankings in der Literatur unterschiedlich aufgefasst wird (vgl. z.B. Achenbach 1992, S. 2; Deutz 1997, S. 18) folgt zunächst eine definitorische Auseinandersetzung mit dem Begriff. Unter „Retailbanking“ wird im Folgenden das breit angelegte Geschäft mit weniger vermögenden Privatkunden, Selbständigen und Kleinunternehmern verstanden. Als typische Segmentierungskriterien für diese Gruppen dienen etwa das Haushaltsnettoeinkommen, das Geldvermögen oder das Gesamtvermögen der Kunden. Das Retailbanking zeichnet sich durch eine große Anzahl an Kunden aus, die relativ stark standardisierte Produkte nachfragen.
Die Ergebnisse der Voruntersuchung zur Entwicklung der Balanced Scorecard (vgl. Kapitel 3.4) legten nahe, dass aufgrund der Ähnlichkeiten der Geschäftsprozesse sowie der verfolgten Zielsetzung alle drei Säulen des deutschen Bankenmarktes in die Untersuchung einbezogen werden können. Dementsprechend werden Filialleiter aus dem Privatbanken-, dem Sparkassen- und dem Genossenschaftssektor in die Untersuchung einbezogen. Neben der Verbreiterung der Datenbasis im Vergleich zu einem unternehmensinternen Untersuchungsdesign bietet diese Vorgehensweise darüber hinaus die Chance, Aussagen über mögliche Differenzen zwischen den Sektoren zu treffen.

## 3.2 Entwicklung des Fragebogens zur Verhaltenserfassung

Trotz umfangreicher Literaturrecherche wurde kein Untersuchungsinstrument gefunden, das den Anforderungen, die sich aus dem hier geplanten Untersuchungsdesign ergeben, gerecht wurde. Somit musste im ersten Schritt ein solcher Fragebogen entwickelt werden.

### 3.2.1 Voruntersuchung zur Erhebung der Erfolgs- und Misserfolgssituationen

Da nach Steinke (1999, S. 33) die Ereignisse, so wie sie „durch die Augen der jeweiligen Untersuchungspartner [...] interpretiert werden“ den Ausgangspunkt sowohl quantitativer als auch qualitativer Analysen bilden, gilt es, Handlungssituationen aus dem Alltag eines Filialleiters möglichst exakt und unmissverständlich abzubilden, um den Interpretationsspielraum bei der Situationserfassung möglichst gering zu halten. Dabei ist zu beachten, dass das gesamte vergangene, gegenwärtige und zukünftige Datenmaterial der Situation nicht beschrieben bzw. erhoben werden kann, da die Komplexität der Daten ansonsten die effiziente Auswertung behinderte. Bereits die Auswahl der im Forschungskontext zu analysierenden Aspekte führt jedoch zu einer Eingrenzung des möglichen Erkenntnisgewinns. Der Einfluss dieser vorzunehmenden Selektion auf die anschließende Interpretation der Ergebnisse ist nicht zu vernachlässigen.

Ziel der ersten Voruntersuchung ist es, verschiedene Erfolgs- und Misserfolgssituationen aus dem Alltagsleben eines Filialleiters zu erheben, die aus Sicht der Betroffenen relevant für ihre Tätigkeit sind. Die bewusst neutrale Formulierung „Situationen“ gibt den Versuchspersonen hierbei die Möglichkeit, sowohl kritische Verhaltensweisen als auch kritische Ereignisse zu nennen. Im Fokus des Interesses stehen Situationen, welche die Filialleiter gemeinsam mit ihrem Team erlebt haben und die durch Handlungen des Teams respektive einzelner Teammitglieder ausgelöst wurden. Explizit ausgeschlossen werden Situationen, die nur den Filialleiter selber betrafen, also keine Auswirkungen auf sein Team hatten. Aufgrund der vielfältigen Möglichkeiten zur Ausgestaltung der Funktion „Filialleiter“ lässt sich vorab kein einheitliches Bild entwickeln, was für die Betroffenen eine Erfolgs- bzw. Misserfolgssituation darstellen könnte. Es werden daher keine inhaltlichen oder situativen Vorgaben im Rahmen der Befragung getroffen, um zu verhindern, dass den Versuchspersonen eine bestimmte Sichtweise nahegelegt oder deren Betrachtungshorizont eingeschränkt wird. Im Zusammenhang mit der Erhebung kritischer Situationen wird teilweise (z.B. Latham/Wexley 1981) bewusst nach Situationen gefragt, die andere Personen und nicht die Befragten selbst betreffen, um einen Bias bei der Beschreibung, insbesondere bei negativen Erlebnissen, zu vermeiden. Von dieser Vorgehensweise wird hier Abstand genommen, da davon auszugehen ist, dass über eigene Erlebnisse detaillierter Auskunft gegeben werden kann. Darüber hinaus findet die Erhebung der Situationen überwiegend nicht am Arbeitsplatz der Filialleiter statt, und es gibt keine Rückmeldung der Befragungsergebnisse an die Vorgesetzten, so dass für die Befragten keine negativen Konsequenzen für das Erwähnen selbst erlebter negativ besetzter Situationen zu erwarten sind.

Die Erhebung der unterschiedlichen Erfolgs- und Misserfolgssituationen erfolgt mittels teilstrukturierter Interviews. Dieses Instrument erscheint durch die Kombination vorgegebener Fragen mit der Möglichkeit der Versuchspersonen, weitergehende Aspekte zu nennen, für das Untersuchungsziel angemessen. In dieser Voruntersuchung kommt die Critical Incident Technique (CIT) nach Flanagan (1954) zum Einsatz, die für die Analyse von erfolgreichem und weniger erfolgreichem Verhalten entwickelt wurde. Die CIT, die sich durch ein hohes Maß an Flexibilität auszeichnet: „the critical incident technique [...] should be thought of as a flexible set of principles which must be modified and adapted to meet the specific situation." (Flanagan 1954, S. 353), wird an dieser Stelle u.a. aufgrund ihrer Bedeutung insbesondere bei der Leistungsbewertung am Arbeitsplatz eingesetzt.

Bei der Auswahl der Versuchpersonen für diese Voruntersuchung ist abzuwägen, die Filialleiter für die Erhebung der relevanten Führungssituationen aus einer oder aus mehreren Banken zu rekrutieren. Für eine bankenübergreifende Stichprobe spricht die zu erwartende höhere Generalisierbarkeit der geschilderten Situationen. Andererseits führt die Einbindung unterschiedlicher Unternehmen zu diesem frühen Zeitpunkt der Untersuchung zu einer erheblichen Verschlechterung der Forschungseffizienz. Darüber hinaus zeigt die umfassende Analyse des deutschen Bankensektors (vgl. Kapitel 3.3.3), dass nicht nur innerhalb des Privatbanksektors sondern innerhalb aller drei Segmente des deutschen Bankwesens – den Privatbanken, Sparkassen und Genossenschaftsbanken – vergleichbare Geschäftsstrategien und somit Zielsetzungen für die Filialleiter bestehen. Für die Voruntersuchung werden daher nur Filialleiter und deren Vorgesetzte aus einem privaten Bankinstitut befragt. Die Rekrutierung der Stichprobe sowie die Erhebung der Daten wird partiell parallel mit einer im Unternehmen stattfindenden Befragung von Führungskräften zur Führungskräfteentwicklung durchgeführt. Die Stichprobenbildung erfolgt nicht zufällig, sondern nach der Narrativkompetenz (vgl. Cropley 2002, S. 80) der Filialleiter. Die augenscheinliche Repräsentativität der Stichprobe scheint durch das unterschiedliche Geschlecht (ca. 57% männlich; ca. 43% weiblich) sowie das unterschiedliche Alter (Minimum 28; Maximum 48) gegeben zu sein. Relevanter für die Beurteilung der Repräsentativität bei qualitativen Untersuchungen ist jedoch laut Cropley (2002, S. 81), ob die Personen sich mit dem Untersuchungsgegenstand auskennen. Durch die Frage nach dem Erleben typischer Erfolgs- und Misserfolgssituationen, die alle Versuchspersonen bejahen, wird dieser Aspekt sichergestellt. Auch die Stichprobengröße (n=7) erscheint aufgrund der Enge des zu untersuchenden Themenbereiches (Cropley 2002, S. 82) ausreichend.

Bei der Auswertung der Interviews ergeben sich insgesamt zehn unterschiedliche Situationen, die als relevant für die Wahrnehmung der Führungsaufgabe eingeordnet werden. Im nächsten Schritt der Untersuchung werden Vorgesetzte von Filialleitern (n=19) danach befragt, welche dieser zehn Situationen sie als besonders bedeutsam für den Erfolg von Filialleitern einschätzen. Auch diese Einschätzungen werden mittels teilstrukturierter Interviews erhoben. Die Befragten haben die Aufgabe, die beschriebenen Situationen in die Reihenfolge ihrer Bedeutung für den Führungsalltag von Filialleitern zu bringen. Anschließend wird eine Differenzierung der beschriebenen Situationen in Erfolgs- und Misserfolgssituationen vorgenommen. Nach Einschätzung der Befragten beziehen sich sechs Beschreibungen klar auf Misserfolgssituationen, zwei klar auf Erfolgssituationen und zwei weitere auf Situationen, die nicht eindeutig als Erfolg oder Misserfolg zu charakterisieren sind. Diese Zuordnung ist ein weiterer Hinweis auf die hohe Bedeutung, die dem Erleben von Misserfolgs- im Vergleich zu Erfolgssituationen beigemessen wird. Für die Hauptuntersuchung werden jeweils die beiden am häufigsten genannten Erfolgs- und Misserfolgssituationen ausgewählt:

*Misserfolg 1*: In letzter Zeit ist es zu vermehrten Kundenbeschwerden über ein Anlageprodukt, das in der Vergangenheit vertrieben wurde, gekommen. Die Unzufriedenheit der Kunden ist dabei auf die mangelnde Wertentwicklung des Produktes im Vergleich zum Markt zurückzuführen.

*Misserfolg 2*: Das Team in der Filiale hat in der Vergangenheit die vereinbarten Vertriebs- und Qualitätsziele mehrfach deutlich verfehlt. Es gab hierzu bereits mehrere Gespräche zwischen dem Filialleiter und den Mitarbeitern, die bisher nicht zur nachhaltigen Verbesserung der Situation führten.

*Erfolg 1*: Vor kurzem hat die Filiale einem institutsweiten Vertriebswettbewerb für ein neues, innovatives Produkt gewonnen. Ein erheblicher Anteil der bestehenden Kunden hat dieses Produkt erworben.

*Erfolg 2*: Zum wiederholten Mal haben sich Kunden der Filiale bei den Mitarbeitern für die kompetente Beratung bedankt. Insbesondere bei einer Vertriebsaktion vor kurzer Zeit hat die hervorragende Beratungsqualität dazu geführt, dass viele Kunden die Filiale weiterempfohlen haben. Als Resultat daraus verzeichnet die Filiale in den letzten Monaten ein deutlich überdurchschnittliches Kundenwachstum.

### 3.2.2 Voruntersuchung zur Erhebung möglicher Verhaltensweisen

Um das Verhalten der Führungskräfte in den zuvor beschriebenen Erfolgs- und Misserfolgssituationen in der Hauptuntersuchung erfassen zu können, muss zunächst eine Entscheidung zwischen offenen und geschlossenen Fragen getroffen werden. Die Vorzüge geschlossener Fragen sind hauptsächlich in der Möglichkeit einer effizienteren Auswertung – z.B. im Rahmen statistischer Vergleiche – der

Ergebnisse zu sehen. Auch sinkt mit steigendem Anteil offener Fragen die Bereitschaft der Versuchspersonen, an der Befragung teilzunehmen. In Vorgesprächen mit den teilnehmenden Banken wird darüber hinaus mehrfach auf den erheblichen Gesamtaufwand, der für die Unternehmen durch die Teilnahme der Filialleiter entsteht, hingewiesen. In diesem Zusammenhang fordern mehrere Unternehmen eine maximale Bearbeitungszeit von 20 Minuten für die Fragebögen, die kaum Spielraum für offene Fragen lässt.
Ein Hauptproblem bei gebundenen Antwortformaten besteht darin, dass weitergehende Informationen, die der Proband evtl. in Ergänzung zur getroffenen Auswahl geben würde, nicht erhoben werden können. Somit besteht die Gefahr, dass wichtige Zusatzinformationen nicht in der Untersuchung berücksichtigt werden. Da es sich bei den hier eingesetzten Situationen gemäß der Voruntersuchungen jedoch um häufig wiederkehrende Standardsituationen aus dem Arbeitsalltag von Filialleitern handelt, ist davon auszugehen, dass neben der Beantwortung der geschlossenen Frage kaum zusätzliche Informationen relevant sind. Auch in der zuvor durchgeführten Erhebung der Situationen, die freie Antwortkategorien als Überprüfung enthielt, wurde – von Einzelfällen abgesehen – kein Gebrauch von der Möglichkeit zu freien Antworten gemacht. Eine weitere mögliche Fehlerquelle, die neben geschlossenen Antwortkategorien auch für freie Antworten in ähnlichem Maß besteht, ist die Möglichkeit der absichtlichen Verfälschung der Antworten. Hierbei werden zwei Arten der Verfälschung unterschieden: Simulation (fake good) und Dissimulation (fake bad). Unter Simulation versteht man das Vortäuschen von Verhalten, das der Proband unter normalen Umständen nicht zeigt. Dissimulation hingegen kennzeichnet das Verschleiern von Verhaltensweisen, die der Befragte normalerweise zeigt. Insbesondere bei Selbstbeschreibungen der Befragten verzerrt oftmals die „soziale Erwünschtheit" die Testergebnisse. Bortz/Döring (2002, S. 230) kennzeichnen soziale Erwünschtheit als die Bestrebung der Probanden, positives Verhalten, Eigenschaften oder Merkmale in den Vordergrund zu stellen und parallel dazu unerwünschtes Verhalten, Eigenschaften oder Merkmale weitestgehend zu verbergen. Nach Fowler (1995, S. 28f) zeigt sich diese Verhaltenstendenz insbesondere, wenn das Testergebnis mit negativen Konsequenzen für die Person verbunden ist.
Nach Abwägung der Vor- und Nachteile beider Verfahren werden in dieser Arbeit geschlossene Fragen verwendet. Da nach Krosnik (1999) eine Benennung jeder Stufe der Antwortkategorien zu einer Verbesserung der Reliabilität und Validität führt, erfolgt eine solche Bezeichnung in der Hauptuntersuchung.

Für die Entwicklung der Items zur Erfassung des Führungsverhaltens werden im ersten Schritt die in der Literatur als relevant gekennzeichneten Dimensionen erhoben. Maßgeblich wird hierbei auf die Zielsetzungstheorien nach Locke/Latham (vgl. Kapitel 2.2.3.1) und die Handlungsregulationstheorie von Kuhl (vgl. Kapitel

2.2.3.2) Bezug genommen. Die zu untersuchenden Verhaltensweisen lassen sich in zwei Kategorien einteilen: Zielsetzungs- und Zielrealisierungsprozesse.

Für die Prozesse der Zielsetzung können aus bestehenden Untersuchungen eine Reihe von Dimensionen übernommen werden, die sich als bedeutsam für die Leistungserbringung erwiesen haben. Nach dem Grundmodell von Locke/Latham (1990a) sind dies insbesondere die Spezifität und die Schwierigkeit der formulierten Ziele. Bei den Items zur Spezifität der Ziele kann in weitem Maß auf bereits bestehende Untersuchungen zurückgegriffen werden (z.B. Wegge 2004, S. 458ff.). Obwohl Locke/Latham (1990a, S. 75f) davon abraten, subjektive Maße der Zielschwierigkeit zu verwenden, soll hier der Versuch unternommen werden, Informationen über die Einschätzung der Schwierigkeit aus Sicht der Führungskräfte zu gewinnen. Eine weitere zu untersuchende Dimension stellt die Situationsanalyse durch die Führungskraft als Grundlage für das weitere Verhalten dar. Untersucht werden soll hierbei die Intensität, mit der eine Führungskraft sich mit der Situation auseinandersetzt, bevor sie handelt. Die Partizipation bei der Zielsetzung ist eine weitere Dimension, die untersucht werden soll. Hierbei wird auf Erkenntnisse im Zusammenhang mit dem Modell des Partizipativen Produktivitätsmanagements (vgl. z.B. Pritchard et al. 1993) zurückgegriffen, aus denen die Bedeutung der Partizipation der Mitarbeiter sowie des Feedbacks bei der Erarbeitung gemeinsamer Ziele hervorgeht.

Analog zur Vorgehensweise bei den Zielsetzungsprozessen lassen sich auch für die Prozesse der Zielrealisierung aus bestehenden Untersuchungen mehrere Dimensionen ableiten. Aus den Untersuchungen von Locke/Latham (z.B. 1990a) geht hervor, dass für das Erreichen eines Ziels während der Zielverfolgung das Commitment der Führungskraft eine wichtige Dimension darstellt. Commitment unterstreicht zum einen die Verpflichtung zum Handeln und unterstützt darüber hinaus die Bindung an das Ziel, das somit den Status einer Zielintention gewinnt. Eine weitere wichtige Dimension der Zielrealisierung ist in der Gestaltung der situativen Komponente durch die Führungskraft zu sehen. Hierbei nimmt der Umgang mit einzelnen Mitarbeitern im Kontext der Gesamtgruppe eine wichtige Rolle ein. Die letzte Dimension der Zielrealisierung, die hier untersucht wird, ist das Feedback an die Mitarbeiter. Hierbei werden quantitative und qualitative Faktoren der Rückmeldungen an die Mitarbeiter getrennt betrachtet.
Um die zuvor beschriebenen aus der Theorie abgeleiteten Dimensionen zum einen ergänzen und zum anderen bezüglich der Relevanz für den angestrebten Untersuchungskontext überprüfen zu können, werden die bereits in Kapitel 3.2.1 beschriebenen Filialleiter (n=7) in einem weiteren Interview nach möglichen Verhaltensweisen in Erfolgs- und Misserfolgssituationen befragt. Hieraus ergibt sich ein Rohmodell des Fragebogens, das in einem Pretest 17 Filialleitern zur Beantwortung vorgelegt wird. Der Fragbebogen wird auf Plausibilität, sprachliche Kor-

rektheit und Verständlichkeit überprüft. Hierbei erweisen sich vereinzelte Items als wenig trennscharf und werden aufgrund ihrer geringen Standardabweichung aus dem Fragebogen entfernt. Der in der Hauptuntersuchung verwendete Fragebogen ist im Anhang dargestellt.

## 3.3 Entwicklung einer BSC zur Erfassung der Führungsperformance

Eine der wesentlichen Aufgaben, die Mitglieder von Wirtschaftsorganisationen zu erfüllen haben, besteht in der Erbringung von Leistung im Sinne der Ziele der Organisation (Neuberger 2002). Die Bestimmung dieses Leistungsniveaus ist nicht nur aus wissenschaftlicher Sicht, sondern auch für die Praxis – beispielsweise im Zusammenhang mit der Zahlung erfolgsabhängiger Gehälter – von entscheidender Bedeutung. Je nach Tätigkeitsbereich und Aufgabenfeld erweist sich die Messung der Leistung als mehr oder weniger augenscheinlich. Während im Produktionsbereich naheliegende Leistungsmaße wie die Quantität oder Qualität der produzierten Güter Verwendung finden (Lücke 2003), sind solche Maßstäbe für die Beurteilung der Leistung einer Führungskraft nicht immer offensichtlich.

Dennoch wurden für die Messung des Führungserfolgs eine Reihe unterschiedlicher Verfahren entwickelt. Die meisten dieser Verfahren lassen sich dadurch kennzeichnen, dass sie sich schwerpunktmäßig auf direkt finanziell relevante Messgrößen beziehen und andere Größen vernachlässigen. Eine Alternative stellt die in Kapitel 2.4 ausführlich dargestellte Balanced Scorecard dar. Aufgrund der Vorzüge, die die mit diesem Verfahren verbundenen Nachteile deutlich überwiegen, wird in der vorliegenden Arbeit eine BSC zur Quantifizierung des Führungserfolgs eingesetzt. Insbesondere im Kontext einer empirischen Untersuchung zeichnet sich die Balanced Scorecard durch ihre Effizienz bezüglich des Aufwands für die Erhebung der Daten aus.

Idealerweise bestände in den untersuchten Unternehmen bereits eine einheitliche Scorecard für einzelne Filialen im Retailbanking, die darüber hinaus seit längerem etabliert ist und die somit zur Messung der Performance eingesetzt werden könnte. Dies ermöglichte eine hohe Objektivität der Daten und reduzierte den Erhebungsaufwand erheblich. Körnert (2004) zufolge zeigt sich jedoch, dass trotz vielfältiger Bemühungen zur Verbreitung der BSC im Bankwesen bisher noch kein System etabliert werden konnte, welches als Standard für die gesamte Branche anzusehen ist. Daraus ergibt sich der Bedarf, eine Balanced Scorecard für Filialen im Retailbanking in Deutschland als Basis für die Untersuchung zu entwickeln. In diesem Zusammenhang erweist sich eine Auseinandersetzung mit der Generierung der hierfür notwendigen Daten als notwendig.

### 3.3.1 Grundsätzliche Überlegungen zur Selbstbeurteilung von Leistung

Die mit Abstand am häufigsten verwendete Methode zur Erhebung von Leistungsniveaus besteht in der Beurteilung durch die jeweiligen Vorgesetzten (Neuberger 2002). In Experteninterviews, die im Vorfeld der Untersuchung geführt werden, stellt sich jedoch heraus, dass bei dem angestrebten Untersuchungsdesign eine Reihe von Gründen gegen den Einsatz von Vorgesetztenbeurteilungen besteht. Das am häufigsten genannte Gegenargument bezieht sich auf den Umfang der angestrebten Stichprobengröße von knapp 200 befragten Filialleitern. Im Durchschnitt verantworten die Vorgesetzen der Filialleiter etwa 20 Filialen, was eine individuelle Einschätzung des Leistungsniveaus von allen an der Untersuchung teilnehmenden Filialleitern durch ihre Vorgesetzten aus zeitlichen Gründen unmöglich macht. Darüber hinaus schränkt eine solche Vorgehensweise die Anonymität der teilnehmenden Versuchspersonen ein. Die Gewährleistung der Anonymität ist jedoch eine der Grundvoraussetzungen – auch aus betriebsverfassungsrechtlichen Gründen – für die Durchführung der Untersuchung. Eine weitere Methode der Ermittlung verlässlicher Leistungsmaße besteht darin, objektive Leistungsdaten als Vergleichsmaßstab zu nutzen. Aufgrund der Unterschiedlichkeit der verwendeten Leistungsdaten zwischen den teilnehmenden Unternehmen und der auch hier bestehenden Schwierigkeit der Sicherstellung der Anonymität lässt sich dieses Verfahren nicht anwenden.

Somit gilt es, ein alternatives Verfahren zu entwickeln, mit dem die Leistung der Filialleiter mittels einer BSC effizient erhoben werden kann. In diesem Zusammenhang bietet sich die Selbstbeurteilung durch die Führungskräfte an. Beurteilungen des eigenen Verhaltens und der eigenen Leistungen sind in der Regel jedoch in selbstwertdienliche Richtung verzerrt (Tartler et al. 2003, S. 13). Diese – auch als Self-Serving-Bias bezeichnete – Verzerrung der Beurteilungen wird in mehreren Meta-Analysen (z.B. Harris/Schaubroeck 1988, Mabe/West 1982) nachgewiesen.

Für eine abschließende Bewertung der Einsetzbarkeit von Selbstbeurteilungen zur Leistungsmessung ist eine umfassendere Betrachtung mit den Abweichungen von Selbst- und Fremdeinschätzung notwendig, wie sie etwa Moser (1999) vorgenommen hat. Nach Murphy/Cleveland (1995) kann die Qualität der Beurteilung beruflicher Leistung mittels einer Reihe von Kriterien bestimmt werden, die sich in die Kategorien Anfälligkeit für Urteilstendenzen, Akkuratheit und psychometrische Maße zusammenfassen lassen. Eine solch detaillierte Auseinandersetzung mit Gütekriterien für Selbsteinschätzungen findet außerhalb des Kontextes der Erfassung beruflicher Leistung kaum statt, und selbst in diesem Zusammenhang werden diese Unterschiede oftmals vernachlässigt (vgl. z.B. Latham/Wexley 1994).

Die erstgenannte Kategorie – Anfälligkeit für Urteilstendenzen – thematisiert die Frage, inwiefern Selbstbeurteilungen unterschiedlichen Urteilstendenzen wie etwa der Mittelwertstendenz unterliegen. Hierbei können „objektive" Beurteilungen

oder andere Beurteilungsverfahren, welche in der Praxis einsetzbar sind, als Maßstab herangezogen werden. Nach Moser (1999) weisen Selbstbeurteilungen eine Mittelwertstendenz auf. Unterstellt man, dass sich die Beurteilungen der Personen idealerweise um den Mittelpunkt der Skala „ich erbringe durchschnittliche Leistungen“ verteilen sollten, so weisen Selbstbeurteilungen eine Mittelwertstendenz auf, wobei diese im Allgemeinen über dem Mittelpunkt der verwendeten Skala liegen. Nach Moser (1999) fallen Selbstbeurteilungen im Vergleich zu Vorgesetztenbeurteilungen positiver bzw. milder aus (d=.21). In diesem Zusammenhang ist nach seiner Auffassung zu beachten, dass auch bei Vorgesetztenbeurteilungen eine Tendenz zur Milde auftritt. Hinsichtlich des Gütekriteriums „Urteilstendenzen“ erscheint der Einsatz von Selbstbeurteilungen somit vertretbar, wobei bei der Interpretation der Daten der verstärkte Mildeeffekt einbezogen werden muss.
Im Rahmen der Analyse von psychometrischen Maßen der Selbstbeurteilung fanden Harris/Schaubroeck (1988) heraus, dass Selbstbeurteilungen eine Retest-Reliabilität von r=.60 verglichen mit einem Wert von r=.68 bei Vorgesetztenbeurteilungen aufweisen. Selbstbeurteilungen sind somit tendenziell etwas weniger stabil als die Beurteilung durch die nächsthöhere Hierarchieebene. Das nach Moser (1999) entscheidende psychometrische Maß ist jedoch nicht die Reliabilität, sondern die Validität. Die am weitesten verbreitete Methode zur Validierung von Beurteilungen ist die Berechnung von Korrelationen mit externen Kriterien. Im Kontext der Leistungsbeurteilungsforschung wird hierfür in den meisten Fällen auf andere Urteilsquellen – in der Regel Vorgesetztenurteile – manchmal auch auf objektive Ergebnismaße wie etwa Umsatz, Gehaltshöhe etc. zurückgegriffen. Auch wenn diese beiden Vergleichsmaßstäbe zunächst objektiv erscheinen, werden sie in der Literatur z.T. kritisch hinterfragt. So fanden Bommer et al. (1995) nur mittelhohe Zusammenhänge zwischen Vorgesetztenurteilen und objektiven Ergebniskriterien. Andere Autoren wie etwa Murphy/Cleveland (1995) postulieren, dass es eigentlich keinen Anlass gibt, Vorgesetztenbeurteilungen per se für valider als Selbstbeurteilungen zu halten, da auch Vorgesetzte bestimmten Urteilstendenzen unterliegen. Bei Vergleichen der Selbstbeurteilung mit einzelnen Erfolgskriterien ist darüber hinaus zu beachten, dass letztgenannte nur einen Teil dessen abdecken, was eigentliche Leistung am Arbeitsplatz ausmacht (Murphy/Cleveland 1995) und darüber hinaus teilweise widersprüchlich zueinander sind. In Bezug auf die psychometrischen Maße weisen Selbstbeurteilungen somit eine zumindest zufriedenstellende Qualität auf, die einen Einsatz im Rahmen einer empirischen Felduntersuchung vertretbar erscheinen lassen. Um dennoch eine Einschätzung des Ausmaßes der sozialen Erwünschtheit vornehmen zu können, enthält der Fragebogen eine aus Items der von Stöber (1999) entwickelten Sozialen-Erwünschtheits-Skala (SES-17) gebildeten Lügenskala.

Moser (1999) nennt in seinem Beitrag eine Reihe von Moderatorvariablen, die zur Steigerung der Validität der Selbstbeurteilung eingesetzt werden können. Die für diese Arbeit relevanten Moderatoren sollen hier kurz skizziert werden:
*Beurteilungsziel*: Nach Zedeck/Cascio (1982) kann angenommen werden, dass die Unterschiede zwischen Selbst- und Fremdeinschätzung vom Ziel der Beurteilung abhängen. Beurteilungen, die auf Personalentwicklungsmaßnahmen abzielen, weisen niedrigere Differenzen auf als Beurteilungen, die zu direkten monetären Konsequenzen für die Befragten führen. Ähnlich geringe Differenzen sind bei Selbstbeurteilungen zu erwarten, die lediglich zu Forschungszwecken erhoben werden (Moser 1999). Da es sich bei der hier eingesetzten Selbsteinschätzung um eine reine Forschungsarbeit handelt und dies den Teilnehmern auch im Vorfeld erläutert wird, kann diese Bedingung als erfüllt angesehen werden.
*Anonymität*: Mabe/West (1982) fanden einen signifikanten Zusammenhang zwischen der Selbstbeurteilungsvalidität und der Anonymität und postulierten die These, dass eine vertrauliche Handhabung der Beurteilungsergebnisse zu valideren Ergebnissen führt. Diesen Zusammenhang führen sie darauf zurück, dass für den Befragungsteilnehmer bei zugesicherter Anonymität keine persönlichen Konsequenzen mit seinem Antwortverhalten verbunden ist und er somit wahrheitsgemäßer antwortet. Die vollständige Anonymität der erhobenen Daten ist im Rahmen der vorliegenden Untersuchung gewährleistet.
*Zeitlicher Bezug der Leistungsbeurteilung*: Im Gegensatz zu zukunftsorientierten Leistungsprognosen, die eine Art Projektion der beobachtbaren Fähigkeiten und Verhaltensweise auf zukünftige Situationen voraussetzt, erweist sich die vergangenheitsbezogene Selbstbeurteilung der Leistung als weniger fehleranfällig. So konnten Mabe/West (1982) einen Zusammenhang zwischen der Validität der Selbstbeurteilungen und dem zeitlichen Bezug der Leistungsbeurteilung feststellen. Dieses wenig überraschende Ergebnis findet Eingang in die Konstruktion des Fragebogens, indem nur Einschätzungen bezüglich des aktuellen Standes der eigenen Leistung im Vergleich zu Kollegen erfragt werden, wobei für den Vergleich letztlich Leistungen aus der Vergangenheit als Grundlage dienen.
*Urteilsdimensionierung*: Nach Harris/Schaubroeck (1988) führen differenziertere Beurteilungsinstrumente, die vergleichsweise präzise Operationalisierungen der zu beurteilenden Sachverhalten aufweisen, zu höheren Übereinstimmungen zwischen Selbsteinschätzung und Fremdeinschätzung als globale Bewertungsskalen. Diesem Sachverhalt wird in der empirischen Untersuchung Rechnung getragen, indem die Dimensionen der BSC jeweils aus einer Reihe von Items, die unterschiedliche Leistungskomponenten abbilden, zusammengesetzt werden.

Aus den o.g. Vorüberlegungen lässt sich zusammenfassend ableiten, dass der Einsatz einer Selbstbeurteilung zur Erhebung des Führungserfolges im Rahmen dieser Arbeit trotz der genannten Limitationen gerechtfertigt erscheint. Die mit dieser

Vorgehensweise verbundenen Besonderheiten müssen jedoch bei der Interpretation der Ergebnisse Berücksichtigung finden.

### 3.3.2 Vorgehensweise bei der Entwicklung der BSC

In der Literatur finden sich für die Implementierung eines Performance Measurement Systems – z.B. einer Balanced Scorecard – eine Reihe unterschiedlicher Ablaufschemata (vgl. J. Weber/Schäffer 1999, S. 155). Unterschiede sind vor allem in der Anzahl und der Reihenfolge der einzelnen Schritte sowie im Detaillierungsgrad feststellbar. Während etwa Rockard (1979, S. 82ff.) lediglich zwei Schritte – Identifikation der kritischen Erfolgsfaktoren sowie Festlegung der Messkriterien – definiert, nennen Wisner/Fawcett (1991, S. 5ff.) neun Prozessschritte. Unabhängig von der Anzahl der Schritte wird der Gesamtheit der Systeme vielfach ein Mangel an Hinweisen zur konkreten Durchführung attestiert (vgl. z.B. Jöhnk/ G.Zimmermann 2001, S. 94).
Wesentlich konkreter ist in diesem Zusammenhang das Ablaufschema von Horváth & Partner (Horváth 2000, S. 129ff.), welches auf Basis der Erfahrung aus der Implementierungsberatung Ausführungen zu den einzelnen Prozessschritten enthält. Dieses Schema wird durch leitfadenartige Handlungsanweisungen ergänzt, die darauf abzielen, eine Balanced Scorecard in logisch aufeinander aufbauenden Phasen respektive Schritten einzuführen (vgl. Körnert 2003, S. 154). Diese Vorgehensweise eignet sich für unterschiedliche Abstraktionsniveaus und kann sowohl für die Leistungsbeurteilung von Führungskräften auf der untersten Führungsebene als auch für die Beurteilung von Unternehmensteilbereichen, in denen mehrere Subeinheiten und verschiedene Hierarchieebenen zusammengefasst sind, eingesetzt werden (Horváth & Partner 2000, S. 17ff.).
Aufgrund der Praxisorientierung und der weiten Verbreitung dieses Ablaufschemas (vgl. u.a. G.Zimmermann/Jöhnk 2000) lehnt sich die weitere Vorgehensweise dieser Arbeit am Implementierungsmodell von Horváth & Partner an. Abbildung 3-1 stellt das Ablaufschema nach Horváth (2000) dar, wobei anzumerken ist, dass die letzten beiden Schritte, die nur für den Einsatz der BSC als Strategieimplementierungstool wichtig sind, in der vorliegenden Untersuchung keine Anwendung finden.

1. Strategische Ziele ableiten
2. Ursache-Wirkungsbeziehungen aufbauen
3. Messgrößen auswählen
4. Zielgrößen festlegen
5. Strategische Aktionen bestimmen

Abbildung 3-1 : Ablaufschema zur Implementierung der BSC (Quelle: Horváth 2000)

Wie bereits in Kapitel 2.4.2 dargestellt sind die vier Perspektiven der Balanced Scorecard so wie sie von Kaplan/Norton (1992) definiert wurden, in erster Linie als Schablone für die Erstellung einer individuellen BSC gedacht (Horváth 2000). Die zentrale Aufgabe der Gesamtheit der Perspektiven ist darin zu sehen, eine strukturierte Repräsentation in Form eines Geschäftsmodells zu erstellen, das alle wesentlichen Aspekte des Leistungserstellungsprozesses in einem ausgewogenen Verhältnis aufzeigt (Körnert 2003, S. 156). Obwohl in Teilen der Literatur (vgl. z.B. J. Weber/Schäffer 2000) eine zu starke Ausrichtung der Balanced Scorecards am Standardbeispiel von Kaplan/Norton kritisiert wird, zeigen Metastudien (z.B. C.Meyer/Köhle 2000) eine deutliche Tendenz zur Übernahme der Basisperspektiven in die jeweilige BSC. Die Auseinandersetzung mit dem Konzept der Balanced Scorecard mit dem Ziel der Definition neuer Basisperspektiven wird hingegen nur vereinzelt wie z.B. von Körnert (2003) vorgenommen. Im Regelfall erfolgt die Anpassung der zu entwickelnden BSC an den Untersuchungskontext durch die anschließenden Operationalisierungen der einzelnen Kriterien innerhalb der bekannten Perspektiven. Da der weitaus überwiegende Teil der Veröffentlichungen zu Scorecards im Bankensektor auf den vier Basisperspektiven nach Kaplan/Norton basiert, wird auch diese Arbeit auf den vier bewährten Perspektiven aufsetzen.

### 3.3.3 Ableitung unternehmensübergreifender strategischer Ziele

Für den Einsatz einer Balanced Scorecard in einem Unternehmen wird generell gefordert, vor Beginn des Implementierungsprozesses die aktuelle Unternehmensstrategie zu analysieren und als Grundlage für die weiteren Prozessschritte zu verwenden (vgl. z.B. Horváth & Partner 2000, S. 18ff.; Preißner 2002, S. 20ff.). Soll jedoch – wie im vorliegenden Fall – nicht eine unternehmens-spezifische sondern eine branchenspezifische BSC entwickelt werden, die in mehrere Unternehmen einsetzbar ist, muss zunächst überprüft werden, ob die Unternehmen vergleichbare strategische Ziele anstreben. Eine solche unternehmensübergreifende Vorgehensweise für den Finanzdienstleistungssektor wird in der Literatur von mehreren Seiten (z.B. Körnert 2003; 2004; Jöhnk/G.Zimmermann 2001; Harengel 2000) aufgrund der Besonderheiten des Leistungserstellungsprozesses in Banken gefordert.

In den folgenden Abschnitten soll für den deutschen Bankenmarkt überprüft werden, inwieweit der Einsatz einer brancheneinheitlichen BSC aufgrund ähnlicher Unternehmensstrategien gerechtfertigt ist. Um die vermuteten Strategieübereinstimmungen herauszuarbeiten, werden aufbauend auf den allgemeinen Veränderungstendenzen des deutschen Finanzdienstleistungsmarktes die spezifischen Geschäftsfeldstrategien der einzelnen Sektoren des deutschen Bankgewerbes dargestellt, um danach die intersektoralen Assimilierungstendenzen aufzuzeigen.

### 3.3.3.1 Transformationsprozess des deutschen Bankenmarktes

Aufgrund einer Vielzahl von Entwicklungen befindet sich das europäische und insbesondere das gesamte deutsche Bankwesen in einem historisch beispiellosen Transformationsprozess (vgl. u.a. DiVanner 2004) der in einer deutlichen Konsolidierung des Marktes resultiert. Die wichtigsten dieser Entwicklungen sollen hier skizziert werden.

- *Reduzierung der Ertragsmargen*: Aufgrund des harten Wettbewerbs lassen sich im deutschen Retailbankgeschäft nur geringere Margen als auf anderen europäischen Märkten erzielen. Diese vergleichsweise geringen Margen haben sich darüber hinaus in den letzten Jahren noch deutlich dezimiert. Der Zinsüberschuss aller Banken in Deutschland ist von 2,08 Prozent der Bilanzsumme 1985 auf nur noch 1,12 Prozent im Jahr 2002 gesunken (vgl. Breuer 2003, S. 270). Auch im Kreditgeschäft sind Verringerungen der Margen zu verzeichnen. Abbildung 3-2 zeigt die Veränderungen der Aufwands-Ertrags-Relation (Cost Income Ratio[7]) der deutschen Banken von 1997-2001.
- *Anstieg der Risikokosten*: Die insgesamt schwache Wirtschaftslage und insbesondere die steigende Anzahl der Insolvenzen führt zu deutlich höheren Risikovorsorgekosten der Banken (vgl. z.B. Kirsch 2003, S. 296ff.). Um eine risikoadäquate Bewertung des Kreditportfolios vorzunehmen, zeichnen sich daher neue Maßstäbe für die Beurteilung von Kreditrisiken ab, indem statt der in der Vergangenheit meist herangezogenen liquiditätsnahen Kriterien wie etwa der Kapitaldienstfähigkeit (Hofmann 2003, S. 454) übergreifend entwickelte, standardisierte Ratingverfahren eingesetzt werden (vgl. z.B. W. Matthews 2003, S. 305). Insgesamt kommt dem Risikomanagement innerhalb der Wertschöpfungskette einer Bank aufgrund der steigenden Risikokosten eine immer höhere Bedeutung zu (Franzen/Leifert 2003, S. 464).
- *„Basel II" und „MaK"*: Neben den zuvor geschilderten Anforderungen, die aus den erhöhten Risikokosten resultieren, stehen die Banken vor der Herausforderung, die neuen bankaufsichtsrechtlichen Konzepte – Basel II[8]

[7] Cost Income Ration (CIR): Maßstab für die Ertragskraft von Banken, der die operative Ertrags-Aufwandsrelation von Banken darstellt, indem der Verwaltungsaufwand ins Verhältnis zu den Ertragsgrößen gesetzt wird. CIR= Verwaltungsaufwand /Erträge

[8] In „Basel II" wurden über die eigene Risikovorsorge der Institute hinaus besondere Aufsichtsregeln für Kreditinstitute geschaffen, unter denen die Eigenkapitalregeln eine herausragende Rolle einnehmen. Die neue Regelung zielt auf größere Sicherheit und Solidität des Finanzsystems ab, indem die internen Kontrollsysteme und die Geschäftsführung der Banken, die Überprüfung durch die Aufsicht und die Marktdisziplin einen höheren Stellenwert erhalten. Auch die Hinterlegung von Krediten mit Eigenkapital der Banken verändert sich durch die Einführung von Basel II.

und MaK[9] – umzusetzen, was neben den Veränderungen in der IT-Infrastruktur auch zu Veränderungen der Prozesskette in der Kreditbearbeitung führt.

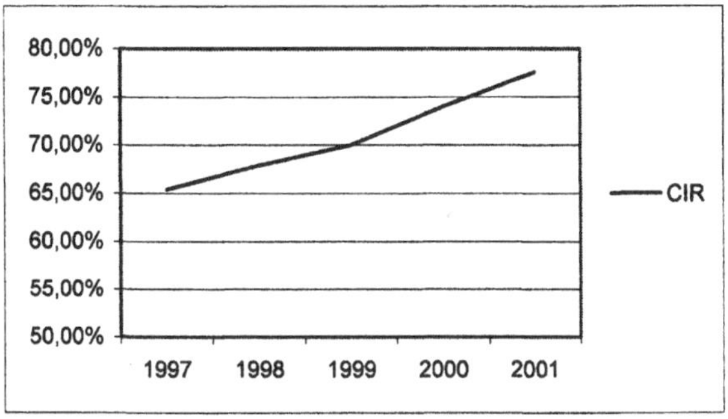


Abbildung 3-2: Cost Income Ratio (CIR) der deutschen Banken
(Quelle: Kleine/Löcker 2003, S. 32)

- *Einführung neuer Technologien*: Eine verstärkte Verbreitung der Informations- und Kommunikationstechnologien – insbesondere des Internets – übt einen großen Einfluss auf den Bankenmarkt aus, z.B. können Finanztransaktionen kostengünstiger und schneller abgewickelt werden. Die verkürzten Technologiezyklen eröffnen den Banken neue Möglichkeiten, erfordern aber gleichzeitig hohe Investitionen in die IT sowie in die Ausbildung der Mitarbeiter (vgl. u.a. Dannenberg/Salmen 2002, S. 82f.)
- *Demografische Entwicklung*: Der sich verändernde Aufbau der Alterspyramide hat auch Auswirkungen auf das Retailbanking in Deutschland. Zum einen werden altersgruppenspezifisch andere Produkte nachgefragt, was sich etwa an der zunehmenden Risikoaversion im Alter erkennen lässt. Zum anderen lassen sich auch in der Nutzung der Zugangskanäle zu den Bankdienstleistungen Unterschiede zwischen den Altersgruppen erkennen. Während das Onlinebanking bei jüngeren Kunden bereits seit Jahren für einen großen Teil der Abwicklung von standardisierten Bankgeschäften genutzt wird, nutzen ältere Kunden das Multi Channel Banking noch nicht im vergleichbaren Umfang. Die Veränderungen in der Altersverteilung der Kunden wird auch als ein entscheidender Faktor für die Zu-

[9] Die „MaK“ stellen qualitative Mindeststandards für das Kreditgeschäft dar, die von jedem Kreditinstitut zu erfüllen sind. Sie sind seit dem 20.12.2002 mit einem Umsetzungszeitraum bis 2005 in Kraft. Wesentliche Elemente sind die Kreditrisikostrategie, die Funktionstrennung, der Ausbau der Steuerungsinstrumente sowie Vorgaben für Organisationsrichtlinien und Kreditprozesse.

nahme der mobilen Bankbetreuer, die die Kunden vor Ort betreuen, gesehen.

- *Steigende Economies of Scale*: Die bereits erwähnten hohen Kosten der IT-Infrastruktur führen aufgrund des steigenden Margen- und Kostendrucks zu immer umfangreicheren Kooperationen in Bereichen, die für die Kunden nicht direkt wahrnehmbar sind (vgl. u.a. Sauer 2002, S. 91ff.). Hierbei kommt der Bündelung von Geschäftsvolumina und der Realisierung von Größenvorteilen im IT-Sektor eine besondere Rolle zu, da trotz der Veränderungen der letzten 10 Jahre auf diesem Sektor viele Institute noch keine optimale Betriebsgröße aufweisen (Breuer 2003, S. 271).
- *Neue Zugangskanäle*: Neben dem klassischen Vertriebsweg über Filialen wird es zunehmend wichtig, im Rahmen des Multi Channel Bankings (vgl. u.a. Broschinski 2002, S. 158) ein integriertes Gesamtkonzept für den Zugang zum Kunden zu entwickeln, das neben der klassischen Filiale und der telefonischen Betreuung eine Form von Internetbanking sowie eine mobile Kundenbetreuung umfasst. Der multiple Zugang bietet den Kunden neben einer höheren Selbstbestimmung im Kontakt mit seiner Bank den Vorteil, sowohl räumlich als auch zeitlich unabhängig von Bankarbeitszeiten zu sein. Darüber hinaus führt die Nutzung des Internets für Bankdienstleistungen zu einer schnelleren Abwicklung der Aufträge (vgl. u.a. Friedrich 2002, S. 45ff.).
- *Veränderungen im Kundenverhalten*: Durch eine höhere Markttransparenz, die unter anderem durch die Verbreitung des Internets gefördert wird, und mit den steigenden Ansprüchen der Kunden an ihre Kreditinstitute steigen die Anforderungen an die Bankdienstleistungsqualität (vgl. u.a. Breiing 2002, S. 802 ff.). Auch kleinere oder bisher regional beschränkte Banken können z.B. durch das Internet überregional tätig werden. Somit verlieren die bisherigen Vorteile Größe, flächendeckende Organisation und Multinationalität zunehmend an Bedeutung (vgl. Harengel 2000, S. 107). Ein weiteres Merkmal des veränderten Kundenverhaltens ist die abnehmende Kundenloyalität auf Grund einer stärkeren Vergleichbarkeit der Angebote auf dem Finanzdienstleistungssektor.
- *Eintritt neuer Wettbewerber in den Markt*: Non- und Nearbanks, deren Kerngeschäft außerhalb des Finanzdienstleistungsbereiches liegen, bieten verstärkt Finanzdienstleistungen als Zusatzgeschäft an (vgl. u.a. Franke 2002, S. 709; Bruckner/Stickler 2000, S. 83 ff.). Der Eintritt in den Markt wird durch die zunehmende Deregulierung und Liberalisierung des Bankenmarktes erleichtert (vgl. Harengel 2000, S. 107). Die Markteinsteiger zeichnen sich in der Regel durch geringere Fixkosten sowie durch die konsequente Nutzung modernster Informationstechnologie aus (vgl.Reus/Prinz 2000, S. 31). In vielen Fällen bieten Non- und Nearbanks ihren Kunden Finanzdienstleistungen direkt am „point of sale“ ihrer Kern-

geschäfte an. Beispielhaft seien hier die verstärkten Aktivitäten der Bankableger der Autokonzerne wie die DaimlerChrysler-Bank genannt.

- *Europäischer Binnenmarkt*: Die einheitliche Währung führt zu einer Steigerung der Transparenz und somit zu einem gesteigerten Wettbewerbsdruck. Darüber hinaus verringern sich Markteintrittsbarrieren für Unternehmen aus dem Euro-Raum, was die Integration des Bankenmarktes in Europa weiter beschleunigt (vgl. u.a. M. Weber 2002, S. 514).
- *Wegfall der Gewährträgerhaftung und Anstaltslast*: Der Abschaffung der bisherigen staatlichen Haftungsgarantien Anstaltslast und Gewährträgerhaftung bis zum 18.7.2005 (HSH-Nordbank), die dem Sparkassensektor bisher eine deutlich unter dem Marktzins liegende Refinanzierung ermöglichte, führt zu einer weiteren Annäherung der Sektoren in der deutschen Bankenlandschaft.

Diese Impulse, die zum Teil schon seit mehreren Jahren auf die Finanzdienstleistungsbranche einwirken, haben in den letzten Jahren zu einer deutlichen Reduzierung der am Markt auftretenden Banken und der Zweigstellen geführt. Bei der Betrachtung der in Abbildung 3-3 dargestellten Anzahl der Kreditinstitute fällt der erhebliche Rückgang der Kreditgenossenschaften besonders ins Auge.

Obwohl bereits eine deutliche Marktbereinigung stattgefunden hat, weist Deutschland mit 680 Bankstellen auf eine Millionen Einwohner eine deutlich über dem EU Durchschnitt liegende Filialdichte auf (Breuer 2003, S. 271). Trotz der tiefschürfenden Veränderungen für den Bankenmarkt negieren Vertreter aller drei Sektoren die Existenz einer „Bankenkrise“ in Deutschland (vgl. z.B. Hoppenstedt 2003, S. 273; Breuer 2003, S. 272) und verweisen vielmehr auf die unterschiedlichen Anstrengungen die unternommen werden, um diesen Herausforderungen zu begegnen.

Diese Veränderungen der Umweltbedingungen führen im deutschen Bankenmarkt zu einem Transformationsprozess, der nach Licci (2003, S. 364) in drei Metastrategien resultiert, die für die Sparkassen, Genossenschaftsbanken und Privatbanken als Grundlage für ihre strategischen Entwicklungen dienen:

- Ausrichtung auf ein fokussiertes Geschäftsmodell
- Steigerung der Erträge durch innovative Angebote und Vertriebsstrategien
- Kostenmanagement und schlanke Prozesse

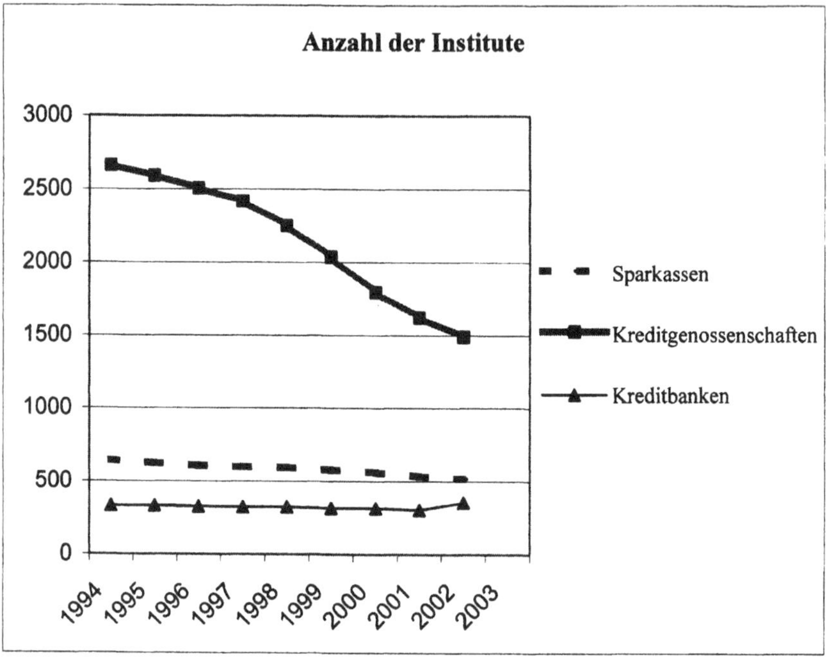


Abbildung: 3-3: Entwicklung der Institutszahlen nach Sektoren von 1994-2003 (Quelle: eigne Darstellung in Anlehnung an Deutsche Bundesbank 2003, S. 104; Deutsche Bundesbank 2000, S. 104; Deutsche Bundesbank 1997, S. 104)

### 3.3.3.2 Intrasektorale Analyse der deutschen Bankenlandschaft

Die für die folgende Beschreibung vorgenommene Aufteilung des Bankenmarktes orientiert sich an der in den Statistiken der Deutschen Bundesbank dargestellten Dreigliedrigkeit der deutschen Bankenlandschaft (Bundesbank 2004a). Es werden demnach nur die „3 Säulen des deutschen Bankenmarktes" (ebd.) beschrieben, die alle drei Teilsegmente (Zahlungsverkehr, Anlage- und Kreditgeschäft) offerieren und eine erhebliche Bedeutung für den Gesamtmarkt haben. Aufgeführt werden Genossenschaftsbanken, Sparkassen und private Kreditbanken, wobei die beiden Erstgenannten sich zum einen durch ihre intensivere intrasektorale Kooperation und zum anderen durch einen erheblich höheren Marktanteil im Vergleich zu den privaten Kreditbanken auszeichnen.

Der Schwerpunkt der folgenden Betrachtung liegt auf den Kooperationsbestrebungen innerhalb der einzelnen Sektoren. Diese sich über alle Bereiche intensivierende Zusammenarbeit dient dabei als Indikator für sich angleichende Strategien der einzelnen Institute sowie der daraus resultierenden Geschäftsprozesse. Für jeden Sektor wird dabei geprüft, inwieweit die von Licci (s.o.) skizzierten Metastrategien erkennbar sind.

***Genossenschaftsbanken***

In Deutschland existierten im Dezember 2002 1.491 Kreditgenossenschaften (Volksbanken und Raiffeisenbanken, PSD-Banken, Spar- und Darlehnskassen sowie sonstige Genossenschaftsbanken) mit insgesamt knapp 15,2 Mio. Mitgliedern, für welche die DZ Bank und die WGZ-Bank die Zentralbankfunktion übernehmen (DZ-Bank 2004). Die Veränderungen der Rahmenbedingungen des Gesamtmarktes wirken sich zahlenmäßig besonders auf die Genossenschaften aus. So verringerte sich die Zahl der in den Statistiken der Deutschen Bundesbank aufgeführten Kreditgenossenschaften durch Fusionen in den letzten 10 Jahren bis September 2003 von 2.803 auf 1.412 (Deutsche Bundesbank 2004a).

*Ausrichtung auf ein fokussiertes Geschäftsmodell:* Als Zentralinstitute der genossenschaftlichen Bankengruppe tragen die DZ Bank und die WGZ-Bank in erheblichem Umfang zum Geschäftsangebot der Genossenschaftsbanken bei. Ihre Produkt- und Beratungsleistungen erbringt sie nach dem Subsidiaritätsprinzip in Arbeitsteilung mit weiteren Spezialinstituten. Diese Arbeitsteilung und enge Kooperation im gemeinwirtschaftlichen Sektor spiegelt sich in allen Bestandteilen des genossenschaftlichen Geschäftsmodells wider. So werden etwa vom genossenschaftlichen Finanzverbund nach betriebswirtschaftlichen Anforderungen Steuerungsinstrumente entwickelt, die den Primärbanken zur Steuerung ihres Kundengeschäftes zur Verfügung stehen (Anacker 2003, S. 23). Exemplarisch sind in diesem Zusammenhang gemeinsame Ratings zur Risikominimierung im Immobilienkreditgeschäft als übergreifende Serviceleistung zu nennen (Munzel/Tewes 2003, S. 25f).

*Steigerung der Erträge durch innovative Angebote und Vertriebsstrategien:* Die Entwicklung neuer Produkte und Dienstleistungen wird in der Regel von gemeinsamen Institutionen wie „Union Investment“ oder die „R+V Versicherung“ (vgl. u.a. Becker/Erling 2003, S. 17) initiiert und koordiniert. Die Ausweitung der Kundenbasis – insbesondere die zunehmende Ausrichtung auf vermögende Privatkunden – ist ein weiteres Merkmal für die enge Kooperation innerhalb des Verbundes. Faust (2003, S. 22) schätzt die Ausgangslage der Genossenschaftsbanken für diesen Sektor aufgrund der engen Kooperationen der Genossenschaftsbanken untereinander im Genossenschaftsverbund als sehr günstig ein. Auch Kleine und Wöhler (2003, S. 41) stellen die zukünftige Bedeutung des Private Banking für die Genossenschaftsbanken heraus, merken jedoch an, dass für eine Erschließung dieses Kundensegments in vielen Fällen eine Veränderung der bestehenden Strukturen und Prozesse notwendig sind. Dies werten sie wiederum als sektorspezifischen Vorteil, da Genossenschaftsbanken sich meist durch im

Vergleich zu den Organisationsformen der Mitbewerber flachere Hierarchien auszeichnen und die nötigen Veränderungen effizienter umgesetzt werden können.
Im Firmenkundensegment, das ebenfalls nur bedingt zu den traditionellen Kundensegmenten der gemeinwirtschaftlichen Banken zählt, wurden aktuelle gesetzliche Veränderungen als Anlass für neue Marktauftritte genommen. So bieten die Volks- und Raiffeisenbanken beispielsweise zusammen mit genossenschaftlichen Versicherungen und Fondsanbietern ein speziell auf den Mittelstand zugeschnittenes Konzept der betrieblichen Altersvorsorge (Becker/Erling 2003, S. 17).
Um über isolierte Einzelmaßnahmen hinaus die oftmals kritisierte Beratungsqualität zu verbessern, wurde für die Genossenschaftsbanken vom Verband das übergreifend einzusetzende Beratungsinstrument „VR-FinanzPlan" entwickelt (vgl. Galka/Bader 2003, S. 28f), das mittlerweile vom Großteil aller Kreditgenossenschaften eingesetzt wird.

*Kostenmanagement und schlanke Prozesse:* Die aus dem Streben nach Kosteneffizienz resultierenden Outsourcing-Aktivitäten von Unternehmensteilbereichen sind auch im genossenschaftlichen Sektor weit verbreitet. So stellt Holtmann (2003, S. 26f) fest: „Als altbekanntes und altbewährtes Element genossenschaftlichen Handelns war Auslagerung in der Vergangenheit und wird auch in der Zukunft weiter Basis des Geschäftserfolgs der Genossenschaftsbanken in der Zusammenarbeit mit ihren Verbundpartnern sein". Die effizientere Allokation der Aufwendungen im IT-Bereich steht hierbei im Fokus der Aktivitäten. Dies gilt insbesondere für Themen wie die Realisierung gesetzlicher Anforderungen an die IT-Sicherheit im Bankenbereich (Warmuth 2001, S. 62), bei denen an alle Institute vergleichbare Anforderungen gestellt werden.

***Sparkassen***
Ende 2002 existierten in Deutschland 519 Sparkassen, die im Deutschen Sparkassen- und Giroverband (DSGV) – dem Dachverband der Sparkassen-Finanzgruppe – zusammengefasst sind (DSGV 2004). Als Besonderheit unterliegen die Sparkassen dem Regionalprinzip, nach dem das Geschäftsgebiet einer Sparkasse im Allgemeinen mit dem Gebiet des jeweiligen kommunalen Gewährträgers übereinstimmt. Dieses Regionalprinzip ermöglicht es den einzelnen Sparkassen als Gruppe auf dem Markt aufzutreten. „Weitere Merkmale der Sparkassen sind ihre Gemeinwohlorientierung, ihre kommunale Bindung und die Zusammenarbeit im Verbund mit den anderen Einrichtungen der Sparkassen-Finanzgruppe" (ebd.).

Analog zur Entwicklung bei den Genossenschaftsbanken ist auch auf dem Sparkassensektor die Anzahl der Institute, die in der Statistik der Bundesbank aufgeführt werden, rückläufig. Innerhalb von 10 Jahren bis zum September 2003 reduzierte sich die Zahl der Institute von 707 auf 495 (Deutsche Bundesbank 2004b) was einem Rückgang von etwa 30% entspricht. Die sich seit längerem abzeichnenden einschneidenden Veränderungen auf der Ebene der Landesbanken werden hier nicht weiter betrachtet.

*Ausrichtung auf ein fokussiertes Geschäftsmodell:* Ähnlich wie bei den Genossenschaftsbanken ist auch im Sparkassensektor eine Vereinheitlichung der Strategien in allen Geschäftsbereichen zu beobachten (vgl. z.B. Sauer 2002, S. 91f) die eine weitere Stärkung der Wettbewerbsfähigkeit und Ertragssituation der Sparkassen zum Ziel hat. Der Deutsche Sparkassen- und Giroverband, der die Interessen der Sparkassen-Finanzgruppe vertritt, organisiert die Willensbildung innerhalb der Gruppe und legt die strategische Ausrichtung fest (DSVG 2004). Die Zusammenarbeit im DSGV ist in allen internen Prozessen, etwa im Zusammenhang mit der Erweiterung der Geschäftstätigkeiten auf neue Kunden- oder Produktsegmente, erkennbar.

*Steigerung der Erträge durch innovative Angebote und Vertriebsstrategien:* Die Zusammenarbeit der Sparkassen ist im Auftritt gegenüber den Kunden in erster Linie von den gemeinsam vertriebenen Produkten gekennzeichnet. Aufgrund ihrer weiten Verbreitung diesbezüglich etwa die gemeinsam vertriebenen DEKA Investmentfonds zu nennen. Des Weiteren gibt es gemeinsame Ansätze, wie den mobilen Vertrieb, den der Ostdeutsche Sparkassen- und Giroverband zusammen mit einer Pilotsparkasse vorrangig zur Bestandskundenpflege eingeführt hat (Axel/Worms 2002, S. 228f) und der nach Abschluss der Pilotphase allen Sparkassen zur Verfügung gestellt werden soll. Die Einführung des S-Vermögensmanagements (Krauß 2001, S. 180), mit der ein standardisiertes Instrument zur Analyse der Vermögenssituation besserverdienender Kunden geschaffen wurde, ist hingegen ein Beispiel für ein Instrument, das hauptsächlich auf die Neukundenakquisition fokussiert ist. Das S-Vermögensmanagement ist gleichzeitig Teil der Vertriebsstrategie 2010 (vgl. u.a. C.R. Witte/Sterk 2002, S. 211ff.), die u.a. eine Neuaufstellung des Geschäftsstellennetzes mit spezialisierten Standorten für Standard-Finanzgeschäfte, Individualkunden, Immobilien und Gewerbekunden beinhaltet (Hoppenstedt 2002). Der Vertriebsstrategie 2010 kommt eine besondere Bedeutung innerhalb der Zusammenarbeit auf dem Sparkassensektor zu, da von dieser Neuausrichtung Ertragssteigerungen von mehr als 3 Milliarden Euro pro Jahr angestrebt werden.

*Kostenmanagement und schlanke Prozesse:* Nach Auffassung von Korthals/Wehrbein (2002) bieten die Backofficebereiche unter strategischen Gesichtspunkten besonders für die Sparkassen ein hohes Synergiepotential. Lohmann (2002, S. 30f) geht sogar noch weiter und bezeichnet die Erhöhung der Effizienz durch die Bündelung von Kräften – insbesondere im Backofficebereich – als zentrales Ziel der Sparkassen-Finanzgruppe. Wie in allen Teilen der Kreditwirtschaft unterliegen auch die Sparkassen hohen Anforderungen hinsichtlich der IT-Investitionen.

Durch Kooperationen sollen in diesem Bereich erhebliche Synergien erzielt werden. Mit der Einführung der gemeinsamen Zertifizierungsdienstleistung für die rechtsverbindliche Kommunikation mit Kunden und Geschäftspartnern im Internet steht allen Sparkassen ein einheitliches System zur Verfügung, dessen Entwicklungskosten gemeinsam getragen wurden, was zu erheblichen Synergien im Vergleich zur Erstellung individueller Lösungen geführt hat (vgl. Launer et al. 2002).

Die gemeinsame Abwicklung der Betriebsprozesse durch mehrere Sparkassen respektive den DSGV zeigt sich laut Sörström/Wehnhöver 2002 etwa in der gemeinsamen Entwicklung von Konzepten zur Optimierung von Stabs- und Servicebereichen. Auch in Kundendienstprozessen wird die Zusammenarbeit der Sparkassen mit ihrem Verband – etwa bei der permanenten Weiterentwicklung des Multi Channel Bankings (Krause 2002) – deutlich.

***Private Kreditbanken***

Der Sektor der Kreditbanken – auch oftmals als Privatbanken bezeichnet – wird in Deutschland in Bezug auf die Marktanteile klar von den vier Großbanken Deutsche Bank, HypoVereinsbank, Dresdner Bank und Commerzbank dominiert. In den letzten Jahren wurden verschiedene Vorstöße zu Fusionen innerhalb dieser Institute vorgenommen, die jedoch von der Integration der Dresdner Bank in die Allianz abgesehen nicht realisiert wurden. Im Laufe der letzten Jahre konnten vermehrt kleinere Privatbanken wie beispielsweise die ING DiBa, die weitestgehend auf ein umfassendes Filialnetz verzichtet, Marktanteile gewinnen. Da es sich bei den genannten Instituten um Mitbewerber handelt, lassen sich zwar Ähnlichkeiten hinsichtlich der Strategien nachweisen, es gibt jedoch – von einigen Ausnahmen abgesehen – keine umfassenden Kooperationen wie auf dem Sparkassen- oder Genossenschaftssektor. Daher wird im Folgenden überprüft, ob vergleichbare Metastrategien verfolgt werden. Soweit vorhanden, werden dabei auch Kooperationen der Banken untereinander aufgeführt.

*Ausrichtung auf ein fokussiertes Geschäftsmodell:* Unabhängig voneinander streben die großen Privatbanken nach einer Ausdehnung des Geschäftsfeldes in Richtung eines Allfinanzanbieters, der neben klassischen Bankprodukten auch weitere Dienstleistungen anbietet. Hierbei zeigen sich z.T. erhebliche Ähnlichkeiten der angestrebten Geschäftsmodelle.
Eine Sondersituation stellt die Zusammenarbeit bei der Gründung der Eurohypo AG, die im August 2002 als Zusammenschluss von Deutsche Hyp, Eurohypo und Rheinhyp, den Hypothekentöchtern der drei Großbanken Commerzbank, Deutsche Bank und Dresdner Bank gegründet wurde. Das Hauptmotiv für die Mutterhäuser ist in der Fokussierung auf ihre Kerngeschäfte zu sehen. Während reine Hypothekenbanken umfangreichen gesetzlichen Einschränkungen unterliegen,

kann die Eurohypo ihren Kunden die gesamte Produktpalette rund um die Immobilienfinanzierung anbieten.

*Steigerung der Erträge durch innovative Angebote und Vertriebsstrategien:* Nach den im Retailbanking im Verlauf der letzten Jahre deutlich erkennbaren Kostensenkungsbestrebungen richten sich viele Institute mittlerweile wieder am Erlöswachstum aus (Merbecks 2004, S. 34). Dies gilt in besonderem Maße für die privaten Großbanken, die auf die in der Vergangenheit vorherrschende Verschlechterung der Ertragslage mit umfangreichen Kostensenkungsprogrammen reagiert hatten. Benchmarks für die Ertragsstärke setzen hierbei Retailbanken aus anderen europäischen Ländern, die z.T. ein CIR von 45% erreichen während der Durchschnitt in Deutschland deutlich darüber liegt (ebd.). Eine Fokussierung auf die Ertragsorientierung ist für alle deutschen Großbanken zu beobachten (Kirchhoff/Günther 2004). In diesem Zusammenhang ist anzumerken, dass zwar Ähnlichkeiten in der Zielsetzung sowie in der Grundausrichtung der hierbei verfolgten Strategien erkennbar sind, die Institute hierbei aber u.a. aufgrund ihrer Wettbewerbssituation unabhängig voneinander vorgehen.

*Kostenmanagement und schlanke Prozesse:* Eine der wenigen aus der Kundenperspektive erkennbaren Kooperationen der Privatbanken ist auf dem Gebiet der Bargeldversorgung durch die Gründung der Cash-Group, der neben den o.g. vier Banken auch die Postbank angehört, erkennbar. Als Reaktion auf das dichte Geldautomatennetz der Sparkassen und Genossenschaftsbanken wurde für die Kunden der Cash-Group Mitgliedsunternehmen die Möglichkeit geschaffen, bei allen beteiligten Unternehmen kostenlos Geld abzuheben.

Der aufgeführte Vergleich der sektorspezifischen Entwicklungen zeigt, dass innerhalb der drei Säulen der deutschen Bankenlandschaft ähnliche Metastrategien verfolgt werden und sich deutliche Tendenzen zur Intensivierung der Zusammenarbeit abzeichnen, wenngleich diese Feststellung für private Kreditbanken nur mit Einschränkungen gilt. Die nach außen hin erkennbaren Annäherungstendenzen repräsentieren eine Angleichung der Geschäftsstrategien einzelner Institute innerhalb der jeweiligen Sektoren. Intrasektoral ist daher die Frage nach einer näherungsweisen Übereinstimmung der strategischen Ziele zu bejahen.

#### 3.3.3.3 Intersektorale Gegenüberstellung strategischer Ziele

Nachdem zuvor die sektorspezifischen Merkmale erörtert wurden, sollen jetzt Hinweise für die These der sich assimilierenden strategischen Ziele der Kreditinstitute unterschiedlicher Sektoren analysiert werden. Hierfür wird für jede der vier Perspektiven der Balanced Scorecard ein einzelnes strategisches Ziel und dessen Operationalisierung in den jeweiligen Segmenten des Bankenmarktes gegenübergestellt. Die Beschränkung auf Einzelmerkmale wird an dieser Stelle bewusst vorgenommen, da ein umfassender Vergleich aller strategischer Ziele an dieser Stelle einen unverhältnismäßig großen Raum einnehmen würde. Es werden jeweils die strategischen Ziele näher betrachtet, denen in der Literatur (u.a. Harengel/Hess 1999; C.Meyer/Köhle 2000; Wiedemann 2001) eine besondere Bedeutung beigemessen wird.

*Finanzperspektive*:
Das wichtigste strategische Ziel innerhalb der Finanzperspektive, das in allen drei Segmenten des deutschen Bankenmarktes verfolgt wird, ist der Ausbau des Marktanteils. Sowohl Sparkassen (Schulz 2004) als auch Genossenschaftsbanken (Kipker 2004) und Kreditbanken (Merbecks 2004) streben nach Wachstum durch Ausbau des jeweiligen Marktanteils. Die langfristig in Deutschland zurückgehende Einwohnerzahl führt in Kombination mit einem hohen Marktsättigungsgrad dazu, dass Wachstum im Inlandsmarkt nur durch Ausbau des Marktanteils zu Lasten der Wettbewerber möglich ist. Daher streben alle nach einem Ausbau des Kundenstammes, der außer durch Übernahmen von Konkurrenzunternehmen nur durch organisches Wachstum möglich ist.

*Kundenperspektive*:
Bei der sektorenübergreifenden Betrachtung der Kundenperspektive fällt die Bedeutung von integrierten Beratungstools zur Ausschöpfung des Kundenertragspotentials durch Cross Selling auf. Der genossenschaftliche Sektor zeichnet sich hierbei durch die institutsübergreifende Nutzung des VR-FinanzPlans (Ramin 2003) aus, der eine weite Verbreitung aufweist. Ein vergleichbares Instrument stellt im Bezugsrahmen der Sparkassen das S-Finanzinstrument dar, das eine vergleichbar umfassende Beratung der Kunden mittels eines integrierten Tools ermöglichen soll. Auch die Privatbanken haben entsprechende Instrumente entwickelt (Nirschl et al. 2004), mit deren Hilfe eine analytische Auseinandersetzung mit der Bedarfssituation der Kunden durchgeführt werden kann. Über alle drei Segmente des Retailbankenmarktes lassen sich somit bezüglich des Einsatzes von Beratungstools erhebliche Gemeinsamkeiten feststellen.

*Interne Prozessperspektive*:
Das Outsourcing von Backofficetätigkeiten stellt einen der bedeutsamsten Trends bei der Betrachtung aktueller bankinterner Prozesse dar. Getrieben vom bereits skizzierten Zwang zur Reduzierung der Prozesskosten, kommt der Auslagerung von nichtstrategischen Prozessschritten in nahezu allen Banken eine erhebliche Bedeutung zu, wobei hier der IT-Sektor einen Schwerpunkt bildet. Umfangreiche Outsourcing-Aktivitäten im IT-Bereich finden bei Genossenschaftsbanken (Warmuth 2001), Sparkassen (Bartl 2002) und Kreditbanken (Allweyer et al. 2004) in vergleichbarem Maß statt. In allen Fällen steht die Effizienzsteigerung durch die

Nutzung von Skaleneffekten, die sich aus der Bündelung der Geschäftsprozesse ergeben, im Vordergrund. Teilweise gibt es hierbei auch Kooperationen über die Grenzen der drei Marktsegmente hinweg – etwa im Rahmen der gemeinsamen Wertpapierabrechnung von einer Reihe genossenschaftlicher Institute und einzelnen Privatbanken.

*Lern- und Entwicklungsperspektive*:
Die zumindest langfristig bedeutsamste Zielsetzung innerhalb der Lern- und Entwicklungsperspektive stellt die Sicherstellung einer qualifizierten Mitarbeiterbasis dar. In diesem Zusammenhang sind vielfältige Kooperationsbestrebungen erkennbar. Jedes der drei Segmente weist eigenständige, institutsübergreifende Weiterbildungsinstitutionen für die jeweiligen Mitarbeiter auf. Neben der Bankakademie der Kreditbanken sind dies die Sparkassenakademie und das BankCOLLEG der Genossenschaften (Landmesser 2003). Durch die gemeinsame Entwicklung und Durchführung der weiterführenden Qualifizierungsmaßnahmen sollen die für einzelne Unternehmen damit verbundenen Kosten gesenkt werden. Darüber hinaus gewährleistet die Zusammenarbeit insbesondere kleinen Unternehmen eine hohe Qualität der Ausbildung, die bei einer unternehmensinternen Durchführung nicht in jedem Fall sichergestellt wäre.

Die dargestellten Ähnlichkeiten der strategischen Zielsetzungen zwischen den drei Säulen des deutschen Bankenmarktes lassen es angemessen erscheinen, in die empirische Untersuchung neben Privatbanken auch Sparkassen und Genossenschaftsbanken in die Erhebung einzubeziehen und somit im Ergebnis eine brancheneinheitliche Balanced Scorecard als Erhebungsinstrument für den Erfolg von Filialleitern zu entwickeln. Auch wenn die Genossenschaftsbanken mit den genossenschaftlichen Ideen der Selbsthilfe, Selbstverantwortung und Selbstverwaltung sowie die Sparkassen mit dem Regionalprinzip, der Gemeinwohlorientierung und der kommunale Bindung einen weitaus umfassenderen Zielkatalog als die Privatbanken ausweisen, ist auch für diese beiden Institutsgruppen die Erreichung der wirtschaftliche Ziele eine Grundvoraussetzung für die Erfüllung weitergehender Aufgaben.

### 3.3.4 Entwicklung von Ursache-Wirkungs-Zusammenhängen

Wie bereits allgemeingültig gezeigt wurde, ist der Auseinandersetzung mit den Ursache-Wirkungs-Zusammenhängen besondere Beachtung zu schenken, da sie das Grundgerüst für die Definition der später zu verwendenden Kennzahlen bilden. Die zentrale Bedeutung der perspektivenübergreifenden Ursache-Wirkungs-Zusammenhänge liegt darin, eine Verflechtung von „isolierten, zusammenhanglosen oder gar gegensätzlichen Zielen" (Kaplan/Norton 1997, S. 60) zu verhindern.

Die Bedeutung der Zusammenhänge ist insbesondere bei der Erstellung einer branchenspezifischen Scorecard in die Überlegungen einzubeziehen.
Trotz der methodischen Wichtigkeit besteht in der Praxis bei der Ausarbeitung der Zusammenhänge ein erheblicher Nachholbedarf (Karlowitsch 2002, S. 143), der insbesondere auf den Mangel erprobter Methoden zur Erfassung statistischer Korrelationen zwischen einzelnen Kennzahlen zurückzuführen ist. Meta-Analysen zum Einsatz von Balanced Scorecards in Banken (z.B. Bauer et al. 2002) zeigen, dass die Bedeutung der Wirkungsketten zwar erkannt wird, gleichzeitig aber wegen des hohen Aufwandes für deren Identifikation und Darstellung auf die Einbindung oftmals gänzlich verzichtet wird.

Wegen der beschriebenen Operationalisierungsschwierigkeiten bei der Quantifizierung von Ursache-Wirkungszusammenhängen wird an dieser Stelle eine pragmatische Vorgehensweise gewählt, indem auf eine bereits entwickelte und erprobte Wirkungskette als Arbeitsgrundlage zurückgegriffen und diese im Anschluss im Licht aktueller Literatur betrachtet wird. Die hieraus gewonnenen Erkenntnisse bilden die Grundlage für die anschließend durchzuführenden Experteninterviews.
Ausgangsbasis ist die von Kaplan/Norton (1996a, S. 152) entwickelte perspektivenübergreifende Wirkungskette für den Bankensektor, bei der einzelne Wirkungsschritte parallel, zum überwiegenden Teil jedoch sequentiell miteinander verbunden sind. Aufbauend auf der Lern- und Entwicklungsperspektive, die die Mitarbeiterproduktivität in den Mittelpunkt stellt, werden eine Reihe verschiedener Aspekte der Prozessperspektive dargestellt. Diese wiederum münden in der Kundenperspektive, bei der zum einen die Kundenzufriedenheit und zum anderen das Kundenvertrauen im Zentrum stehen. Das ultimate criterion, in das alle anderen betrachteten einfließen, ist die Verbesserung des Ertrages des Unternehmens bzw. des betrachteten Unternehmensteils. Kaplan/Norton nehmen in der von ihnen entwickelten Wirkungskette keine quantitative Betrachtung der einzelnen Wirkungszusammenhänge vor.

Das von Kaplan/Norton entwickelte Wirkungsschema schlägt sich auch in der Literatur zur Implementierung von Balanced Scorecards in Banken nieder. So stellen Sure/Thiel (1999b, S. 57) dar, dass nur mehrdimensionale Betrachtungsweisen bezüglich der Zielerreichung zu beabsichtigten Ergebnissen führen können. Nach ihrer Darstellung ermöglicht der mulitperspektivische Ansatz der BSC eine solche Betrachtung, indem die Verbesserung der Gesamtertragssituation durch ein gleichzeitiges Streben nach der Verbreiterung der Ertragsbasis und einer Steigerung der operativen Effizienz erreicht wird. Sie verzichten bewusst auf eine Quantifizierung der Zusammenhänge und betonen vielmehr die Bedeutung der Auseinandersetzung mit den Zusammenhängen an sich, um ein Gesamtverständnis über Prozessabläufe im Unternehmen zu gewinnen.

Körnert (2004) weist im Zusammenhang mit der Verknüpfung der unterschiedlichen Perspektiven neben der Verwendung mathematisch belegter Zusammenhänge explizit auf vermutete Ursache-Wirkungsketten aller vier Perspektiven hin, die nicht zwangsläufig zu quantifizieren sind. Auch C.Meyer/Köhle (2000) vernachlässigen in ihrer Auseinandersetzung mit den Wirkungsketten der BSC im Bankensektor eine quantitative Betrachtung der Zusammenhänge und verweisen auf den erheblichen Kontextbezug, den quantitative Interdependenzen zwangsläufig aufweisen und der eine Vergleichbarkeit der Zusammenhänge über unterschiedliche Situationen verhindert. Ähnlich argumentieren Jöhnk/G.Zimmermann (2001) und fordern, nur tatsächlich relevante Faktoren einzubeziehen. Als Analysehilfe für die Auswahl relevanter Faktoren schlagen sie eine Vier-Felder-Matrix vor, mit deren Hilfe einzelne Faktoren hinsichtlich ihrer Gestaltbarkeit und ihrer strategischen Relevanz beurteilt werden. Mit Hilfe dieses Instruments kann eine Fokussierung auf Faktoren erfolgen, die gleichzeitig eine hohe Gestaltbarkeit und eine hohe strategische Relevanz aufweisen.
Aufgrund dieser Hinweise erscheint die Verwendung des Wirkungsmodells nach Kaplan/Norton (1996, S. 152) als Ausgangsbasis der Befragung sowie der Verzicht auf die Quantifizierung der einzelnen Wirkungszusammenhänge vertretbar, solange sichergestellt ist, dass die relevanten Kriterien erhoben werden.

Aufbauend auf den o.g. Erkenntnissen wird eine Expertenbefragung durchgeführt, bei der Bankmitarbeiter, die beruflich für die Weiterentwicklung des Retailbankings verantwortlich sind, mittels halbstrukturierter Interviews nach vermuteten Ursache-Wirkungsketten zwischen den Perspektiven befragt werden. Grundvoraussetzungen für die Klassifizierung als Experte sind zum einen detaillierte Kenntnisse des Systems der BSC und zum anderen die Tätigkeit als Vorgesetzter von Filialleitern. Durch die Kombination von Eigenschaften ist davon auszugehen, dass qualitativ zufriedenstellende Ergebnisse trotz der geringen Stichprobengröße (n=7) erzielt werden können. Ziel dieser Befragung ist es, die von Kaplan/Norton entwickelten Wirkungszusammenhänge auf ihre Relevanz für den deutschen Retailbankingmarkt zu überprüfen und ggf. anzupassen. Als Ausgangslage der Gespräche dient das Wirkungsmodell nach Kaplan/Norton, das den Gesprächspartnern schon vor den Gesprächen zur Vorbereitung zugeschickt wird. Diese Vorgehensweise ermöglicht den Gesprächspartnern eine detailliertere Auseinandersetzung mit dem Erhebungsgegenstand im Vorfeld der Interviews.

Mittels der von Jöhnk/G.Zimmermann entwickelten Matrix (s.o.) werden die Befragten aufgefordert, einzelne Dimensionen der Ursache-Wirkungskette hinsichtlich ihrer Relevanz und der Gestaltbarkeit durch die Filialleiter zu beurteilen. Darüber hinaus geben die Interviewpartner an, welche Zusammenhänge zwischen den Dimensionen sie sehen. Die Interviews führen bezüglich der einzubeziehenden Dimensionen und der zwischen ihnen bestehenden Zusammenhänge zu einem relativ einheitlichen Ergebnis, das in Abbildung 3-4 zusammenfassend dargestellt ist.

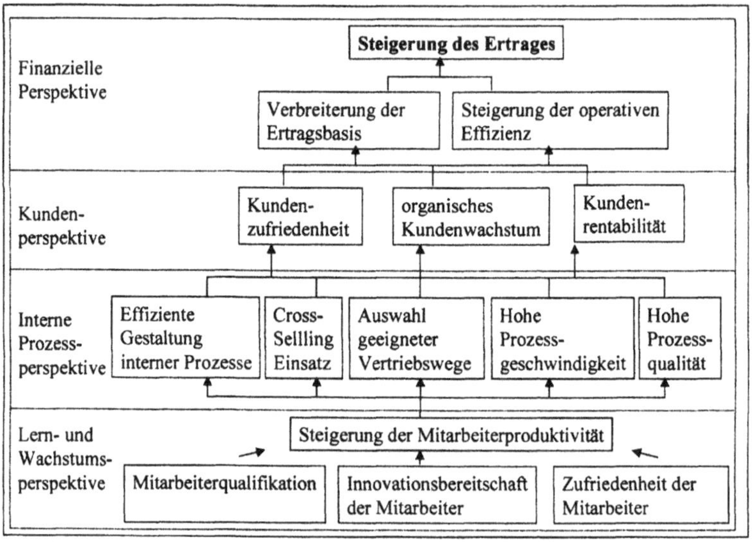


Abbildung 3-4: Perspektivenübergreifende Ursache-Wirkungs-Zusammenhänge im Retailbanking (Quelle: eigene Darstellung in Anlehnung an Kaplan/Norton 1996a, S. 152)

Um die Übersichtlichkeit für den Betrachter zu gewährleisten sind nicht alle Zusammenhänge, die zwischen einzelnen Komponenten bestehen, abgebildet, sondern nur die jeweils direkt miteinander in einem Wirkungszusammenhang stehende Elemente. Darüber hinaus existieren jedoch auch Zusammenhänge, die einzelne Ebenen überspringen. So hat etwa die Steigerung der Mitarbeiterproduktivität auch direkte Auswirkungen auf die finanzielle Perspektive (vgl. z.B. Rossmanith/Kabela 2004, S. 223). Zumindest indirekt sind jedoch alle Aspekte mit dem Finalkriterium „Steigerung des Ertrages" verbunden.
Basierend auf der relativen Homogenität der Ergebnisse aus den Experteninterviews erscheint die Verwendung der entwickelten Ursache-Wirkungskette als Basis für die Ableitung der Kennzahlen zweckmäßig. Im nächsten Abschnitt werden daher Kennzahlen erarbeitet, die die einzelnen Dimensionen operationalisieren, um sie so in die Balanced Scorecard der Untersuchung einfließen zu lassen.

### 3.3.5 Voruntersuchung zur Auswahl und Gewichtung der Kennzahlen

Da bereits eine Reihe unterschiedlicher Balanced Scorecards für den Retailsektor von Banken existieren, fungieren die bestehenden Systeme als Grundlage für die Entwicklung der im Rahmen dieser Arbeit einzusetzenden BSC. Obwohl sich die zugrunde gelegte Literatur (Körnert 2004; Körnert 2003; Jöhnk/G.Zimmermann 2001; Harengel 2000; Harengel/Hess 1999; C.Meyer/Köhle 2000; Wiedemann 2001) z.T. auf unterschiedliche Sektoren des deutschen Bankgewerbes (Sparkassen, Genossenschaftsbanken und Privatbanken) bezieht, kristallisieren sich deutliche Übereinstimmungen bei den verwendeten Kennzahlen heraus. Diese Tendenz zur Einheitlichkeit kann als weitere Bestätigung der in Kapitel 3.4.3 dargestellten Ähnlichkeit der strategischen Ziele unterschiedlicher Retailbanken in Deutschland gewertet werden.

Tabelle 3-1 gibt einen Überblick über die für die einzelnen Perspektiven in der Literatur verwendeten Kennzahlen. In dieser Darstellung wird eine ungefähre Gleichverteilung der Anzahl der verwendeten Kennzahlen pro Perspektive deutlich.

Bei der Auflistung ist zu beachten, dass in der zugrunde liegenden Literatur kein Einheitlichkeit bei der Zuordnung einzelner Kennzahlen zu den Perspektiven existiert. So ordnen etwa C.Meyer/Köhle (2000, S. 14) die Anzahl der Kundenbeschwerden der Geschäftsprozessperspektive zu, während Wiedemann (2001, S. 14) die gleiche Kennzahl in die Kundenperspektive einordnet. Die hier vorgenommene Zuordnung orientiert sich an der vorherrschenden Mehrheitsmeinung der Literatur. Die unterschiedlichen Zuordnungen verdeutlichen erneut, dass die einzelnen Perspektiven der BSC nicht isoliert, sondern in einem engen Gesamtzusammenhang zu betrachten sind.

Diese Sammlung bereits in der Praxis eingesetzter Kennzahlen dient als Grundlage für halbstrukturierte Experteninterviews zur Überprüfung der theoretischen Erkenntnisse. Hierbei handelt es sich um eine erneute Befragung der gleichen Gruppe von Interviewpartnern, die auch schon im Zusammenhang mit den Ursache-Wirkungszusammenhängen (vgl. Kapitel 3.3.4) befragt wurden. Ziel dieser Voruntersuchung ist es, Informationen über die Bedeutung der einzelnen Kennzahlen für den Geschäftsbetrieb sowie über die Praktikabilität der Erhebung der Kennzahlen im Rahmen der vorliegenden Arbeit zu gewinnen. Gleichzeitig soll mittels der Expertenratings eine Reduzierung der Kennzahlen auf maximal fünf pro Perspektive vorgenommen werden. Eine solche Beschränkung wird vielfach (z.B. Körnert 2004; Wiedemann 2001) gefordert, um die Nachvollziehbarkeit und Übersichtlichkeit der Scorecard zu gewährleisten.

| Perspektive | Kennzahl | Verwendung in der Haupt-untersuchung |
|---|---|---|
| Finanzen | Ergebnisse pro Mitarbeiter | X |
| | Gesamtertragssituation | X |
| | Anteil rentabler Kunden | X |
| | Risikokosten für Kredite | X |
| | EVA (Economic Value Added) | |
| | CIR (Cost Income Ratio) | |
| | ROCE (Return on Capital Employed) | |
| Kunden | Kundenzufriedenheit | X |
| | Neukundenakquisition | X |
| | Anteil der Mehrproduktnutzer | X |
| | Anzahl der Kunden pro Mitarbeiter | |
| | Anzahl der Kundenbeschwerden | X |
| | Weiterempfehlungsbereitschaft der Kunden | X |
| Prozesse | Cross Selling Ratio | X |
| | Anzahl der Mehrproduktnutzer | |
| | Nutzung alternativer Zugangskanäle (Geldautomat, Internet-Banking etc.) | X |
| | Anzahl der Produkte, die an weniger als 20% der Kunden verkauft werden | |
| | Ertrag aus neuen Produkten | |
| | Verhältnis administrativer Tätigkeiten zur Gesamttätigkeit | X |
| | Bearbeitungszeit für Kundenaufträge | X |
| Lernen und Entwicklung | Mitarbeiterzufriedenheit | X |
| | Fluktuationsrate | X |
| | Aufgeschlossenheit der Mitarbeiter gegenüber Neuerungen | X |
| | Weiterbildungsstand der Mitarbeiter | |
| | Verbesserungsvorschläge je Mitarbeiter | |

Tabelle 3-1 Auflistung möglicher Kennzahlen für eine BSC im Retailbanking (Quelle: eigene Darstellung)

Das Ergebnis der Befragung lässt sich hinsichtlich der Bedeutung der Kennzahlen dahingehend zusammenfassen, dass weitestgehend alle als relevant bezeichnet werden. Ausnahmen bilden hierbei die verschiedenen Kennzahlen zur Messung des finanziellen Erfolgs, die z.T. als redundant angesehen wurden. Dies ist darauf

zurückzuführen, dass in den einzelnen Unternehmen EVA[10],CIR und ROCE oftmals nicht parallel betrachtet werden, sondern nur eine der betreffenden Größen als Bewertungsgrundlage genommen wird.
Die Kennzahl „Anzahl Kunden/Mitarbeiter" wird von den Experten unterschiedlich bewertet. Bei einer erfolgreichen Filiale interpretieren drei der Befragten eine möglichst hohe Anzahl von Kunden pro Mitarbeiter als positiv, während die anderen einen möglichst niedrigen Quotienten präferieren, da dieser ein intensiveres Betreuungsverhältnis zu den Kunden ermöglicht. Aufgrund dieser unterschiedlichen Interpretationsansätze wird diese Kennzahl nicht in der Hauptuntersuchung verwendet.

Eine differenziertere Bewertung ergibt sich bezüglich der Praktikabilität der Erhebung im Rahmen dieser Arbeit. Bei mehreren Kennzahlen wird von den Experten bezweifelt, ob die in der Hauptuntersuchung zu befragenden Filialleiter eine Einschätzung hierfür vornehmen können, da einige der Kennzahlen nicht regelmäßig im Arbeitskontext eines Filialleiters Verwendung finden. Die kritisch hinterfragten Kennzahlen stammen zum überwiegenden Teil aus der finanziellen Perspektive der BSC. Als besonders fraglich wird die zu erwartende Qualität der Selbsteinschätzungen bei den Messgrößen EVA, CIR und ROCE beurteilt. Hierbei ist eine Parallelität zur Bewertung der Relevanz dieser Kennzahlen zu erkennen. Aufgrund dieser Kritik werden die Kennzahlen EVA, CIR und ROCE in der Hauptuntersuchung nicht erhoben.
Die Experten kritisieren darüber hinaus die Verwendung der Kennziffer „Anteil der Produkte, die an weniger als 20% der Kunden verkauft werden" wegen der vorherrschenden Produktnutzungsstrategie im Retailgeschäft. Nach dieser Strategie ist davon auszugehen, dass einige Produkte – z.B. das Girokonto – von fast allen Kunden genutzt werden, während andere Produkte aus dem Katalog der standardisierten Angebote nur für ein spezifisches Kundenteilsegment entwickelt werden. Eine einheitliche Interpretation der Kennzahl ist den Experten zufolge nicht möglich. Aus diesem Grund fließt sie nicht in die Hauptuntersuchung ein. Eine ähnliche Argumentation erfolgt für die Verwendung des Items „Ertrag aus neuen Produkten", das dementsprechend nicht erhoben wird.
Die unter der Lern- und Entwicklungsperspektive zu subsumierende Kennziffer „Verbesserungsvorschläge je Mitarbeiter" wird aufgrund der relativ geringen Anzahl der Verbesserungsvorschläge, die von Seiten der Filialmitarbeiter gemacht werden, als wenig bedeutsam charakterisiert und findet daher im Rahmen der weiteren Untersuchung keine Anwendung. Der Erhebung des Items „Weiterbildungsstand der Mitarbeiter" wird vorgehalten, dass wegen der Unterschiedlichkeit der

[10] Economic Value added (EVA): Eine vom Beratungsunternehmen Stern Stewart entwickelte Cash Flow basierte Form des Residualgewinns von Unternehmen, bei der die Kapitalkosten an das Risiko angepasst werden. EVA= Operating Cash Flow nach Steuern vor Zinsen – WACC* Investment (WACC: gewichtete Gesamtkapitalkosten)

Ansprüche der jeweiligen Vorgesetzten bezüglich des fachlichen Kenntnisstandes der Mitarbeiter eine einheitliche Beantwortung nicht sinnvoll erscheint. Somit wird auch dieses Item nicht in die BSC integriert.

Auf Basis der Ergebnisse dieser Interviews ergibt sich die in Abbildung 3-5 dargestellte Balanced Scorecard.

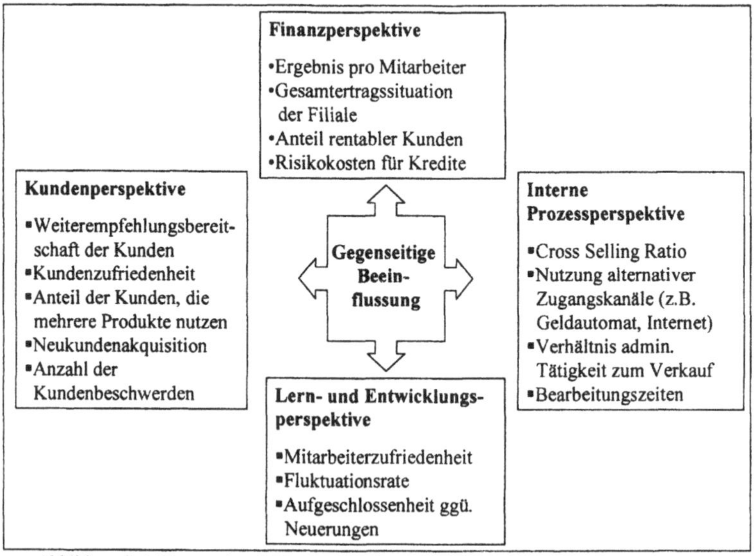

Abbildung 3-5: Verwendete BSC (Quelle: eigene Darstellung in Anlehnung an Kaplan/Norton (1992))

Da nicht allen Perspektiven und damit allen Kriterien die gleiche Bedeutung beizumessen ist, stellt sich im Fortgang der Untersuchung die Frage nach der Gewichtung entweder der Perspektiven untereinander oder darüber hinaus der einzelnen Kennzahlen innerhalb der Perspektiven. In der Literatur (vgl. z.B. Körnert 2003) findet sich eine Vielzahl von Argumenten, die auf die Notwendigkeit einer Ungleichbehandlung der vier Perspektiven hinweist. Als Begründung wird u.a. auf die der Balanced Scorecard zugrundeliegenden Ausrichtung aller Perspektiven auf die Finanzperspektive als kurzfristig Aussagekräftigste verwiesen (vgl. z.B. Jöhnk/G.Zimmermann 2001). Differenzierter ist die vorherrschende Meinung bezüglich der Gewichtung der einzelnen Kriterien innerhalb der vier Perspektiven. Nach Harengel (2000) wird in der Mehrzahl der Publikationen der zusätzliche Nutzen einer Gewichtung einzelner Kriterien im Vergleich zu dem damit verbundenen Aufwand bei der Erhebung der Faktoren als gering eingeschätzt. In Anlehnung an die Mehrheitsmeinung sollen in dieser Untersuchung zumindest die vier

Perspektiven der BSC mit verschiedenen Faktoren in die Berechnung der Leistung einfließen. Die Frage nach einer detaillierteren Differenzierung auf der Kriteriumsebene ist Teil der Expertenbefragungen. Da keiner der Befragten diese Vorgehensweise für notwendig hält, wird nur eine Gewichtung der einzelnen Perspektiven untereinander erhoben. In Übereinstimmung mit anderen Modellen aus der Literatur (vgl. z.B. Jöhnk/T.Zimmermann 2001) wird der Finanzperspektive von allen Befragten eine besondere Bedeutung beigemessen, da letztendlich der wirtschaftliche Erfolg die Rechtfertigung allen Handelns in Unternehmen ist. Die Werte schwanken hierbei zwischen 55% und 85% Anteil am Gesamtscore der Balanced Scorecard. Die restlichen drei Kategorien werden von den Experten relativ unterschiedlich bewertet, was zu einer nicht unerheblichen Standardabweichung der Schätzungen führt. Gerundet ergeben sich folgende Mittelwerte als Gewichtungsfaktoren für die Balanced Scorecard:

| | |
|---|---|
| Finanzielle Perspektive: | 65% |
| Kundenperspektive: | 20% |
| Interne Prozessperspektive: | 5% |
| Lern- und Entwicklungsperspektive: | 10% |

Nach der Entwicklung der zu verwendenden BSC gilt es in einem weiteren Schritt, die Validität des Instrumentes zur Leistungsmessung zu überprüfen. Als Vergleichsmaßstab für die von den Filialleitern vorgenommene Selbsteinschätzung dient hierbei die auf objektiven Leistungskriterien beruhende Einschätzung durch die jeweiligen Vorgesetzten. Für diesen Pretest werden von den Vorgesetzten 11 gute und 10 schlechte Filialleiter benannt, die im Vorfeld der Hauptuntersuchung eine Selbsteinschätzung der Performance vornehmen. Zwischen der Beurteilung durch die Vorgesetzen und der gemäß den o.g. Gewichtungsfaktoren skalierten Selbsteinschätzung ergibt sich eine Korrelation von r=.772** (p<.01), die als überaus zufriedenstellend einzuschätzen ist. Somit stellt die Selbsteinschätzung der Leistung mittels der hier entwickelten Balanced Scorecard ein valides Instrument dar.

### 3.4 Ablauf der Hauptuntersuchung

An der Hauptuntersuchung beteiligen sich Filialleiter aus allen drei Sektoren des deutschen Bankenmarktes. Im Vorfeld der Befragung wurde teils durch eine direkte Kontaktaufnahme mit den Unternehmen und teils durch Kontakte zu Branchenverbänden die Bereitschaft der Unternehmen zur Partizipation erfragt. Zusammenfassend lässt sich eine hohe Bereitschaft zur Unterstützung des Forschungsprojektes von Seiten der Unternehmen feststellen. Unternehmensvertreter führen insbesondere die interdisziplinäre Herangehensweise an das Themengebiet als ausschlaggebendes Kriterium für die Teilnahme an.

Die Hauptuntersuchung erfolgte mittels eines Online-Fragebogens im Zeitraum von Februar bis April 2005. Hierfür werden zunächst in Kooperation mit den beteiligten Unternehmen E-Mailverteiler der zu befragenden Personen erstellt. Anschließend wurden E-Mails an die Filialleiter geschickt, die den Link zum Fragebogen enthielten.
Der Online-Fragebogen beginnt mit einer Darstellung des Zwecks der Untersuchung. Ziel dieser Informationsvermittlung an die Versuchspersonen ist es, deutlich zu machen, dass es sich um eine unternehmensübergreifende, unabhängige wissenschaftliche Untersuchung handelt. In diesem Zusammenhang werden die Versuchspersonen darauf hingewiesen, dass ihre jeweiligen Arbeitgeber keine individuellen Ergebnisse der einzelnen Teilnehmer zurückgemeldet bekommen.
Um den Zeitaufwand für die Versuchspersonen zu reduzieren wird jeweils nur eine Erfolgs- oder Misserfolgssituation abgefragt. Die Zuordnung sowie die Auswahl der jeweiligen Situation (vgl. Kapitel 3.2.1) wird durch die verwendete Software auf Zufallsbasis vorgenommen. Im Anschluss an die Situationsbeschreibung erfolgt die Erhebung der Verhaltensweisen in der jeweiligen Erfolgs- oder Misserfolgssituation. Den nächsten Teilabschnitt des Fragebogens bildet das Modul zur Selbsteinschätzung der Leistung der eigenen Filiale. Anschließend werden rudimentäre demographische Daten abgefragt. Zum Abschluss des Fragebogens wird den Versuchspersonen die Möglichkeit gegeben, Ihre E-Mailadresse anzugeben, um nach Beendigung der Untersuchung eine Zusammenfassung der Ergebnisse zu erhalten.

# 4 Darstellung und Diskussion der Ergebnisse

Dieses Kapitel umfasst neben der Darstellung der Ergebnisse der empirischen Untersuchung und der Überprüfung der Hypothesen auch die Diskussion der gewonnenen Erkenntnisse sowie die Ableitung von Schlussfolgerungen für die Praxis.
Die Ergebnisdarstellung gliedert sich in vier Abschnitte: Zunächst erfolgt eine Beschreibung der demographischen Daten der Versuchspersonen gefolgt von der Überprüfung der Reliabilität der Skalen zur Beschreibung sowohl des Zielsetzungs- als auch des Zielrealisierungsverhaltens. Im dritten Teil werden die Performanceunterschiede der Versuchpersonen aufgezeigt. Die Beschreibung der festgestellten Zusammenhänge zwischen den unterschiedlichen Faktoren schließt die Beschreibung der Ergebnisse ab. Bei der Darstellung der Zusammenhänge wird nach einer Gegenüberstellung der Verhaltensunterschiede zwischen guten und schlechten Filialleitern auf den Einfluss der jeweils geschilderten Situation eingegangen. Im Anschluss daran werden die in Kapitel 2.5 aus der Theorie abgeleiteten Hypothesen überprüft. Den Abschluss des Kapitels bildet die Diskussion der Untersuchungsergebnisse, wobei auch die angewendete Methode sowie die Stichprobe kritisch hinterfragt wird. In diesem Zusammenhang wird auch auf die Implementierungsmöglichkeiten der gewonnenen Erkenntnisse eingegangen.

## 4.1 Ergebnisdarstellung

Die Auswertung der empirischen Untersuchung erfolgt mittels des Statistikprogramms SPSS für Windows ®, Version 11.5. Für die Darstellung der deskriptiven Statistiken werden folgende Maße – soweit sinnvoll – angegeben: Häufigkeit (n), arithmetisches Mittel (MW), Median (Med), Standardabweichung (SD), Minimalwert (Min) und Maximalwert (Max).
Für die statistischen Berechnungen werden eine Reihe unterschiedlicher statistischer Verfahren angewendet: Mit Hilfe der Regressionsanalyse werden Beziehungen zwischen unabhängigen Variablen und der abhängigen Variable analysiert. Aufgrund der in Kapitel 2 dargestellten theoretischen Erkenntnisse, die dieser Untersuchung zugrunde liegen, wird die Performance dabei als Kriterium (auch als abhängige oder endogene Variable bezeichnet) und die unterschiedlichen Komponenten des Führungsverhaltens als Prädiktoren (auch: unabhängige bzw. exogene Variable) definiert. Das hier eingesetzte Modell der schrittweisen Regressionanalyse zeichnet sich dadurch aus, dass es auf statistischer Basis die besten Prädiktoren ermittelt, wobei eine nachgelagerte sachlogische Überprüfung der festgestellten exogenen Variablen notwendig ist. Diese Verhaltensweise bietet sich für das verwendete Untersuchungsdesign an, da nur exogene Variablen in das Modell einbezogen werden, die einen sachlogischen Zusammenhang mit der Performance aufweisen. Somit ist es auszuschließen, dass statistisch signifikante aber inhaltlich unsinnige Zusammenhänge aufgefunden werden.

Als weiteres Instrument wird die mehrfaktorielle Varianzanalyse eingesetzt mit deren Hilfe die Wirkung einer oder mehrerer unabhängiger Variablen auf eine (oder mehrere) Variablen untersucht werden kann. Da für die unabhängigen Variablen im Gegensatz zur Regressionsanalyse nur eine Nominalskalierung notwendig ist, bietet sich dieses Verfahren insbesondere für die Analyse der Auswirkungen der geschilderten Situation an.
Das dritte statistische Verfahren stellt die Korrelationsanalyse dar, mit der Zusammenhänge zwischen einzelnen Variablen aufgezeigt werden können. Die Betrachtung der Verhaltensdimensionen leistungsstarker und leistungsschwacher Führungskräfte wird darüber hinaus auch mittels t-Test für unabhängige Stichproben vorgenommen. Bei Irrtumswahrscheinlichkeiten von $p<5\%$ werden Unterschiede angenommen.
Statistisch signifikante Korrelationen sind zum Teil mit Symbolen gekennzeichnet: (*) bedeutet, dass die Ergebnisse auf dem 5%-Niveau und (**) auf dem 1%-Niveau signifikant sind.
Zur Beurteilung der Reliabilität der Skalen wird die interne Konsistenz der Skalen (Cronbach Alpha) berechnet. Für diese Kennziffer gelten Werte, die größer als 0,6 sind, als brauchbar.
Für einen Teil der Berechnungen ist es notwendig, die Stichprobe in zwei performanceorientierte Subgruppen gute und schlechte Filialleiter aufzuteilen. Den Grenzwert für die Unterscheidung zwischen guten und schlechten Filialleitern stellt dabei der Median der Performanceeinschätzung von 3,07 (vgl. Kapitel 4.1.3) dar, der zu einer Einteilung der Gesamtstichprobe in 95 gute und 94 schlechte Führungskräfte führt.

Fehlende Daten in der Untersuchung werden durch die entsprechenden Variablenmittelwerte ersetzt. Dieses Vorgehen ist sinnvoll, um eine höhere Teststärke durch den größeren Stichprobenumfang zu erzielen. Da der Umfang der fehlenden Daten für jedes Item in dieser Untersuchung immer unter 5% der Gesamtstichprobe liegt, führt dieses Verfahren zu keinen nennenswerten Verzerrungen der Ergebnisse.
An dieser Stelle ist darauf hinzuweisen, dass sich mit den hier eingesetzten statistischen Verfahren keine zweifelsfreie Kausalität nachweisen lässt. Vielmehr geht es darum, mit Hilfe unterschiedlicher Verfahren bestehende Zusammenhänge aufzuzeigen und detailliert zu analysieren.

### 4.1.1 Demographische Daten

An der von Januar bis April 2005 durchgeführten Untersuchung nahmen 189 Filialleiter aus unterschiedlichen Instituten der drei Sektoren des deutschen Bankwesens teil. Dies entspricht bei 319 versendeten Fragebögen einer Rücklaufquote von 60%. Hierbei sind 4 Fragebögen, deren durch die eingesetzte Befragungs-

software gemessene Bearbeitungszeit unter 6 Minuten liegt, nicht berücksichtigt, da in diesen Fällen von einer nicht ausreichend intensiven Auseinandersetzung mit dem Themengebiet auszugehen ist.
Aufgrund der unterschiedlichen Größe der an der Studie beteiligten Institute werden z.T. mehrere Unternehmen pro Sektor einbezogen und deren Ergebnisse aggregiert. Die Gesamtstichprobe umfasst sowohl urbane als auch ländliche Gebiete in einem etwa ausgeglichenen Verhältnis.
Tabelle 4-1 gibt einen Überblick über die Anzahl der erhaltenen Antworten sowie die prozentualen Rücklaufquoten für die einzelnen Sektoren des Bankenmarktes. Die Verteilung der Antworten auf die unterschiedlichen Sektoren entspricht nicht der Verteilung der Grundgesamtheit, in der die Genossenschaftsbanken und Sparkassen einen deutlich höheren Anteil aufweisen. Eine repräsentative Abbildung wird jedoch auch nicht angestrebt, vielmehr gilt es, alle Bereiche des Bankgewerbes in die Untersuchung einzubeziehen. Die Tabelle unterscheidet darüber hinaus zwischen der Beschreibung einer Erfolgs- bzw. einer Misserfolgssituation im Fragebogen.

| Geschilderte Situation | Privatbank | Genossen-schaftsbank | Sparkasse | **Summe** |
|---|---|---|---|---|
| Erfolg | n=71 | n=12 | n=13 | **n=96** |
| Misserfolg | n=67 | n=14 | n=12 | **n=93** |
| **Summe (Rücklaufquote)** | **n=138 (60%)** | **n=26 (74%)** | **n=25 (47%)** | **n=189 (60%)** |

Tabelle 4-1: Verteilung der Antworten sowie der Rücklaufquoten für die drei Sektoren des deutschen Bankenmarktes (Quelle: eigene Darstellung)

Die in dieser Untersuchung erzielte hohe Rücklaufquote dient als Beleg für die erhebliche Bedeutung des Themengebietes für die Versuchspersonen. Laut einer Metaanalyse von Manfreda et al. (2005) existieren keine signifikanten Unterschiede zwischen Rücklaufquoten bei Onlinestudien und Papierfragebögen. Da für herkömmliche Fragebögen Rücklaufquoten von 40% als zufriedenstellend zu bewerten sind, ist der in dieser Untersuchung erzielte Anteil an zurückgesendeten Antworten als äußerst hoch zu bezeichnen. In diesem Zusammenhang ist auch auf das Interesse der Befragten an den Untersuchungsergebnissen hinzuweisen. 62% der Befragungsteilnehmer machen von der Möglichkeit Gebrauch, durch die Angabe einer E-Mailadresse eine Zusammenfassung der Ergebnisse zu bekommen. Das Interesse an den Befragungsergebnissen unterscheidet sich nicht signifikant zwischen den Sektoren des Bankenmarktes.

In Bezug auf die in Tabelle 4-2 dargestellte Geschlechterverteilung bei den Befragten ist davon auszugehen, dass die Verteilung der Stichprobe in etwa der der Grundgesamtheit entspricht. Für das Alter und die Führungserfahrung finden sich keine Referenzwerte für die Grundgesamtheit. In Expertengesprächen mit Personalverantwortlichen unterschiedlicher Banken wurden die vorliegenden Ergebnisse als in etwa dem Durchschnitt entsprechend bezeichnet. Auffällig ist in diesem Zusammenhang, dass weder die Mittelwerte für das Alter noch für die Führungserfahrung erhebliche Unterschiede zwischen den Sektoren aufweisen. Die hohen Standardabweichungen beim Alter und insbesondere bei der Führungserfahrung sind durch die unterschiedliche Ausgestaltung der Funktion des Filialleiters in den an der Befragung beteiligten Unternehmen zu erklären. Zum Teil wird die Funktion des Filialleiters als Einstiegsfunktion für junge Führungsnachwuchskräfte mit einer vergleichsweise kurzen Verweildauer auf der Position gesehen, zum Teil stellt diese Funktion den Zenit einer vertriebsorientierten Karriere im direkten Kundenkontakt dar.

Die Durchschnittliche Bearbeitungszeit der Fragebögen beträgt etwa 17 Minuten und liegt somit nur knapp über der im Anschreiben avisierten Dauer für die Bearbeitung von 15 Minuten. In die Berechnung des Durchschnittswertes werden Bearbeitungszeiten von über 35 Minuten nicht einbezogen, da in diesen Fällen (n=10) davon auszugehen ist, dass die Beantwortung des Fragebogens zwischendurch unterbrochen wurde. Diese Annahme wird durch die Pretests gestützt, in denen die maximale Bearbeitungszeit bei 23 Minuten lag.

| **Sektor** | **Geschlecht** | | **Alter** | | | | **Führungserfahrung** | | | |
|---|---|---|---|---|---|---|---|---|---|---|
| | männl. | weibl. | MW | SD | Min | Max | MW | SD | Min | Max |
| Privatbank | 97 | 41 | 38,7 | 6,5 | 26 | 57 | 7,9 | 5,3 | 1 | 27 |
| Genossen-schaftsbank | 20 | 6 | 38,8 | 8,2 | 29 | 58 | 7,9 | 6,5 | 1 | 25 |
| Sparkasse | 21 | 4 | 39,6 | 6,1 | 30 | 53 | 8,2 | 6,4 | 1 | 30 |
| **Gesamt** | **138** | **51** | **38,8** | **6,6** | **26** | **58** | **8,0** | **5,6** | **1** | **30** |

Tabelle 4-2: Demographische Daten der Versuchspersonen (Quelle: eigene Darstellung)

Es zeigt sich ein Zusammenhang ($r=.148$, $p<.05$) zwischen dem Alter der Versuchsperson und der Dauer der Beantwortung des Fragebogens. Die 10 Personen, deren Bearbeitungszeit über 35 Minuten beträgt, sind jedoch im Durchschnitt 38,9 Jahre alt und liegen somit sehr nahe am Durchschnittsalter der Gesamtstichprobe. Weitere signifikante Zusammenhänge der Bearbeitungsdauer mit anderen soziodemographischen Variablen lassen sich nicht nachweisen. Die vorliegenden Ergebnisse der demographischen Daten weisen keine unvorhergesehenen Besonderheiten auf und entsprechen somit den Erwartungen vor Untersuchungsbeginn.

### 4.1.2 Verhalten in Erfolgs- und Misserfolgssituationen

Bevor die Zusammenhänge zwischen dem Verhalten und der Performance analysiert wird, werden in diesem Abschnitt die verwendeten Konstrukte auf ihre Reliabilität überprüft. Neben den Kennwerten für die Reliabilität werden für die einzelnen Items auch die Mittelwerte sowie die Standardabweichung angegeben, da diese Lageparameter den Vergleich der Ergebnisse erleichtern.

#### 4.1.2.1 Zielsetzungsverhalten

Zur Erfassung des Zielsetzungsverhaltens der Führungskräfte wurden vor Untersuchungsbeginn vier Dimensionen gebildet. Die befragten Filialleiter geben in der Untersuchung für jedes Item auf einer 5-er Skala zwischen „trifft gar nicht zu" und „trifft voll und ganz zu" an, wie sie sich in der geschilderten Situation verhalten würden, wobei höhere Werte eine höhere Zustimmung repräsentieren.

Die Dimension Situationsanalyse erhebt, in welchem Maße sich die Filialleiter vor dem Gespräch mit ihren Mitarbeitern mit der geschilderten Erfolgs- bzw. Misserfolgssituation in der Vergangenheit auseinandersetzen. Im Fragebogen wird neben der aktuellen Situation eine in der Vergangenheit liegende Situation geschildert, die der jetzigen Herausforderung in weiten Teilen entspricht. Ziel ist es, Informationen darüber zu gewinnen, inwieweit Führungskräfte sich umfangreich mit der Vergangenheit auseinandersetzen, um hieraus eventuell Konsequenzen für zukünftiges Verhalten abzuleiten. Die Skala Situationsanalyse (Tabelle 4-3) wird durch zwei Items erfasst. Die Reliabilität der Skala ist zufriedenstellend.

*Situationsanalyse* (n=189)

| Item | MW | SD | Cronbach Alpha |
|---|---|---|---|
| Zur Vorbereitung unseres Meeting setze ich mich noch einmal umfassend mit der Situation in der Vergangenheit auseinander. | 3,86 | 1 | |
| Dabei suche ich nach konkreten Verhaltensweisen der Mitarbeiter, die zum Erfolg/Misserfolg geführt haben. | 3,8 | 1,11 | 0,75 |

Tabelle 4-3: Skala der Situationsanalyse (Quelle: eigene Darstellung)

Die zweite Dimension des Zielsetzungsverhaltens bezieht sich auf die Partizipation (Tabelle 4-4), die den Umfang der Einbindung der Mitarbeiter in die Zielfindung abbildet. Hierbei wird neben der Einbindung bei der Zielhöhe auch der Einfluss der Mitarbeiter auf die Art und Weise der Zielerreichung erhoben. Die Reliabilität der Skala kann als zufriedenstellend bezeichnet werden.

*Partizipation* (n=189)

| Item | MW | SD | Cronbach Alpha |
|---|---|---|---|
| Meine Mitarbeiter können mitentscheiden, wie – d.h. mit welchen Maßnahmen - das Ziel erreicht werden soll . | 3,96 | 0,93 | |
| Meine Mitarbeiter können mitbestimmen, welches Ziel wir in der Vertriebsaktion erreichen wollen. | 3,01 | 1,01 | 0,64 |

Tabelle 4-4: Skala der Partizipation (Quelle: eigene Darstellung)

Die Spezifität des Ziels stellt die dritte Dimension des Zielsetzungsverhaltens der Filialleiter dar. Mit Hilfe der drei in Tabelle 4-5 aufgeführten Items wird analysiert, wie exakt die Vorgesetzten Ziele formulieren. Neben qualitativen Aspekten wird dabei auch auf quantitative Aspekte der Zielsetzung eingegangen. Auch diese Skala erweist sich als reliabel.

*Spezifität* (n=189)

| Item | MW | SD | Cronbach Alpha |
|---|---|---|---|
| Ich vermittle meinen Mitarbeitern in unserem Meeting deutlich, woran ich Ihre Leistung messe. | 4,07 | 0,87 | |
| Ich formuliere dabei konkret messbare quantitative Ziele (z.B. Vertriebszahlen). | 4,32 | 0,81 | |
| Ich formuliere dabei konkret messbare qualitative Ziele (z.B. Eingehen auf Kundenwünsche). | 3,8 | 0,98 | 0,77 |

Tabelle 4-5: Skala der Spezifität (Quelle: eigene Darstellung)

Ein differenziertes Bild hinsichtlich der Reliabilität ergibt sich für die letzte Dimension des Zielsetzungsverhaltens, die Schwierigkeit des Ziels. Obwohl wie in Kapitel 3 dargestellt weite Teile der Literatur auf die erheblichen Probleme bei der Operationalisierung dieser Dimension hinweisen, wurden hierzu in dieser Untersuchung Daten erhoben. Wie in Tabelle 4-6 aus dem niedrigen Wert für Cronbach Alpha deutlich wird, lassen sich die Einzelitems jedoch nicht zu einer Skala zusammenfassen. Daher wird die Skala in die weitere Ergebnisanalyse nicht einbezogen. Auch die einzelnen Items zeigen keine signifikanten Zusammenhänge zur Performance auf.

*Schwierigkeit* (n=189)

| Item | MW | SD | Cronbach Alpha |
|---|---|---|---|
| Ich denke, es darf für die Mitarbeiter nicht zu einfach sein, Ziele zu erreichen. | 2,86 | 1,17 | |
| Stichhaltige Argumente meiner Mitarbeiter können mich von dem Ziel, das ich mir vorher überlegt hatte, abbringen. | 2,4 | 0,87 | |
| Ich gehe davon aus, dass einige Mitarbeiter von den gesetzten Zielen überfordert sind. | 2,62 | 1,00 | 0,08 |

Tabelle 4-6: Skala der Schwierigkeit (Quelle: eigene Darstellung)

Neben den zuvor beschriebenen Skalen hat sich ein weiteres einzelnes Item als aussagekräftig herausgestellt, auf das im weiteren Verlauf als „ex ante Zielbindung“ Bezug genommen wird (Tabelle 4-7).

| *ex ante Zielsetzung* (n=189) | MW | SD |
|---|---|---|
| Vor dem Gespräch mit meinem Mitarbeitern formuliere ich für mich ein konkretes Ziel, das ich gemeinsam mit meinen MA erreichen will. | 4,36 | 0,88 |

Tabelle 4-7: Item „ex ante Zielsetzung“ (Quelle: eigene Darstellung)

Ein weiterer Teil des Fragebogens bezieht sich auf die Differenzierung der Ziele für die einzelnen Mitarbeiter in Abhängigkeit individueller Merkmale. Hierbei wird abgefragt, inwiefern die Filialleiter allen Mitarbeitern das gleiche Ziel vorgeben. Weniger als 3% aller Befragten (n=5) geben ihren Mitarbeitern einheitliche Ziele vor. Für den Fall differenzierter Ziele bestand darüber hinaus die Möglichkeit anzugeben, wovon die individuelle Zielsetzung für die Mitarbeiter abhängt. Tabelle 4-8 gibt einen Überblick über die von den Filialleitern angegeben Differenzierungskriterien wobei Mehrfachnennungen möglich sind. Ins Auge fällt die Abhängigkeit der Ziele von der Funktion des Mitarbeiters in der Filiale, die fast alle Führungskräfte bei der Zielsetzung berücksichtigen. Mit deutlichem Abstand folgen die anderen der aufgeführten Kriterien, die ähnlich häufig genannt wurden. Nur ein geringer Teil der Filialleiter führt Divergenzen der Ziele auf sonstige Faktoren zurück, die nicht weiter aufgeschlüsselt werden. Das Formalkriterium Funktion des Mitarbeiters in der Filiale dominiert gegenüber den eher subjektiv geprägten Differenzierungskriterien des Zielsetzungsverhaltens der Führungskräfte. Diese Tendenz ist in allen drei Sektoren in etwa gleichem Umfang zu beobachten.

| *Kriterium für unterschiedliche Zielsetzungen an die MA* (n=189) | Häufigkeit der Nennung |
|---|---|
| Berufserfahrung der MA | 72 |
| Leistungsniveau der MA | 98 |
| Produktkenntnisse der MA | 66 |
| Funktion des MA in der Filiale | 176 |
| sonstiges | 30 |

Tabelle 4-8: Differenzierung der Zielsetzungen an die Mitarbeiter [Mehrfachnennungen möglich] (Quelle: eigene Darstellung)

Des Weiteren wurde der Abstraktionsgrad der Zielsetzung untersucht, wobei die Filialleiter die Möglichkeit hatten, unter den in Tabelle 4-9 aufgeführten Varianten auszuwählen, wie sie ihrem Team das Ziel präsentieren. Es ist zu erkennen, dass der Großteil der Führungskräfte die Formulierung eines gemeinsamen Ziels für die Filiale, ergänzt um Individualziele für die einzelnen Mitarbeiter, favorisiert. Die Vorgabe nur eines Gesamtziels sowie die Formulierung eines Gesamtziels mit der Aufforderung an die Mitarbeiter, dieses Ziel selbständig aufzuteilen, werden deutlich seltener genannt. Keiner der Befragten gibt nur Individualziele für die Mitarbeiter vor. Für dieses Item war keine Mehrfachnennung möglich.

| *Abstraktionsgrad der Zielsetzung* (n=189) | Häufigkeit der Nennung |
|---|---|
| nur ein Gesamtziel für das ganze Team | 35 |
| Gesamtziel sowie Individualziele für jeden Mitarbeiter | 145 |
| Gesamtziel mit der Aufforderung an die MA, es selbständig aufzuteilen | 9 |
| nur Individualziele für die MA | 0 |

Tabelle 4-9: Abstraktionsgrad der Zielsetzung [keine Mehrfachnennungen] (Quelle: eigene Darstellung)

Den Abschluss der Auseinandersetzung mit den Komponenten des Zielsetzungsverhaltens bildet eine Betrachtung der Korrelationen zwischen den einzelnen Dimensionen. Abgesehen von der Partizipation bestehen zwischen allen Dimensionen signifikante Zusammenhänge (vgl. Tabelle 4-10). Die nicht vorhandene Korrelation zwischen der Partizipation und den anderen Dimensionen ist z.T. darauf zurückzuführen, dass die Partizipation als einzige Dimension eine positive Korrelation zur Performance aufweist, während alle anderen Dimensionen negativ korrelieren. Die einzelnen Zusammenhänge der Dimensionen und der Performance werden in Kapitel 4.1.4 aufgegriffen.

| | Situationsanalyse | Partizipation | Spezifität | ex ante Zielsetzung |
|---|---|---|---|---|
| Situationsanalyse | 1 | -.028 | .254** | .218** |
| Partizipation | -.028 | 1 | -.117 | -.087 |
| Spezifität | .254** | -.117 | 1 | .278** |
| ex ante Zielsetzung | .218** | -.087 | .278** | 1 |

Tabelle 4-10: Korrelation der Dimensionen innerhalb des Zielsetzungsverhaltens (n=189) (Quelle: eigene Darstellung)

Für die Operationalisierung des Zielsetzungsverhaltens in dieser Arbeit lässt sich zusammenfassend feststellen, dass der weitaus überwiegende Teil der erhobenen Konstrukte die zuvor definierten Mindestanforderungen hinsichtlich der Qualitätsmerkmale erfüllt und somit in die weiteren Berechnungen einfließen kann. Für keine der untersuchten Dimensionen ergeben sich signifikante Verhaltensunterschiede der drei Sektoren des Bankenmarktes.

#### 4.1.2.2 Zielrealisierungsverhalten

Analog zu der im vorangegangenen Abschnitt vorgenommenen Überprüfung der Reliabilität der entwickelten Skalen werden in diesem Abschnitt die Dimensionen des Zielrealisierungsverhaltens der Filialleiter überprüft.

Die Feedback-Frequenz bildet die erste Dimension der Zielrealisierung. Hierbei wird, wie in Tabelle 4-11 beschrieben, mittels zweier Items die Häufigkeit des Feedbacks als Konsequenz zuvor gezeigter guter respektive schlechter Leistungen der Mitarbeiter erhoben. Der Wert für Cronbach Alpha ist ausreichend.

*Feedback-Frequenz* (n=189)

| Item | MW | SD | Cronbach Alpha |
|---|---|---|---|
| Zeigt ein Mitarbeiter ausgesprochen gute Leistung im Vergleich zu den Kollegen, gebe ich seltener Feedback. | 2,15 | 0,92 | |
| Zeigt ein Mitarbeiter im Vergleich zu seinen Kollegen eine besonders schlechte Leistung, gebe ich häufiger Feedback. | 3,33 | 1,2 | 0,56 |

Tabelle 4-11: Skala der Feebdack-Frequenz (Quelle: eigene Darstellung)

Obwohl die Feedback-Variabilität als zweite Dimension inhaltlich eng mit der Feedback-Frequenz zusammenhängt, erweist sich eine Differenzierung für das weitere Vorgehen als zweckmäßig. Die in Tabelle 4-12 dargestellte Skala Feedback-Variabilität umschreibt die Gestaltung des Feedbacks durch die Führungskraft in Abhängigkeit der Person des Mitarbeiters. Die Reliabilität dieser Skala erreicht ein zufriedenstellendes Niveau.

*Feedback-Variabilität* (n=189)

| Item | MW | SD | Cronbach Alpha |
|---|---|---|---|
| Ich ziehe in Feedbackgesprächen Vergleiche zu anderen Kollegen. | 2,68 | 0,96 | |
| Die Art, wie ich Feedback gebe, hängt von der Person des Mitarbeiters ab (Alter, Erfahrung,...). | 3,57 | 1,01 | |
| Ich gebe ausschließlich Feedback, welches das Wissen des Mitarbeiters über sein Verhalten erweitert. | 2,81 | 0,98 | 0,63 |

Tabelle 4-12: Skala der Feedback-Variabilität (Quelle: eigene Darstellung)

Die dritte Dimension der Zielrealisierung stellt die Situationsgestaltung durch die Führungskraft dar. Wie in Tabelle 4-13 aufgeführt, werden in dieser Skala Items zusammengefasst, die beschreiben wie die Führungskraft die Situation im Kontext von Erfolg oder Misserfolg gestaltet. Neben der öffentlichen Auszeichnung im Falle von Erfolgen wird hierbei auch erhoben, inwieweit Führungskräfte ihre Mitarbeiter anregen, neue Verhaltensweisen auszuprobieren. Darüber hinaus haben die Filialleiter die Möglichkeit anzugeben, ob sie ihre Mitarbeiter für gezeigte qualitative oder quantitative Erfolge belohnen. Auch diese Skala erweist sich als reliabel.

*Situationsgestaltung* (n=189)

| Item | MW | SD | Cronbach Alpha |
|---|---|---|---|
| Ich zeichne gute Mitarbeiter öffentlich (d.h. im Team) aus. | 3,46 | 1,14 | |
| Ich ermutige meine Mitarbeiter, neue Verhaltensweisen im Verkauf auszuprobieren. | 4,29 | 0,73 | |
| Ich belohne qualitative Erfolge (z.B. kundenorientiertes Verhalten). | 3,66 | 0,98 | |
| Ich belohne quantitative Erfolge (z.B. Vertriebszahlen). | 4,03 | 0,91 | 0,71 |

Tabelle 4-13: Skala der Situationsgestaltung (Quelle: eigene Darstellung)

Die vierte Dimension bezieht sich auf das Commitment der Filialleiter. Hierbei wird die Bindung der Versuchspersonen an das Ziel erhoben, indem etwa nach der Wahrscheinlichkeit der Aufgabe von angestrebten Zielen und der gedanklichen

Auseinandersetzung mit der möglichen Zielerreichung gefragt wird. Diese Skala entspricht nicht der zuvor aufgestellten Reliabilitätsanforderung und wird deshalb nicht weiter verwendet. Auch die einzelnen Items werden nicht weiter eingesetzt.

*Commitment* (n=189)

| Item | MW | SD | Cronbach Alpha |
|---|---|---|---|
| Bei extrem schwierigen Zielen neige ich gelegentlich dazu, zuerst andere Ziele zu verfolgen. | 2,01 | 0,9 | |
| Ich stelle mir vor, welche Konsequenzen es für mich hat (z.B. im Ranking aufsteigen, mehr Ansehen...) wenn wir gemeinsam das Ziel erreichen. | 3,07 | 1,17 | |
| Ich entwickle für mich feste Pläne, wie ich meinen Beitrag zur Zielerreichung gestalte. | 4,19 | 0,76 | |
| Ich erzähle anderen Personen außerhalb der Filiale aber innerhalb der Bank von den Zielen, die ich mir für unser Team vorgenommen habe. | 2,65 | 1,03 | 0,14 |

Tabelle 4-14: Skala des Commitments (Quelle: eigene Darstellung)

Die letzte Dimension der Zielrealisierung umfasst den Wettbewerb unter den Mitarbeitern. Inhaltlich soll mit dieser Skala untersucht werden, ob Führungskräfte den internen Leistungswettbewerb unter ihren Mitarbeitern fördern. Diese Skala erweist sich als reliabel (vgl. Tabelle 4-15).

*Wettbewerb unter den Mitarbeitern* (n=189)

| Item | MW | SD | Cronbach Alpha |
|---|---|---|---|
| Ich küre regelmäßig so etwas wie den „Mitarbeiter der Woche". | 1,72 | 0,98 | |
| Ich halte einen Leistungswettbewerb der Mitarbeiter untereinander im Rahmen einer solchen Vertriebsaktion für förderlich. | 3,23 | 1,24 | 0,57 |

Tabelle 4-15: Skala des Wettbewerbs unter den Mitarbeitern (Quelle: eigene Darstellung)

Vergleichbar zur Zielsetzung erweist sich auch bei der Zielrealisierung neben den zuvor beschriebenen Skalen ein einzelnes Item als relevant für die weitergehende Untersuchung. Es handelt sich hierbei um das in Tabelle 4-16 dargestellte Vertrauen in die Leistungsfähigkeit der eigenen Filiale, bei dem die Befragten angeben sollen, inwieweit sie glauben, in der Zukunft erfolgreicher zu sein.

| *Vertrauen in die Leistungsfähigkeit* (n=189) | MW | SD |
|---|---|---|
| Ich gehe davon aus, dass wir diesmal erfolgreicher sein werden als bei der letzten Aktion. | 2,92 | 1,49 |

Tabelle 4-16: Item „Vertrauen in die Leistungsfähigkeit" (Quelle: eigene Darstellung)

Neben den zuvor beschriebenen Dimensionen wird in der empirischen Untersuchung das auf Kuhl (1983) zurückgehende Konstrukt der Ausgewogenheit der gedanklichen Auseinandersetzung mit den vier Komponenten „zu erreichendes Ziel", „jetzige Situation", „Unterschied zwischen dem Soll- und dem Ist-Zustand" sowie „den geplanten Handlungsschritten zur Zielerreichung" überprüft. Nach Kuhl besteht ein positiver Zusammenhang zwischen einer ausgeglichenen gedanklichen Auseinandersetzung mit den vier Komponenten und der Leistungsfähigkeit der Person. Wie in Tabelle 4-17 zu erkennen ist, weisen alle Komponenten hohe Mittelwerte auf, wobei die geplanten Handlungen zur Zielerreichung den höchsten Wert bei der gleichzeitig niedrigsten Standardabweichung aufweisen.

| Gedankliche Auseinandersetzung mit... | Mittelwert | Standard-abweichung |
|---|---|---|
| ... dem zu erreichenden Ziel | 4,27 | 0,81 |
| ... der derzeitigen Situation | 4,33 | 0,80 |
| ... dem Unterschied zwischen Soll- und Ist-Zustand | 4,14 | 0,93 |
| ... den geplanten Handlungen zur Zielerreichung | 4,51 | 0,65 |

Tabelle 4-17: Gedankliche Auseinandersetzung während der Zielrealisierung (n=189) (Quelle: eigene Darstellung)

Eine vergleichende Gegenüberstellung der Dimensionen des Zielrealisierungsverhaltens zeigt zwei Korrelationen auf. Dies sind zum einen der Zusammenhang zwischen der Feedback-Frequenz und dem Vertrauen in die Leistungsfähigkeit ($r=.184$, $p<.05$) und zum anderen der Zusammenhang zwischen der Situationsgestaltung und dem Wettbewerb unter den Mitarbeitern ($r=.314$, $p<.01$).

Zusammenfassend lässt sich für das Zielrealisierungsverhalten der Führungskräfte feststellen, dass die Skalen weitestgehend reliabel und trennscharf sind, auch wenn mit der Dimension Commitment eine in der Literatur als relevant bezeichnete Dimension die zugrunde gelegten Mindestanforderungen nicht erfüllt und in die weiterführenden Analysen nicht einbezogen wird. Bemerkenswert sind die im Vergleich zum Zielsetzungsverhalten schwach ausgeprägte Korrelationen der Dimensionen untereinander. Auch für die überprüften Dimensionen des Zielrealisierungsverhaltens lässt sich kein signifikanter Zusammenhang zur Zugehörigkeit der Befragten zu einem Teilsegment des Bankenmarktes nachweisen.

### 4.1.3 Performance

Für die Ermittlung des individuellen Führungserfolges der Befragten werden die im Rahmen der Selbsteinschätzung erhobenen Kriterien der Balanced Scorecard mit den aus Experteninterviews gewonnenen Gewichtungsfaktoren für die vier Dimensionen multiplikativ verknüpft. Als Ergebnis ergibt sich pro Person eine aggregierte intervallskalierte Leistungskennziffer zwischen 1 und 5, wobei niedrige Werte eine unterdurchschnittliche und hohe Werte eine überdurchschnittliche Performance repräsentieren.

Abbildung 4-1 zeigt die Verteilung der Performance innerhalb der Gesamtstichprobe. Extremwerte auf beiden Seiten der Skala treten erwartungsgemäß selten auf. Entgegen den Erwartungen ergibt sich keine Normalverteilung der Leistung sondern eine bimodale Verteilung. Dies ist als Indiz dafür zu werten, dass es sich nicht um eine zufällige Verteilung der Performanceeinschätzung handelt, sondern dass tatsächlich existierende Leistungsunterschiede abgebildet werden.

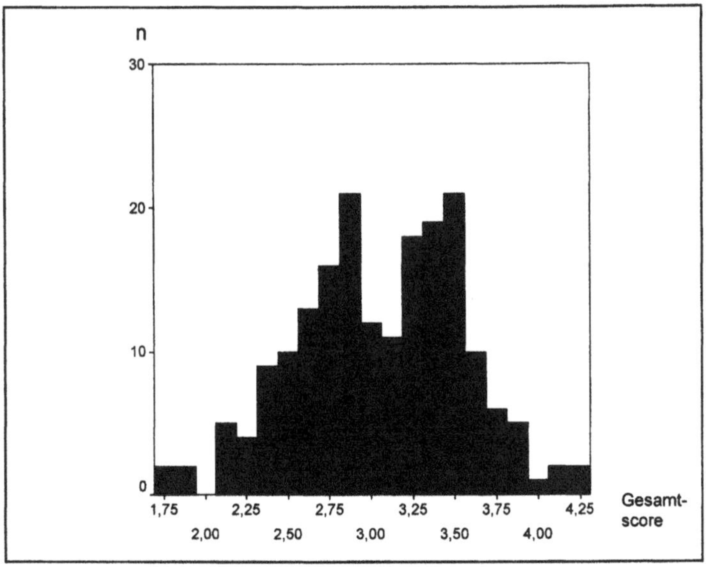


Abbildung 4-1: Performanceverteilung in der Gesamtstichprobe (n=189)
(Quelle: eigene Darstellung)

Der Mittelwert der Performance von 3,05 (vgl. Tabelle 4-18) entspricht fast genau dem Erwartungswert von 3,0 als rechnerischem Mittel zwischen den möglichen Extremwerten der Skala 1 und 5. Die vergleichsweise geringe Standardabweichung der Performance ist u.a. darauf zurückzuführen, dass sich die Leistungskennziffer aus insgesamt 16 Einzelkriterien zusammensetzt und somit Extremwerte bei einzelnen Beurteilungskriterien nur geringe Auswirkung auf die Gesamtperformance der einzelnen Person haben.

| n | MW | Median | SD | Min | Max |
|---|---|---|---|---|---|
| 189 | 3,05 | 3,07 | 0,50 | 1,71 | 4,26 |

Tabelle 4-18: Parameter der Performanceverteilung (Quelle: eigene Darstellung)

Eine vergleichende Analyse der vier Einzeldimensionen der BSC zeigt, dass abgesehen von der Schiefe der Skalen nur geringe Differenzen existieren. Die Mittelwerte variieren zwischen 3,01 bei der Lern- und Entwicklungsperspektive und 3,22 bei der internen Prozessperspektive während die Standardabweichung zwischen 0,36 (interne Prozessperspektive) und 0,61 (finanzielle Perspektive) variiert. Auch die Minimal- und Maximalwerte der einzelnen Dimensionen weisen nur unerhebliche Unterschiede auf. Ein differenzierteres Bild ergibt sich bei der Schiefe der Verteilung. Hier reicht die Spannweite der Parameter von 0,209 bei der internen Prozessperspektive bis zu –0,231 bei der finanziellen Perspektive.

Bei einer Überprüfung der Korrelation zwischen der Leistungseinschätzung und den anderen erhobenen soziodemographischen Parametern erweist sich nur der Zusammenhang ($r=.257$, $p<.01$) mit dem Geschlecht als signifikant. Filialleiter (MW 3,18) schätzen die Leistung ihrer Filiale signifikant höher ein als ihre weiblichen Kollegen (MW 2,84). Es werden keine signifikanten Unterschiede der Performance-Einschätzung zwischen den drei Sektoren des deutschen Bankenmarktes ersichtlich.

Eine Überprüfung der Selbsteinschätzung anhand der in Kapitel 3.3.1 beschriebenen Lügenskala ergibt keinen signifikanten Zusammenhang zwischen der Selbsteinschätzung der Performance und dem Score auf der Lügenskala. Es ist daher davon auszugehen, dass die Führungskräfte, die sich eine bessere Leistung bescheinigen, nicht einer höheren Tendenz zur sozialen Erwünschtheit unterliegen. Die in Kapitel 3.3.1 geäußerten Vorbehalte gegenüber einer Selbsteinschätzung der Leistung scheinen sich, auch unterstützt durch die Ergebnisse der Validirungsstudie, somit nicht bewahrheitet zu haben.

### 4.1.4 Zusammenhänge zwischen dem Verhalten und der Performance

Die Analyse der Zusammenhänge zwischen dem Verhalten der Führungskräfte und der Performance bildet zusammen mit der in Abschnitt 4.1.5 dargestellten Betrachtung des Einflusses der Situation auf den Zusammenhang den inhaltlichen Schwerpunkt der Untersuchung.

Zunächst wird geprüft, ob sich für die Globalvariable Führungsverhalten – definiert als Kombination aus Zielsetzungs- und Zielrealisierungsverhalten – Zusammenhänge zur Performance nachweisen lassen. Im Anschluss daran wird eine detailliertere Analyse der Zusammenhänge zur Performance auf der Ebene der beiden Konstrukte Zielsetzungsverhalten und Zielrealisierungsverhalten vorgenommen. Den Abschluss dieses Auswertungszyklus bildet die Überprüfung von Korrelationen einzelner Dimensionen (vgl. Kapitel 4.1.2) der beiden Konstrukte mit der Performance.

#### 4.1.4.1 Betrachtung der Globalvariable Führungsverhalten

Um Aussagen über die Qualität der Globalvariable Führungsverhalten als Prädiktor für die Performance von Führungskräften treffen zu können, wird eine schrittweise multiple Regression gerechnet. Ziel dieser Vorgehensweise ist es, herauszufinden, welcher Anteil der Varianz der Performance durch die in die Gleichung aufgenommenen Prädiktoren erklärt werden kann. Je höher der Anteil der durch die Gleichung erklärten Varianz ist, desto bedeutsamer sind die untersuchten Dimensionen des Führungsverhaltens für die Erklärung von Performancedifferenzen.

| Dimension | MW | SD | Beta | R | R² |
|---|---|---|---|---|---|
| Situationsanalyse | 3,83 | 0,95 | -.241** | | |
| Feedback-Frequenz | 2,74 | 0,91 | .223** | | |
| Feedback-Variabilität | 3,02 | 0,74 | .168* | | |
| Spezifität | 4,07 | 0,74 | -.147* | | |
| Partizipation | 3,48 | 0,83 | .134* | .475 | .225 |

Tabelle 4-19: multiple Regression der Globalvariable Führungsverhalten (Quelle: eigene Darstellung)

Wie in Tabelle 4-19 dargestellt, setzt sich die Gleichung für die Globalvariable Führungsverhalten auf dem 5%-Signifikanzniveau aus fünf Dimensionen zusammen. Die drei Dimensionen Situationsanalyse, Spezifität und Partizipation sind dem Konstrukt der Zielsetzung zuzuordnen während die beiden Dimensionen Feedback-Häufigkeit und Feedback-Variabilität dem Konstrukt der Zielrealisierung entstammen.

Das Bestimmtheitsmaß $R^2$= .225 besagt, dass mit diesem Modell etwa 23% der Varianz der Performance aufgeklärt werden kann. Obwohl laut Backhaus et al.

(2003, S. 96) keine allgemein gültigen Aussagen, ab welcher Höhe ein $R^2$ als gut zu bezeichnen ist, existieren, weist das errechnete Bestimmtheitsmaß ebenso wie der multiple Regressionskoeffizient R=.475 im Vergleich zu anderen Modellen zur Vorhersage von Leistungsverhalten einen vergleichsweise hohen Wert auf.
In Tabelle 4-19 sind die Dimensionen – wie an der Reihenfolge der absoluten Werte des Beta zu erkennen ist – in der Reihenfolge abnehmender Bedeutung für die Vorhersage aufgeführt. Negative Vorzeichnen stehen in diesem Zusammenhang für einen inversen Zusammenhang zwischen der jeweiligen Dimension und der gezeigten Performance. Dies bedeutet zum Beispiel für die Situationsanalyse, dass höhere Werte auf der Skala der Situationsanalyse einen Indikator für eine niedrigere Performance darstellen. Die beiden ersten Dimensionen erweisen sich als auf dem 1%-Niveau signifikant (**), während die übrigen Dimensionen auf dem 5%-Signifikanzniveau liegen (*).

#### 4.1.4.2 Betrachtung der Konstrukte Zielsetzungs- und Zielrealisierungsverhalten

Nachdem zuvor eine Vorhersage für die Globalvariable Führungsverhalten vorgenommen wurde, soll jetzt eine getrennte Betrachtung für die beiden Konstrukte Zielsetzungsverhalten und Zielrealisierungsverhalten vorgenommen werden. Bei einer solchen gesonderten Analyse können sich Dimensionen als bedeutsam erweisen, die für die Globalvariable Führungsverhalten nicht in gleichem Maße bestimmend sind.
Für das Zielsetzungsverhalten ergeben sich die in Tabelle 4-20 aufgeführten Werte. Es zeigt sich, dass durch die Kombination der beiden Dimensionen Situationsanalyse und Partizipation eine Varianz von etwa 13% der Gesamtvarianz der Performance aufgeklärt werden kann. Dieser Wert, der eine Aussage über die Güte der Anpassung der Regressionsfunktion an die empirischen Daten darstellt, liegt auf einem akzeptablen Niveau. Bei einer Betrachtung der einbezogenen Dimensionen erweist sich die Situationsanalyse als signifikant auf dem 1%-Niveau und die Partizipation als signifikant auf dem 5%-Niveau. Der hohe (negative) Beta-Wert der Situationsanalyse zeigt die hohe negative Korrelation zwischen der Situationsanalyse durch die Führungskraft und der festgestellten Performance. Der (positive) Zusammenhang für die Partizipation ist deutlich schwächer ausgeprägt. Die Dimension Spezifität, die in das Gleichungsmodell für die Globalvariable Führungsverhalten einbezogen wurde, erweist sich bei der isolierten Betrachtung des Zielsetzungsverhaltens als nicht signifikant auf dem 5%-Niveau.

Zielsetzungsverhalten

| Dimension | MW | SD | Beta | R | $R^2$ |
|---|---|---|---|---|---|
| Situationsanalyse | 3,83 | 0,95 | -.312** | | |
| Partizipation | 3,48 | 0,83 | .160* | .355 | .126 |

Tabelle 4-20: Multiple Regression des Konstrukts Zielsetzungsverhalten
(Quelle: eigene Darstellung)

Als nächstes folgt die Analyse der Dimensionen des Zielrealisierungsverhaltens als Prädiktoren für die Performance. Wie aus den in Tabelle 4-21 dargestellten Werten erkenntlich ist, werden drei Dimensionen in die Gleichung einbezogen, die sich alle auf dem 1%-Niveau als signifikant erweisen. Während die Feedback-Frequenz sowie die Feedback-Variabilität positive Beta-Werte und somit eine positive Korrelation zur Performance aufweisen, besteht ein negativer Zusammenhang zwischen dem Wettbewerb unter den Mitarbeitern und der Performance. Auch bei dieser Untersuchung zeigt sich, dass bei einer isolierte Betrachtung des Zielrealisierungsverhaltens nicht die gleichen Dimensionen wie für das Führungsverhalten signifikant werden: Der Wettbewerb unter den Mitarbeitern fließt als dritte Dimension in die Gleichung ein. Das Bestimmtheitsmaß $R^2$=.135 weist ein akzeptables Maß auf.

Zielrealisierungsverhalten

| Dimension | MW | SD | Beta | R | $R^2$ |
|---|---|---|---|---|---|
| Feedback-Frequenz | 2,74 | 0,91 | .248** | | |
| Feedback-Variabilität | 3,02 | 0,74 | .208** | | |
| Wettbewerb unter den MA | 2,56 | 0,83 | -.179** | .368 | .135 |

Tabelle 4-21: Multiple Regression des Konstrukts Zielrealisierungsverhaltens
(Quelle: eigene Darstellung)

### 4.1.4.3 Betrachtung der Dimensionen des Zielsetzungs- und Zielrealisierungsverhaltens

Im Folgenden wird separat für jede Verhaltensdimension die Korrelation zur Performance dargestellt. Zusätzlich werden mit Hilfe von t-Tests Mittelwertvergleiche des Verhaltens guter und schlechter Filialleiter (separiert durch Mediansplit der Performance) durchgeführt.

Da die Dimension Situationsanalyse in der zeitlichen Abfolge an erster Stelle der unter dem Konstrukt Zielsetzungsverhalten subsumierten Teilprozesse steht, bildet sie den Ausgangspunkt für die Untersuchung der Zusammenhänge. Die Befragten die bewerten die Situationsanalyse mit einem Mittelwert von 3,61 (gute Filialleiter) bzw. 4,06 (schlechte Filialleiter) relativ hoch. In Anbetracht der Tatsache, dass alle Items der Befragung so formuliert sind, dass die Befragten angeben sollen, wie sie sich in einer solchen Situation verhielten, weist der hohe Mittelwert darauf hin, dass viele Filialleiter eine gedankliche Auseinandersetzung mit vergleichbaren Situationen in der Vergangenheit vornehmen würden.

Für die Dimension Situationsanalyse ergibt sich eine deutliche Korrelation von r=-.317** (p<.01) zur Leistungseinschätzung. Das negative Vorzeichnen bedeutet, dass Führungskräfte mit einer höheren Performance, sich weniger detailliert mit vergleichbaren Situationen in der Vergangenheit beschäftigen. Insbesondere beim zweiten Item der Skala, das auf die intensive Verhaltensanalyse einzelner Mitarbeiter abzielt, zeigen sich erhebliche Unterschiede zwischen guten und schlechten Filialleitern (Korrelation r= -.383, p<.01) während sich die Bewertung des ersten – allgemeiner gehaltenen – Items (Korrelation r= -.173, p<.05) nicht so deutlich unterscheidet.
Der mittels t-Test durchgeführte Vergleich der Mittelwerte der guten und schlechten Filialleiter führt zu einem Signifikanzniveau von p<.01. Dementsprechend kann auch für die Aufteilung der Stichprobe in zwei leistungsmäßig geteilte Subgruppen eine Aussage über die Unterschiedlichkeit der Situationsanalyse gemacht werden. Tabelle 4-22 fasst die wichtigsten Kennzahlen der Zusammenhänge zwischen den Dimensionen und der Performance noch einmal überblickartig zusammen.

| Dimension | Korrelation (Signifikanzniveau) zur Performance | t-Test (Signifikanzniveau) | Mittelwert der guten Filialleiter | Mittelwert der schlechten Filialleiter |
|---|---|---|---|---|
| Situationsanalyse | r=-.317 (p< .01) | 3,375 (p<.01) | 3,61 | 4,06 |
| Partizipation | r=.168 (p<.05) | -2,346 (p<.05) | 3,62 | 3,34 |
| Spezifität | r=-.216 (p<.01) | 2,034 (p<.05) | 3,96 | 4,17 |
| ex ante Zielsetzung | r=-.184 (p<.05) | 2,192 (p<.05) | 4,25 | 4,47 |

Tabelle 4-22: Korrelationen zwischen den Dimensionen der Zielsetzung und der Performance (n=189) (Quelle: eigene Darstellung)

Die Dimension Partizipation stellt für die Gesamtstichprobe verglichen mit der Situationsanalyse kein so deutliches Differenzierungskriterium zwischen guten und schlechten Filialleitern dar. Die Mittelwerte für die Partizipation liegen bei 3,62 (gute) und 3,34 (schlechte) wobei der Durchschnitt für das Item „Art und Weise der Zielerreichung" deutlich höher ausfällt als für das Item „Mitbestimmung der Zielhöhe".
Die Korrelation zwischen der Partizipation und der Leistungseinschätzung liegt bei r= .168 (p<.05) für die Gesamtstichprobe. Dies weist darauf hin, dass erfolgreiche Führungskräfte ihre Mitarbeiter stärker in den Entscheidungsprozess einbinden als ihre weniger erfolgreichen Kollegen. Auch wenn der Zusammenhang deutlich geringer ausfällt als etwa bei der Situationsanalyse, ergibt sich eine Signi-

fikanz auf dem 5%-Niveau für die Partizipation. Die Korrelationen der Performance mit den beiden Items, aus denen die Dimension gebildet wird, unterscheiden sich dabei nicht wesentlich von der Durchschnittskorrelation für die Dimension.

Anhand des beim t-Test errechneten Signifikanzniveaus von p<.05 ist erkennbar, dass auch für diese Dimension bei der Aufteilung der Gesamtstichprobe in gute und schlechte Filialleiter unterschiedliche Verhaltensweisen zwischen beiden Teilgruppen erkennbar werden. Auch hier ergeben sich keine signifikanten Differenzen bei der Betrachtung der einzelnen Items, die zur Skala Partizipation zusammengefasst wurden.

Die Spezifität als dritte Dimension des Zielsetzungsverhaltens erweist sich gegenüber der Partizipation als geeigneter, um Verhaltensunterschiede zwischen guten und schlechten Filialleitern herauszuarbeiten. Die hohe Bewertung aller Versuchspersonen für diese Dimension besagt, dass der Großteil der Führungskräfte in der in der Untersuchung geschilderten Situation ihren Mitarbeitern spezifische Ziele setzen würde. Dies gilt insbesondere für konkret messbare quantitative Ziele mit einem Mittelwert von 4,32 und nur in einem geringeren Ausmaß für qualitative Ziele (MW 3,80).

Die Korrelation zwischen der Spezifität der Zielsetzung und der Leistungseinschätzung liegt bei r= -.216 (p<.01) und deutet somit darauf hin, dass erfolgreichere Filialleiter weniger spezifische Ziele setzen als erfolglosere Filialleiter. Auf dem Niveau der einzelnen Items der Skala ergibt sich die höchste Korrelation (r= -.213, p<.01) für das Setzen quantitativer Ziele während die Korrelation für das Setzen qualitativer Ziele (r= -.155, p<.05) am geringsten ist. Der Zusammenhang zwischen dem Setzen von quantitativen Zielen und der Leistung ist dementsprechend größer als dies bei qualitativen Zielen der Fall ist.

Während die gemäß der Selbsteinschätzung leistungsstärkeren Filialleiter für die Spezifitätsdimension einen Mittelwert von 4,17 angeben, liegt die korrespondierende Einschätzung der leistungsschwachen Filialleiter bei 3,96. Hieraus ergibt sich bei Durchführung des t-Tests ein Signifikanzniveau von p<.05. Auch dieser Wert erlaubt Aussagen auf dem 5%-Signifikanzniveau über unterschiedliche Verhaltensweisen bei der Trennung der Gesamtstichprobe in eine Gruppe der „guten" und der „schlechten" Filialleiter.

Den Abschluss der detaillierten Analyse des Zielsetzungsverhaltens bildet das Einzelitem „ex ante Zielsetzung", das einen Mittelwert in der Gesamtstichprobe von 4,36 aufweist. Die Korrelation dieses Items mit der Leistungseinschätzung beträgt r= -.184 (p<.05). Dieser Wert zeigt auf, dass weniger erfolgreiche Filialleiter für sich selbst in stärkerem Maß vor dem Gespräch mit ihren Mitarbeitern ein genaues Ziel ausarbeiten. Der t-Test für dieses Item ergibt einen Wert von p<.05 und ermöglicht somit Aussagen auf dem 5%-Signifikanzniveau über Verhaltensunterschiede auch bei einer Differenzierung der Gesamtstichprobe in zwei nach Erfolg- und Misserfolg gesplittete Teilgruppen.

Neben den zuvor dargestellten Dimensionen des Zielsetzungsverhaltens, die sich aus unterschiedlichen Items zusammensetzen, wurden – wie in Abschnitt 4.1.2.1 dargestellt – auch die Differenzierung der Zielsetzung in Abhängigkeit von individuellen Mitarbeitermerkmalen sowie der Abstraktionsgrad der Zielsetzung erhoben. Beide Konstrukte weisen jedoch keinen signifikanten Zusammenhang zur Performance auf und werden daher nicht weitergehend erörtert.

Nachdem zuvor die einzelnen Aspekte des Zielsetzungsverhaltens der Führungskräfte näher auf ihren Zusammenhang zur Leistungseinschätzung der Befragten untersucht wurden, soll im Folgenden eine vergleichbare Auseinandersetzung mit den Dimensionen des Zielrealisierungsverhaltens vorgenommen werden.

Die mittels der Dimension Feedback-Frequenz erhobene Häufigkeit des an die Mitarbeiter in Abhängigkeit von ihrer Leistung gegebenen Feedbacks weist Mittelwerte von 2,86 bei den guten und 2,62 bei den schlechten Filialleitern auf. Diese verhältnismäßig niedrigen Mittelwerte liefern einen Hinweise darauf, dass nur ein kleiner Teil der befragten Filialleiter die Frequenz des Feedbacks an seine Mitarbeiter in Abhängigkeit von der gezeigten Leistung variiert.
Anhand der vorliegenden Daten kann eine Korrelation von r=.265 (p<.01) zwischen der Feedback-Frequenz und der Leistung nachgewiesen werden, aus der geschlossen werden kann, dass erfolgreiche Filialleiter die Häufigkeit des Feedbacks stärker an die gezeigte Leistung anpassen als weniger erfolgreiche Filialleiter. Keines der in dieser Dimension zusammen-gefassten einzelnen Items weist erhebliche Abweichungen von der Korrelation der Gesamtdimension auf.
Wie in Tabelle 4-23 abgebildet, lässt der t-Test der beiden Leistungsteilgruppen keine Unterscheidung auf dem 5%-Signigikanzniveau zu. Das unzureichende Ergebnis des t-Tests trotz einer vergleichsweise hohen Korrelation zwischen der Feedback-Häufigkeit und der Leistung ist darauf zurückzuführen, dass durch die Reduzierung auf die beiden Teilgruppen „erfolgreiche Filialleiter“ und „weniger erfolgreiche Filialleiter“ Informationen hinsichtlich der genauen Leistungsverteilung verloren gehen.

Die Feedback-Variabilität (vgl. Tabelle 4-23) erscheint relativ gut geeignet, um Aussagen über unterschiedliches Verhalten von erfolgreichen respektive weniger erfolgreichen Führungskräften treffen zu können. Die Mittelwerte für diese Dimension liegen bei 3,13 und 2,91 und somit über denen der Feedback-Frequenz. Dies verdeutlicht, dass Führungskräfte die Art und Weise des Feedbacks in Abhängigkeit von der Persönlichkeit ihrer Mitarbeiter in höherem Ausmaß variieren als die Häufigkeit des Feedbacks aufgrund der Leistung der Mitarbeiter.

| Dimension | Korrelation (Signifikanzniveau) zur Performance | t-Test (Signifikanz-niveau) | Mittelwert der guten Filialleiter | Mittelwert der schlechten Filialleiter |
|---|---|---|---|---|
| Feedback-Frequenz | r=.265 (p<.01) | -1,786 (p=.076) | 2,86 | 2,62 |
| Feedback-Variabilität | r=.210 (p<.01) | 2,069 (p<.05) | 3,13 | 2,91 |
| Situationsgestaltung | r=.055 (p=.456) | -0,906 (p=.366) | 3,8 | 3,91 |
| Wettbewerb unter den MA | r=-.145 (p<.05) | 2,484 (p<.05) | 2,41 | 2,71 |

Tabelle 4-23: Korrelationen zwischen den Dimensionen der Zielrealisierung und der Performance (n=189) (Quelle: eigene Darstellung)

Die Korrelation der Feedback-Variabilität und der Leistung beträgt r=.210 (p<.01) und stellt somit ein Indiz dafür dar, dass leistungsmäßig stärkere Filialleiter im Vergleich zu ihren schwächeren Kollegen ihren Mitarbeitern ein differenzierteres Feedback geben. Für die dieser Dimension zugrunde liegenden Items ergeben sich ähnliche Korrelationen, wobei das Item „Feedback als Wissenserweiterung für den Mitarbeiter bezüglich seines Verhaltens" mit r=.199 (p<.01) den höchsten Wert aufweist.
Das Signifikanzniveau des t-Tests von p<.05 verdeutlicht, dass selbst auf dem Abstraktionsniveau einer Gegenüberstellung guter und schlechter Führungskräfte Aussagen über unterschiedliche Verhaltensweisen hinsichtlich der Feedback-Variabilität möglich sind.

Die Situationsgestaltung durch die Führungskraft bildet eine weitere Dimension des Zielrealisierungsverhaltens. Die Mittelwerte für diese Dimension betragen 3,80 und 3,91 und liegen somit im oberen Bereich der untersuchten Dimensionen (vgl. Tabelle 4-23).
Die Korrelation zwischen der Bewertung der Dimension Situationsgestaltung und der Leistung beträgt r=.055 (p=.456) und lässt keine Rückschlüsse über einen Zusammenhang zwischen der Situationsgestaltung durch die Führungskraft und deren Performance zu.
Der Mittelwertunterschied zwischen den guten und den schlechten Filialleitern beträgt nur 0,11 (3,80 im Vergleich zu 3,91). Dementsprechend liegt auch das Ergebnis des t-Tests mit p=.541 deutlich außerhalb des vorgegebenen Mindestwertes von p<.05 und zeigt, dass Aussagen über die Gestaltung der Situation durch den Filialleiter für den Fall der Trennung der Grundgesamtheit in die beiden Gruppen gute und schlechte Filialleiter nicht möglich sind.

Die letzte Dimension des Zielrealisierungsverhaltens umfasst den Wettbewerb unter den Mitarbeitern. Die Mittelwerte liegen bei 2,41 und 2,71, den niedrigsten Werten aller untersuchten Dimensionen. Inhaltlich stehen diese geringen Mittel-

werte für einen vergleichsweise geringen Anteil der Führungskräfte, der einen direkten Wettbewerb ihrer Mitarbeiter in einer der Untersuchung vergleichbaren Situation bewusst herbeiführt.
Die Korrelation zwischen dem Wettbewerb unter den Mitarbeitern und der Leistung liegt bei $r=-.145$ ($p<.05$). Dementsprechend fördern bessere Filialleiter den Wettbewerb unter ihren Mitarbeitern weniger als dies ihre leistungsschwächeren Kollegen im Durchschnitt tun.
Der t-Test zur Differenzierung guter und schlechter Filialleiter für diese Dimension ergibt einen Wert von $p<.05$ und lässt somit auch Aussagen über Verhaltensunterschiede bei der Aufteilung in die bekannten zwei Leistungsgruppen zu.

Neben den zuvor dargestellten Dimensionen des Verhaltens wurde in der Befragung auch eine Überprüfung der Bedeutung der Ausgewogenheit der gedanklichen Auseinandersetzung mit den auf Kuhl (1983) zurückgehenden vier Komponenten vorgenommen. Da nach Kuhls Postulat eine Ausgewogenheit als Zeichen für Handlungsorientierung zu werten ist, die im Regelfall einen positiven Zusammenhang zur gezeigten Leistung aufweist, wird zunächst die Standardabweichung der Einschätzungen der vier Komponenten für jede Versuchsperson errechnet. Anschließend wird die Korrelation zwischen dieser Standardabweichung und der Performance berechnet. Hierbei ergibt sich auf Grundlage der verwendeten Daten kein signifikanter Zusammenhang.

### 4.1.5 Einfluss des Erlebens einer erfolgskritischen Situation

In Erweiterung der zuvor für die Gesamtstichprobe analysierten Zusammenhänge zwischen dem Führungsverhalten und der Performance, wird in diesem Abschnitt überprüft, welcher moderierende Einfluss der jeweiligen Situation (Erfolgssituation oder Misserfolgssituation) zukommt. Hierbei werden zunächst Zusammenhänge zwischen der Globalvariable Führungsverhalten (als Kombination aus Zielsetzungs- und Zielrealisierungsverhalten) und der Performance betrachtet, bevor Analysen auf der Ebene einzelner Verhaltensdimensionen beider Konstrukte vorgenommen werden. Anschließend erfolgt eine vergleichende Gegenüberstellung des Zusammenhangs zwischen dem Verhalten und der Performance auf der Ebene der einzelnen Verhaltensdimensionen in Erfolgs- und Misserfolgssituationen.
Tabelle 4-24 stellt die Verteilung der Versuchspersonen auf die beiden Situationen „Erfolg“ und „Misserfolg“ dar und führt gleichzeitig auf, wie viele der Versuchspersonen pro Situation gemäß der Selbsteinschätzung der Performance den Kategorien gute oder schlechte Führungskräfte zuzuordnen sind. Obwohl die Verteilung der guten und schlechten Führungskräfte auf die einzelnen Situationen im Untersuchungsdesign nicht manipuliert wurde, ergibt sich eine zufriedenstellende Verteilung der unterschiedlichen Leistungsgruppen auf die beiden Situationen.

| Situation | Anzahl "guter" Führungskräfte | Anzahl "schlechter" Führungskräfte | Gesamt |
|---|---|---|---|
| Erfolgssituation | 43 | 53 | 96 |
| Misserfolgssituation | 52 | 41 | 93 |
| Gesamt | 95 | 94 | 189 |

Tabelle 4-24: Verteilung der Versuchspersonen nach Situation und Performance (Quelle: eigene Darstellung)

Nachdem zuvor situationsunabhängig berechnet wurde, welche Verhaltensdimensionen zur Erklärung eines möglichst großen Anteils der Performancevarianz relevant sind, erfolgt in diesem Abschnitt eine Erweiterung des Modells um den Einfluss der Situation. Es soll geprüft werden, welche Verhaltensdimensionen in Erfolgs- und welche in Misserfolgssituationen ausschlaggebende Prädiktoren für die Performance darstellen. Die Ausgangsbasis bilden die für beide Situationen vorgenommenen schrittweisen Regressionsanalysen unter Einbeziehung jeweils aller Dimensionen des Zielsetzungs- bzw. Zielrealisierungsverhaltens.
Zunächst erfolgt die Berechnung der Auswirkungen des Erlebens einer Erfolgssituation. Tabelle 4-25 zeigt auf, welche Verhaltensdimensionen in die Regressionsgleichung zur Vorhersage der Performance einbezogen wurden. Die drei bedeutsamsten Dimensionen (mit den absolut höchsten Beta-Werten) sind alle dem Zielrealisierungsverhalten zuzuordnen. Hierbei weisen die Feedback-Frequenz und die Feedback-Variabilität positive Beta-Werte auf, während der Wettbewerb unter den Mitarbeitern negativ mit der Performance korreliert. Die beiden obersten in der Tabelle 4-25 abgebildeten Dimensionen sind auf dem 1%-Niveau signifikant, die beiden unteren nur auf dem 5%-Niveau.

Führungsverhalten

| Dimension | MW | SD | Beta | R | R² |
|---|---|---|---|---|---|
| Feedback-Frequenz | 2,65 | 0,94 | .333** | | |
| Wettbewerb unter den MA | 2,47 | 0,80 | -.245** | | |
| Feedback-Variabilität | 2,98 | 0,74 | .218* | | |
| Situationsanalyse | 3,85 | 0,94 | -.193* | .532 | .283 |

Tabelle 4-25: Multiple Regression des Führungsverhaltens in Erfolgssituationen (Quelle: eigene Darstellung)

Es zeigt sich, dass insbesondere die Dimensionen, die einen vergleichsweise niedrigen Mittelwert aufweisen, aussagekräftig sind. Dies ist zum Teil auf den für die Dimension Situationsanalyse auftretenden Deckeneffekt zurückzuführen, nach dem hohe Mittelwerte in Verbindung mit geringen Standardabweichungen nur eine begrenzte Aussagefähigkeit aufweisen, da die Versuchspersonen die Items ähnlich hoch bewerten.

ne begrenzte Aussagefähigkeit aufweisen, da die Versuchspersonen die Items ähnlich hoch bewerten.
Das Bestimmtheitsmaß des Modells von $R^2$=.283, das etwa 28% der Varianz der Performance in Erfolgssituationen aufklärt, erreicht einen für diese Untersuchung sehr hohen Wert, wobei sich insbesondere Dimensionen des Zielrealisierungsverhaltens als relevant erweisen.

Die analog zur Erfolgssituation vorgenommene schrittweise Regressionsanalyse für alle Verhaltensdimensionen in der Misserfolgssituation führt zu den in Tabelle 4-26 dargestellten Ergebnissen. Nach dem Erleben eines Misserfolges sind nur zwei Dimensionen relevant, die beide dem Zielsetzungsverhalten zuzuordnen sind. Beide weisen vergleichsweise hohe Beta-Werte auf dem 1%-Signifikanzniveau auf. Die Dimensionen des Zielrealisierungsverhaltens erweisen sich demnach für die Vorhersage der Performance in Misserfolgssituationen als nicht relevant. Das Bestimmtheitsmaß $R^2$=.251 , das für eine Varianzaufklärung von ca. 25% durch die zugrundegelegte Gleichung steht, ist für eine Modell mit nur zwei Komponenten als sehr zufriedenstellend einzuschätzen und bewegt sich auf ähnlichem Niveau wie das Modell für die Erfolgssituation.

Führungsverhalten

| Dimension | MW | SD | Beta | R | $R^2$ |
|---|---|---|---|---|---|
| Partizipation | 3,47 | 0,84 | .356** | | |
| Situationsanalyse | 3,81 | 0,96 | -.335** | .517 | .251 |

Tabelle 4-26: Multiple Regression des Führungsverhaltens in Misserfolgssituationen (Quelle: eigene Darstellung)

Nachdem soeben gezeigt wurde, dass mit Hilfe der Regressionsanalysen unterschiedliche Dimensionen zur Vorhersage der Performance je nach Situation heranzuziehen sind, wird jetzt für jede der untersuchten Dimensionen dargestellt, welcher Zusammenhang sich jeweils in Erfolgs- und Misserfolgssituationen zur Performance zeigt.
Tabelle 4-27 stellt die Korrelationen zwischen Verhaltensdimensionen und Performance für Erfolgs- und Misserfolgssituationen dar. Die Tabelle führt für die beiden Kategorien Zielsetzung und Zielrealisierung die in den vorigen Abschnitten beschriebenen Dimensionen auf.
In der Kategorie Zielsetzungsverhalten zeichnen sich deutliche Unterschiede sowohl bei der Situationsanalyse als auch bei der Spezifität der Zielsetzung ab. Da die beiden Korrelationen mit negativen Vorzeichen versehen sind, lässt sich daraus ableiten, dass leistungsstärkere Führungskräfte sich weniger intensiv mit vergangenen Situationen auseinandersetzen als leistungsschwächere Führungskräfte. Dieser Zusammenhang tritt verstärkt nach Misserfolgen auf. Auch geben die erfolgreicheren Führungskräfte ihren Mitarbeitern in Misserfolgssituationen weni-

ger spezifische Ziele vor. Am deutlichsten treten die Unterschiede zwischen der Misserfolgs-Teilgruppe und der Erfolgs-Teilgruppe für die Partizipation der Mitarbeiter bei der Zielgestaltung zutage. Einer Korrelation von -.014 in der Erfolgs-Teilgruppe steht bei der Schilderung einer Misserfolgssituation eine Korrelation von ,396** gegenüber. Aus dieser Differenz wird deutlich, dass erfolgreichere Filialleiter ihre Mitarbeiter nach dem Erleben einer Misserfolgssituation erheblich stärker in die Zielgestaltung einbinden. Die Partizipation umfasst dabei sowohl Zielhöhe als auch die Vorgehensweisen, wie das Ziel erreicht werden soll. Für die ex ante Zielsetzung ergibt sich nur ein sehr geringer Unterschied zwischen den beiden Situationen.

| Kategorie | Dimension | Korrelation in Misserfolgssituationen | Korrelation in Erfolgssituationen | T-Test in Misserfolgssituationen | T-Test in Erfolgssituationen |
|---|---|---|---|---|---|
| Zielsetzung | Situationsanalyse | -.377** | -.268** | 2,207 | 1,92 |
| | Spezifität | -.312** | -.198 | 2,718 | 0,819 |
| | Partizipation | .396** | -.014 | -3,494 | 0,138 |
| | ex ante Zielsetzung | -.208* | -.186 | 1,89 | 1,312 |
| Zielrealisierung | Feedback-Frequenz | .090 | .381** | 0,247 | -2,128 |
| | Feedback-Variabilität | .122 | .276** | 0,379 | -2,326 |
| | Wettbewerb unter den MA | -.137 | -.183 | 2,176 | 1,677 |
| | Vertrauen in Leistungsfähigkeit | .253* | .001 | -1,76 | 0,524 |
| | Situationsgestaltung | .028 | .061 | -1.013 | -0.088 |

Tabelle 4-27: Gegenüberstellung der Korrelationen in Erfolgs- und Misserfolgssituationen (Quelle: eigene Darstellung)

Während die Prozesse der Zielsetzung nach dem Erleben von Misserfolgssituationen eine deutlichere Differenzierung zwischen leistungsstarken und leistungsschwachen Führungskräften ermöglichen, gilt dies nicht für die Prozesse der Zielrealisierung. Wie in Tabelle 4-27 ersichtlich wird, liegen die Korrelationen zwischen den Zielrealisierungsdimensionen und der Leistung in der Misserfolgs-Teilgruppe fast immer unter den Werten der Erfolgs-Teilgruppe. Eine Ausnahme bildet hierbei das Vertrauen in die Leistungsfähigkeit der eigenen Filiale. Hierbei zeigt sich in der Misserfolgs-Teilgruppe ein deutlich höherer Zusammenhang. Die leistungsstarken Führungskräfte sind demnach eher davon überzeugt, zukünftig besser als in der zurückliegenden Situation abzuschneiden. Der engere Zusam-

menhang in der Misserfolgssituation entspricht den Erwartungen vor Untersuchungsbeginn, da es nach einem Misserfolg naturgemäß wahrscheinlicher ist, im Vergleich zur Vergangenheit besser abzuschneiden als wenn in der Vergangenheit bereits überdurchschnittliche Leistungen erbracht worden wären.
Der Einfluss der erlebten Situation auf die Zusammenhänge zwischen den Verhaltensdimensionen und der Performance lässt sich dahingehend zusammenfassen, dass für die Misserfolgs-Teilgruppe die Dimensionen der Zielsetzung absolut höhere Korrelationen aufweisen als für die Erfolgs-Teilgruppe. Für die Dimensionen des Zielrealisierungsverhaltens erhält es sich genau umgekehrt, hier liegen in Erfolgssituationen höhere Korrelationen vor.

Um Aussagen über die Unterschiedlichkeit der Korrelationen treffen zu können, bedarf es weiterer Rechenoperationen, da Korrelationen dadurch gekennzeichnet sind, dass die Verteilung von Differenzen abhängig von der Höhe der Korrelationen selbst ist (E.H.Witte 1980, S. 166). Um eine normalverteilte Größe zu erzeugen, wird die Fisher-z-Transformation angewendet:

$$Z_F = \frac{1}{2} \ln \frac{1+r}{1-r}$$

Die Differenz der Fisher-z-Transformationen für die beiden zu vergleichenden Korrelationen bildet das Effektmaß q, wobei nach Cohen (1977) Effekte von 0,1 als klein, von 0,3 als mittel und von 0,5 als groß bezeichnet werden.

$$q = 1Z_F - 2Z_F = \frac{1}{2} \ln \frac{1+r_1}{1-r_1} - \frac{1}{2} \ln \frac{1+r_2}{1-r_2}$$

Der Vergleich des Zusammenhangs zwischen dem Zielsetzungsverhalten und der Performance in einer Erfolgssituation und einer Misserfolgssituation führt zu den in Tabelle 4-28 aufgeführten Effektmaßen q.

| **Kategorie** | **Dimension** | **Effektmaß q** |
|---|---|---|
| Zielsetzung | Situationsanalyse | 0,122 |
| | Spezifität | 0,122 |
| | Partizipation | 0,433 |
| | ex ante Zielsetzung | 0,002 |
| Zielrealisierung | Feedback-Frequenz | 0,311 |
| | Feedback-Variabilität | 0,161 |
| | Wettbewerb unter den MA | 0,047 |
| | Vertrauen in Leistungsfähigkeit | 0,258 |
| | Situationsgestaltung | 0,033 |

Tabelle 4-28: Effektmaße q der Dimensionen des Führungsverhaltens in Abhängigkeit der Situation (n=189) (Quelle: eigene Darstellung)

Gemäß den zuvor definierten Grenzwerten ergeben sich für die Situationsanalyse und die Spezifität der Zielsetzung geringe Unterschiede zwischen der Erfolgs- und der Misserfolgssituation während sich für die Partizipation ein mittlerer Unterschied nachweisen lässt. Für die ex ante Zielsetzung ist als einzige Dimension des Zielsetzungsverhaltens kein deutlicher Unterschied zwischen dem Erleben einer Erfolgs- oder Misserfolgssituation nachweisbar. Die Feedback-Frequenz weist einen mittleren Unterschied zwischen den beiden Situationen auf. Sowohl für die Feedback-Variabilität als auch für das Vertrauen in die Leistungsfähigkeit ergeben sich geringe Unterschiede. Für den Wettbewerb unter den Mitarbeitern und die Situationsgestaltung lässt sich kein Unterschied zwischen Erfolgs- und Misserfolgssituationen feststellen.

In Ergänzung zu den bereits beschriebenen Verfahren wird im Folgenden mit Hilfe einer multivariaten Varianzanalyse eine Analyse der Untersuchungskomponenten vorgenommen bei der sowohl ein Gesamtmodell über alle abhängigen Variablen hinweg, als auch jede Komponente im Einzelnen betrachtet werden kann, ohne dabei multiple Testungen vornehmen zu müssen. Auf diese Weise kann zum einen die Kriteriumsvalidität der Balanced Scorecard überprüft werden, indem aufgezeigt wird, inwieweit die Unterteilung in gute und schlechte Führungskräfte sich tatsächlich in Unterschieden in den Verhaltensdimensionen widerspiegelt. Zeigen sich tatsächlich im Sinne der Annahme Unterschiede in den Verhaltensdimensionen, spricht dies für die Differenzierungsfähigkeit der BSC. Zum anderen können nun auch alle abhängigen Variablen vollständig dargestellt, die bisher nicht in den Regressionsanalysen beschrieben worden sind, da sie in dem schrittweisen Vorgehen nicht als aussagekräftige Prädiktoren eingeschlossen wurden. Insbesondere kann auch die Unterschiedlichkeit der guten und schlechten Filialleiter in allen einzelnen Dimensionen überprüft werden.
Die zweifaktorielle Varianzanaylse mit den Faktoren „Situation“ (Misserfolg/ Erfolg) und „Performance“ (gut/schlecht) führt zu den in den folgenden Abbildungen dargestellten Effekten. Für das Gesamtmodell (also Gruppe aller acht Verhaltensweisen, in ihrer Gesamtheit beeinflusst durch die Faktoren „Situation“ und „Performance“) ergibt sich ein Haupteffekt für den Faktor Performance ($p<.001$, $F=4{,}78$, $df=7$), kein Effekt für den Faktor Situation ($p=.197$, $F=1{,}424$, $df=7$), sowie eine tendenziell überzufällige Interaktion ($p=.09$, $F=1{,}798$, $df=7$).
Im Folgenden werden nun die einzelnen Verhaltensweisen betrachtet, und zwar in Bezug auf die durch die Faktoren Performance und Situation erklärbaren Unterschiede.
Die isolierte Darstellung der AV Situationsanalyse zeigt Abbildung 4-2. Es ist ein Haupteffekt für die Performance ($p<.01$) erkennbar, der zeigt, dass sich die guten Führungskräfte tendenziell anders verhalten als die schlechten Führungskräfte. Ein Haupteffekt für die Situation ist nicht erkennbar ($p=.98$), was in der Grafik

auch an den fast parallel verlaufenden Linien für die Erfolgs- und Misserfolgssituation erkennbar ist. Auch eine Interaktion ist nicht erkennbar.

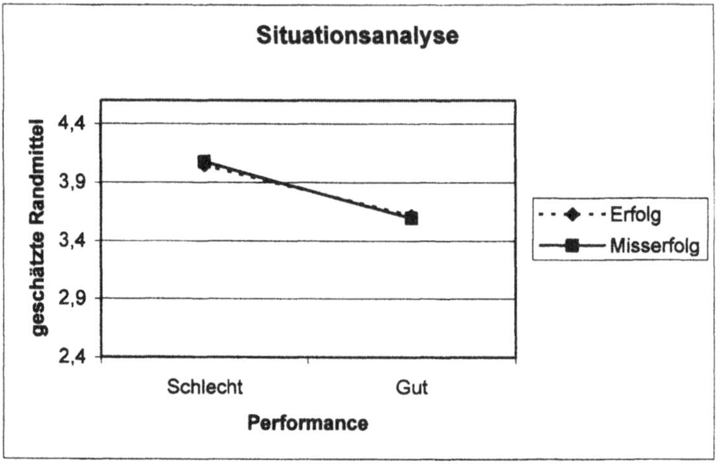


Abbildung 4-2: Zweifaktorielle Varianzanalyse für AV Situationsanalyse: Gesamtmodell $p<.05$ ($F=3.77$, $df=3$); Haupteffekt Situation $p=.98$ ($F=0.00$, $df=1$); Haupteffekt Performance $p<.01$ ($F=11.16$, $df=1$); Interaktion Situation*Performance $p=.86$ ($F=0.03$, $df=1$) (Quelle: eigene Darstellung)

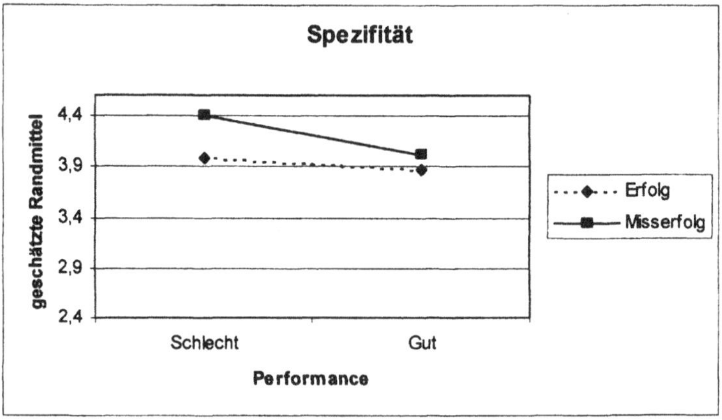


Abbildung 4-3: Zweifaktorielle Varianzanalyse für AV Spezifität: Gesamtmodell $p<.01$ ($F=4,33$, $df=3$); Haupteffekt Situation $p<.01$ ($F=7.18$, $df=1$); Haupteffekt Performance $p<.05$ ($F=5,64$, $df=1$); Interaktion Situation*Performance $p=.212$ ($F=1.57$, $df=1$) (Quelle: eigene Darstellung)

Die Ergebnisse für Spezifität als abhängige Variable sind in Abbildung 4-3 dargestellt. Neben dem hochsignifikanter Effekt (p<.01) für das Gesamtmodell sind auch Hauteffekte für die Situation (p<.01) und die Performance (p<.05) erkennbar. Wie aus der Abbildung hervorgeht, ist keine Interaktion feststellbar.

Abbildung 4-4 stellt die Ergebnisse der abhängigen Variable Partizipation dar. Es tritt ein Effekt für das Gesamtmodell (p<.01) sowie ein Haupteffekt für die Performance (p<.05) zutage. Darüber hinaus lässt sich eine Interaktion feststellen (p<.05). Während in Erfolgssituationen das Ausmaß der Partizipation zwischen guten und schlechten Führungskräften ein ähnliches Niveau annimmt, unterscheidet sich die Partizipation in Misserfolgssituationen deutlich. Die schlechten Filialleiter binden ihre Mitarbeiter hierbei deutlich weniger ein als in Erfolgssituationen wohingegen die guten Führungskräfte ihre Mitarbeiter nach Misserfolgen stärker an der Zielsetzung partizipieren lassen.

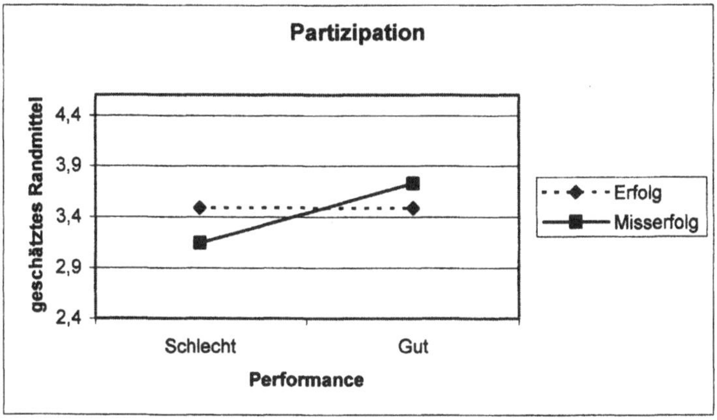


Abbildung 4-4: Zweifaktorielle Varianzanalyse für AV Partizipation: Gesamtmodell p<.01 (F=3,953, df=3); Haupteffekt Situation p=.669(F=0.18, df=1); Haupteffekt Performance p<.05 (F=5,978, df=1); Interaktion Situation*Performance p<.05 (F=6,069, df=1) (Quelle: eigene Darstellung)

Wie in Abbildung 4-5 erkennbar ist, verlaufen die beiden Linen der Erfolgs- und Misserfolgssituation für die AV ex ante Zielsetzung beinahe parallel. Dementsprechend lässt sich für die Situation kein Haupteffekt nachweisen (p=.220). Auch für das Gesamtmodell existiert kein Effekt (p=.094). Nur für die Performance ergibt sich ein Haupteffekt (p<.05), der auch aus der Abbildung durch die Steigung der beiden Linien erkennbar ist. Für diese Dimension lässt sich keine Interaktion nachweisen.

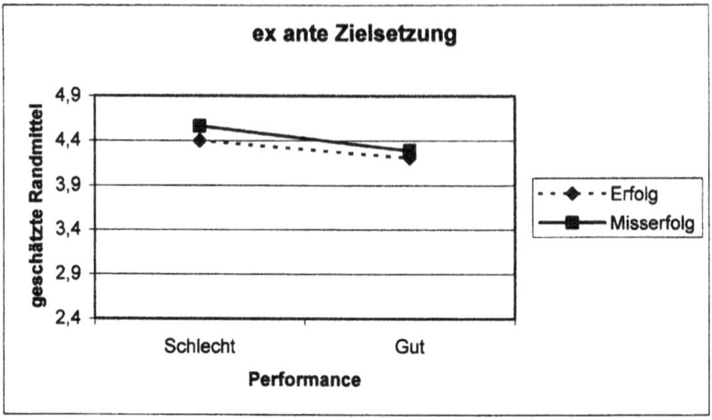


Abbildung 4-5: Zweifaktorielle Varianzanalyse für AV ex ante Zielsetzung: Gesamtmodell p=.094 (F=2,164, df=3); Haupteffekt Situation p=.220 (F=1,518, df=1); Haupteffekt Performance p<.05 (F=5,385, df=1); Interaktion Situation*Performance p=.666 (F=0,187, df=1) (Quelle: eigene Darstellung)

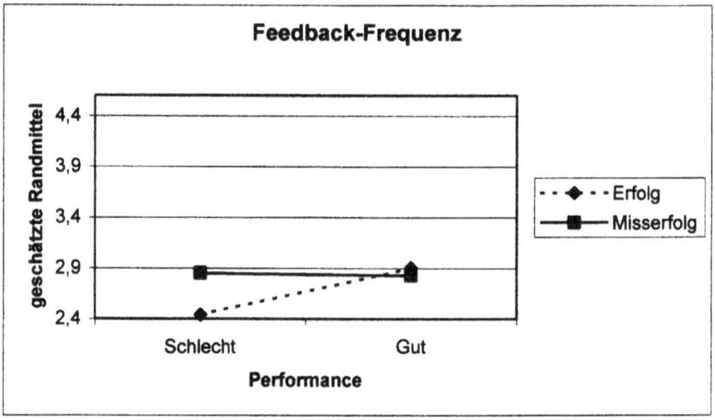


Abbildung 4-6: Zweifaktorielle Varianzanalyse für AV Feedback-Frequenz: Gesamtmodell p<.05 (F=2,763, df=3); Haupteffekt Situation p=.225(F=1,482, df=1); Haupteffekt Performance p=.106 (F=2,633, df=1); Interaktion Situation*Performance p=.059 (F=3,605, df=1) (Quelle: eigene Darstellung)

In Misserfolgssituationen zeichnen sich zwischen guten und schlechten Filialleitern kaum Unterschiede bezüglich der Feedback-Frequenz ab. In Erfolgssituationen hingegen variieren die guten ihre Feedback-Frequenz stärker als in Misserfolgssituationen, während die schlechten Mitarbeiter nach Erfolgserlebnissen die Frequenz weniger variieren.

Für die in Abbildung 4-7 dargestellte abhängige Variable Feedback-Variabilität lässt sich mit der Varianzanalyse nur ein Haupteffekt für die Performance nachweisen (p<.05). Alle anderen Effekte sowie eine Interaktion lassen sich nicht auf dem geforderten 5%-Niveau nachweisen.

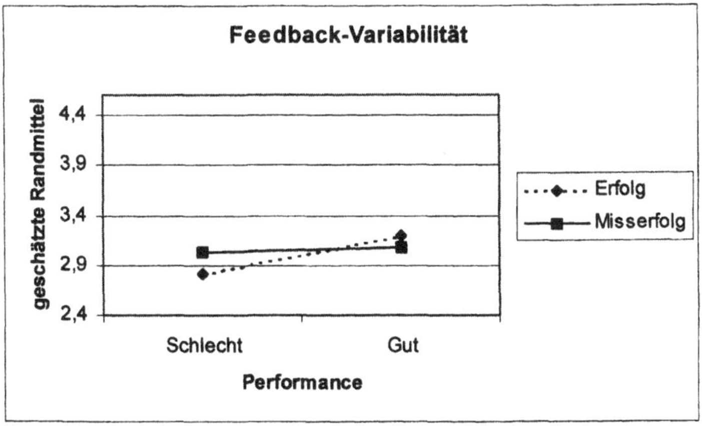


Abbildung 4-7: Zweifaktorielle Varianzanalyse für AV Feedback-Variabilität: Gesamtmodell p=.091 (F=2,189, df=3); Haupteffekt Situation p=.630 F=0,233, df=1); Haupteffekt Performance p<.05 (F=3,922, df=1); Interaktion Situation*Performance p=.153 (F=2,057, df=1) (Quelle: eigene Darstellung)

Für die AV Wettbewerb unter den Mitarbeitern zeigt sich ein Effekt für das Gesamtmodell auf dem 5%-Niveau, während die Haupteffekte sowohl für die Situation als auch die Performance knapp über dem 5%-Niveau liegen. Eine Interaktion liegt nicht vor (p=.6) was auch an den fast parallel laufenden Linien für die beiden Situationen über beide Performancegruppen zu erkennen ist.

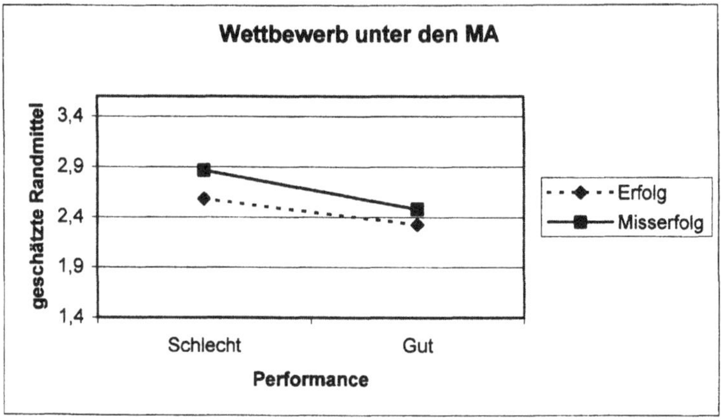


Abbildung 4-8: Zweifaktorielle Varianzanalyse für AV Wettbewerb unter den MA: Gesamtmodell $p<.05$ ($F=3{,}266$, $df=3$); Haupteffekt Situation $p=.070$ ($F=3{,}315$, $df=1$); Haupteffekt Performance $p<.01$ ($F=7{,}237$, $df=1$); Interaktion Situation*Performance $p=.600$ ($F=0{,}276$, $df=1$) (Quelle: eigene Darstellung)

Die letzte Varianzanalyse umfasst die Situationsgestaltung als abhängige Variable. Hierbei zeigt sich weder ein Effekt für das Gesamtmodell noch für die Haupteffekte. Auch eine Interaktion ist nicht zu beobachten.

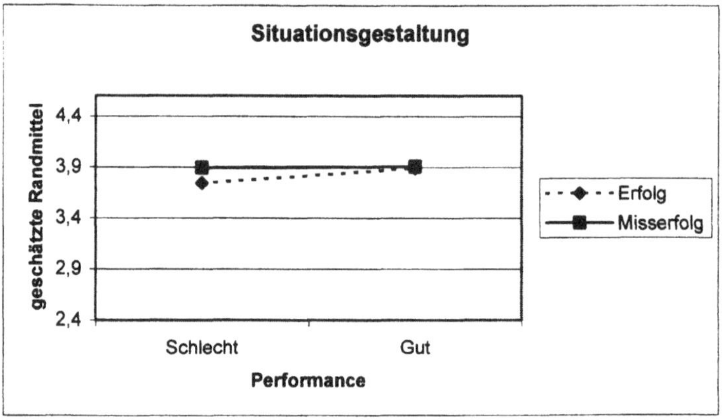


Abbildung 4-9: Zweifaktorielle Varianzanalyse für AV Situationsgestaltung: Gesamtmodell $p=.591$ ($F=0{,}638$, $df=3$); Haupteffekt Situation $p=.421$ ($F=0{,}651$ $df=1$); Haupteffekt Performance $p=.427$ ($F=0{,}635$, $df=1$); Interaktion Situation*Performance $p=.500$ ($F=0{,}457$, $df=1$) (Quelle: eigene Darstellung)

Die hier aufgeführten Ergebnisse zeigen, dass eine unterschiedliche Ausprägung auf dem Faktor „Performance", wie von der BSC gemessen, sich in auf andere Art gemessenen Verhaltensweisen widerspiegelt. Damit kann diese Differenzierungsfähigkeit als Indiz für eine Kriteriumsvalidität der BSC, mit dem externen Kriterium „Verhaltensweisen" gelten.

## 4.2 Kritische Würdigung der Untersuchungsergebnisse

Nachdem in Kapitel 4.1 die unterschiedlichen Ergebnisse der empirischen Untersuchung ausführlich dargestellt wurden, erfolgt nun die Auseinandersetzung mit den aus der Theorie abgeleiteten Hypothesen. Im Anschluss daran wird die Untersuchungsmethode diskutiert bevor ausgewählte Implikationen für die Praxis erörtert werden.

### 4.2.1 Überprüfung der Hypothesen und Diskussion der Ergebnisse

Grundvoraussetzung für die Auseinandersetzung mit den Zusammenhängen zwischen unterschiedlichen Verhaltensweisen und der Leistung ist die Feststellung unterschiedlicher Leistungsniveaus der Versuchspersonen. In dem dieser Arbeit zugrunde liegenden Untersuchungsdesign wurde hierfür eine Selbsteinschätzung der Leistung mit Hilfe einer Balanced Scorecard vorgenommen. Die in diesem Zusammenhang aufgestellte Hypothese lautet:

> *H1: Es lassen sich Performanceunterschiede zwischen den Führungskräften feststellen.*

Wie in Kapitel 4.1.3 ausführlich dargestellt wurde, lässt sich eine Differenzierung der Performance für die an der Befragung teilnehmenden Filialleiter vornehmen. Die Hypothese 1 kann somit uneingeschränkt angenommen werden. Aufgrund des verwendeten Verfahrens stellt die erhobene Performance nicht nur ein quantitatives Merkmal im Sinne einer Einteilung in die Subgruppen gute und schlechte Führungskraft dar, sondern ermöglicht darüber hinaus als qualitatives, stetiges Merkmal innerhalb des Leistungsintervalls von 1 bis 5 weitergehende Analysen. Entgegen der Vermutungen, nach denen Leistungskurven in der Regel weitestgehend der Normalverteilung entsprechen (vgl. Moser 1999), weist die in Abbildung 4-1 gezeigte Leistungskurve eine bimodale Verteilung auf, bei der durchschnittliche Performance (um den Skalenmittelwert 3) weniger stark ausgeprägt ist als leicht über- und leicht unterdurchschnittliche Leistungen. Dieser Effekt ist zum Teil auf die verwendete Fragestellung zurückzuführen, bei der die Filialleiter die Performance ihrer Filiale im direkten Vergleich zu anderen Filialen des gleichen Unternehmens angeben sollten. Auch die deutliche Übergewichtung der finanziellen Perspektive innerhalb der Balanced Scorecard trägt einen Teil zu der beobach-

teten bimodalen Verteilung bei. So schätzten die meisten Befragten die finanzielle Performance ihrer Filiale als eher über- oder unterdurchschnittlich ein, während für die anderen Perspektiven eher durchschnittliche Werte angegeben wurden. Diese Unterschiedlichkeit der Selbsteinschätzungen wird auch durch die Differenzen der Standardabweichungen der vier Perspektiven der BSC manifestiert, die für die finanzielle Perspektive am höchsten ausfällt (0,61 im Vergleich zu 0,36 - 0,54 für die anderen drei Perspektiven). Ursächlich für die differenzierteren Einschätzungen der finanziellen Leistungsfähigkeit der eigenen Filiale ist u.a. der alltägliche Umgang mit den finanziellen Kennzahlen, die in allen Unternehmen für die Unternehmenssteuerung verwendet werden. Im Gegensatz dazu spielen die Kriterien der anderen drei Perspektiven trotz ihrer nachgewiesenen Bedeutung zur Beurteilung nachhaltiger Unternehmensleistung in der praktischen Anwendung – insbesondere bei der Leistungseinschätzung kleinerer wirtschaftlicher Einheiten – bisher kaum eine Rolle.
Da kein signifikanter Zusammenhang zwischen der Höhe der Selbsteinschätzung der Performance und der sozialen Erwünschtheit der Antworten besteht, ist davon auszugehen, dass real existierende Leistungsunterschiede abgebildet werden. Diese Vermutung wird durch die in Kapitel 3.3.5 beschriebene Validierungsstudie bestätigt, die zeigt, dass es sich bei der Selbsteinschätzung mittels der BSC um ein valides Instrument zur Leistungsbeurteilung handelt.

Nach der Feststellung der Differenzierbarkeit der Performance folgt die Überprüfung der für diese Arbeit maßgeblichen Grundhypothese, die sich auf die Zusammenhänge zwischen dem Verhalten der Führungskräfte in erfolgskritischen Situationen und der Performance bezieht. Die Bestätigung dieser Grundhypothese stellt wiederum eine notwendige Bedingung für die Überprüfung der spezifischeren Hypothesen H3 und H4 dar.

*H2: Es besteht ein Zusammenhang zwischen dem Führungsverhalten in erfolgskritischen Situationen und der messbaren Performance.*

Das in Kapitel 4.1.4.1 dargestellte Modell der Regressionsanalyse für die Globalvariable Führungsverhalten erklärt etwa 23% der Varianz der Performance. Nach Bortz/Döring (2002, S. 568) stellt dieses Niveau eine mittlere Effektgröße dar. Es ist dementsprechend möglich, anhand der beschriebenen Verhaltensdimensionen einen nicht unerheblichen Teil der Streuung der Performance vorherzusagen. Somit kann die Hypothese H2 angenommen werden.
Hierbei ist zu beachten, dass nicht für alle in der Untersuchung erhobenen Aspekte des Führungsverhaltens und nicht für alle untersuchten erfolgskritischen Situationen ein Zusammenhang nachgewiesen werden konnte. Zum einen lassen sich nicht alle erhobenen Items zu Dimensionen zusammenfassen, so dass ein Teil der Rohdaten nicht in die Auswertung einfließt. Zum anderen weisen manche Verhaltensdimensionen keine signifikanten Korrelationen mit dem Führungserfolg auf.

Auch moderieren die untersuchten Erfolgs- bzw. Misserfolgssituationen nicht in gleichem Maße die beiden Konstrukte Zielsetzungsverhalten und Zielrealisierungs-verhalten. An dieser Stelle erfolgt nur die Betrachtung der Konstrukte, die sich als nicht aussagekräftig erwiesen haben. Die signifikanten Zusammenhänge werden im Rahmen der Überprüfung der folgenden detaillierteren Hypothesen aufgegriffen.
Obwohl vielfach (vgl. z.B. Locke/Latham 1990a; Wegge 1998) postuliert wird, dass Ziele nicht nur spezifisch, sondern auch schwierig sein müssen, um eine möglichst hohe Effektivität der eingesetzten Ressourcen zu erzielen, erweist sich die Operationalisierung des Konstruktes Schwierigkeit als erhebliche Herausforderung. Insbesondere die subjektive Beurteilung aus Sicht der Versuchspersonen bei gleichzeitig fehlender Möglichkeit einer objektiven Schwierigkeitsbeurteilung setzt der Erhebung eines Schwierigkeitsniveaus enge methodische Grenzen. Die hier verwendeten Items lassen sich nicht zu einer einheitlichen Schwierigkeitsskala zusammenführen und weisen darüber hinaus auch als individuelle Items keine signifikanten Korrelationen zur Performance auf. Somit kann auf Basis der hier erhobenen Daten über den Einfluss einer laut Theorie bedeutsamen Variable auf die Performance keine Aussage getroffen werden.
Dies gilt in ähnlicher Form für den vorgenommenen Versuch, eine einheitliche Skala für die Dimension Commitment der Führungskraft innerhalb des Konstruktes Zielrealisierungsverhalten zu entwickeln. Auch hier lässt sich weder eine einheitliche Skala bilden noch weisen die zugrunde gelegten Items eine signifikante Korrelation zur Performance auf. Zum Teil lässt sich dieses Ergebnis auf den Untersuchungskontext zurückführen. Obwohl in der Einleitung des Fragebogens auf die absolute Anonymität und Unabhängigkeit der Befragung vom jeweiligen Arbeitgeber hingewiesen wurde, ist davon auszugehen, dass der zunehmende Wettbewerb unter den Filialleitern, sowie die z.T. beschränkten Selbstbestimmungsmöglichkeiten der Filialleiter die Beantwortung der Fragen beeinflusst hat. Dies gilt insbesondere für die Frage nach der Vernachlässigung von Zielen, wenn diese sich als besonders schwierig erweisen. Der extrem niedrige Mittelwert für dieses Item von 2,01 verdeutlicht, dass die Neuorientierung auf alternative Ziele hier kaum stattfindet. Es scheint sich hierbei um sozial erwünschte Antworttendenzen zu handeln, da die aus dieser Untersuchung resultierenden Ergebnisse sich erheblich von den Erkenntnissen anderer Studien (vgl. z.B. Heckhausen 2003) unterscheiden.
Für die Situationsgestaltung als Dimension des Zielrealisierungsverhaltens lässt sich zwar eine Skala mit zufriedenstellenden Reliabilitäts- und Trennschärfewerten generieren, diese weist jedoch keine signifikante Korrelation zur Performance auf. Auch die Einzelbetrachtung der erhobenen Items ergibt keine signifikanten Korrelationen. Daher ist in diesem Zusammenhang festzustellen, dass die hier untersuchten Konstrukte der Situationsgestaltung sich als für den Untersuchungskontext nicht geeignet erweisen. Als Begründung lässt sich die Tendenz zu einer

Verringerung des Einflussbereiches der Filialleiter im Zusammenhang mit der Gestaltung der Umfeldsituation aufführen. Diese Reduzierung der Einflussmöglichkeiten ist über alle drei Sektoren des Bankenmarktes gleichermaßen zu beobachten.

Da die Hypothese H2 angenommen wurde, können im Folgenden die darauf aufbauenden Detailhypothesen H3 und H4, die jeweils einzelne Komponenten des Verhaltens im Kontext einer Erfolgs- oder Misserfolgssituation thematisieren, überprüft werden.

*H3: Es besteht ein Zusammenhang zwischen den Dimensionen des Zielsetzungsverhaltens in erfolgskritischen Situationen und der messbaren Performance.*

Die ausschließlich mit Dimensionen des Zielsetzungsverhaltens durchgeführte multiple Regression hat gezeigt, dass mit nur zwei Dimensionen ein Modell erstellt werden kann, das etwa 13% der Gesamtvarianz der Performance erklären kann. Dieser Wert ist als ausreichend zu charakterisieren und somit ist auch diese Hypothese anzunehmen. Verhaltensunterschiede der Filialleiter in den Dimensionen Situationsanalyse und Partizipation ermöglichen somit, einen Teil der Leistungsdifferenzen vorherzusagen.

Interessant sind in diesem Zusammenhang die unterschiedlichen Vorzeichen der beiden integrierten Dimensionen. Die auf dem 1%-Niveau signifikante Situationsanalyse weist einen negativen Zusammenhang zur Performance auf, während die Partizipation einen leicht positiven Zusammenhang erkennen lässt. Es lässt sich also auf Basis der hier untersuchten Verhaltensdimensionen kein eindeutiges „je mehr die Führungskraft..., desto erfolgreicher ist sie“ Verhältnis nachweisen, sondern zum Teil besteht ein inverser Zusammenhang zwischen Intensität des Verhaltens und der gemessenen Performance.

*H4: Es besteht ein Zusammenhang zwischen den Dimensionen des Zielsrealisierungsverhaltens in erfolgskritischen Situationen und der messbaren Performance.*

Mit Hilfe der multiplen Regression für die Dimensionen des Zielrealisierungsverhaltens kann ein Modell erstellt werden, das mit drei Dimensionen etwa 14% der Gesamtvarianz der Performance aufklärt. Dieser als ausreichend zu charakterisierende Wert entspricht etwa dem Ergebnis für das Zielsetzungsverhalten. Es ist dementsprechend möglich, aus unterschiedlichen Verhaltensweisen der Führungskräfte in den drei Dimensionen Feedback-Frequenz, Feedback-Variabilität und Wettbewerb unter den Mitarbeitern Vorhersagen über die Performance zu machen, die zumindest einen Teil der Performanceunterschiede erklären. Auch die Hypothese H4 ist somit anzunehmen.

Nachdem die grundlegenden Hypothesen über Zusammenhänge zwischen dem Führungsverhalten und der messbaren Performance angenommen wurden, folgt jetzt die Überprüfung der Hypothesen, die sich auf den Einfluss der Situation beziehen.

*H5: In Abhängigkeit von der geschilderten Situation unterscheiden sich die Prädiktoren der Performance.*

Die getrennt für die Erfolgs- und die Misserfolgssituation errechneten multiplen Regressionen zeigen, dass sich in Erfolgssituationen andere Prädiktoren als relevant erweisen als in Misserfolgssituationen. In Erfolgssituationen erweisen sich die beiden Dimensionen Partizipation und Situationsanalyse, die beide dem Zielsetzungsverhalten zuzuordnen sind, als relevante Prädiktoren. Gemeinsam erklären sie etwa 25% der Performancevarianz. Alle anderen in die Berechnung einbezogenen Dimensionen liegen oberhalb des 5%-Niveaus.

Für Erfolgssituationen ergibt sich ein verändertes Bild: Insgesamt vier Dimensionen erklären etwa 28% der Varianz der Performance, wobei mit der Feedback-Frequenz, des Wettbewerbs unter den Mitarbeitern und der Feedback-Variabilität drei Dimensionen des Zielrealisierungsverhaltens am aussagekräftigsten sind. Ergänzt werden diese um die Situationsanalyse, die sich mit einem Beta-Wert von -.193 zumindest auf dem 5%-Niveau als signifikant erweist. Somit ist die Situationsanalyse die einzige Dimension, die in Prädiktormodellen sowohl für Erfolgs- als auch Misserfolgssituation Eingang findet.

Aufgrund dieser Unterschiedlichkeit der jeweils bedeutsamen Prädiktoren kann die Hypothese H5 angenommen werden.

*H6: Nach dem Erleben einer Misserfolgssituation zeigen sich deutlichere Zusammenhänge zwischen den Dimensionen des Zielsetzungsverhaltens und der Performance als nach dem Erleben einer Erfolgssituation.*

Wie aus der zuvor getrennt nach Situation vorgenommenen Gegenüberstellung der Korrelationen zwischen einzelnen Verhaltenskomponenten und der Performance deutlich wird, unterscheiden sich die meisten Korrelationen voneinander. Diese Unterschiedlichkeit wird durch die Fisher-z-Transformation und die daraus resultierenden Effektmaße q für die meisten Dimensionen bestätigt. Die Dimensionen des Zielsetzungsverhaltens weisen in Misserfolgssituationen durchgehend höhere Korrelationen auf als in Erfolgssituationen. Besonders deutlich ist der Unterschied für die Partizipation, während für die Situationsanalyse und die Spezifität zwar signifikante aber geringere Unterschiede feststellbar sind. Auch für die Dimension ex ante Zielsetzung liegt die Korrelation in Misserfolgssituationen über der in Erfolgssituationen, wobei dieser Unterschied nicht signifikant ist. Zusammenfassend ist auf Basis der erzielten Ergebnisse auch die Hypothese H6 anzunehmen.

*H7: Nach dem Erleben einer Misserfolgssituation zeigen sich deutlichere Zusammenhänge zwischen den Dimensionen des Zielrealisierungsverhaltens und der Performance als nach dem Erleben einer Erfolgssituation.*

Wie bereits bei der Überprüfung der Hypothese H6 angesprochen zeigen sich für fast alle Verhaltensdimensionen verschiedene Korrelationen bei Erfolg und Misserfolg. Entgegen den Erwartungen sind die Zusammenhänge für die Feedback-Frequenz und die Feedback-Variabilität in Erfolgssituationen deutlicher ausgeprägt als nach dem Erleben eines Misserfolgs. Die Fisher-z-Transformation zeigt für Erstgenannte einen mittleren und für Letztgenannte einen geringen Unterschied. Für den Wettbewerb unter den Mitarbeitern sowie die Situationsgestaltung sind tendenziell gleiche Effekt zu beobachten, die sich jedoch als nicht signifikant erweisen. Eine Ausnahme bildet das Vertrauen in die Leistungsfähigkeit, das in Misserfolgssituationen einen höheren Zusammenhang zur Performance aufweist als in Erfolgssituationen. Die Hypothese H7 muss also abgelehnt werden.

An dieser Stelle erscheint eine abschließende Bemerkung zur Höhe aller in dieser Untersuchung festgestellten Korrelationen sinnvoll. Im Vergleich zu anderen Untersuchungen können zwischen dem Verhalten der Führungskräfte und der gemessenen Performance nur vergleichsweise schwache Zusammenhänge nachgewiesen werden. Diese relativ niedrigen Korrelationen sind zum Teil auf die Komplexität des Tätigkeitsfeldes im Retailbanking zurückzuführen. Nach Erkenntnissen von Wegge (1998a) nimmt die Leistungssteigerung durch schwierige und spezifische Ziele bei zunehmender Aufgabenkomplexität ab. Da die Arbeitsabläufe im Retailbanking über die letzten Jahre einen kontinuierlichen Komplexitätszuwachs aufweisen, haben Verhaltensweisen der Führungskräfte, die auf die Spezifität oder die Schwierigkeit des Ziels ausgerichtet sind, einen vergleichsweise geringen Effekt auf die gemessene Performance.

### 4.2.2 Diskussion der Untersuchungsmethode sowie Ableitung weiterführender Forschungsansätze

In diesem Abschnitt werden die Untersuchungsmethode sowie die Implikationen der Untersuchung für die praktische Anwendung kritisch reflektiert. Hierfür erfolgt zunächst eine Erörterung des Untersuchungsdesigns gefolgt von der Auseinandersetzung mit der Operationalisierung der verwendeten Konstrukte sowie der zugrunde gelegten Stichprobe.

*Untersuchungsdesign*

Im Rahmen der kritischen Würdigung des Untersuchungsdesigns soll an dieser Stelle zunächst auf die Zielsetzung, die mit dieser Arbeit verfolgt wurde, eingegangen werden.

Ziel dieser Arbeit war die Entdeckung von Zusammenhängen zwischen verschiedenen Konstrukten des Verhaltens der Führungskräfte und der messbaren Performance. Die zuvor aufgeführten Ergebnisse zeigen, dass sich für viele der untersuchten Aspekte signifikante Zusammenhänge nachweisen lassen. Hieraus lassen sich jedoch keine Aussagen über Kausalitäten ableiten. Vielmehr ist das Kausalitätsproblem nur durch quasiexperimentelle Studien oder Längsschnitterhebungen zu bewältigen. Beide Verfahren lassen sich jedoch nur sehr eingeschränkt im Unternehmenskontext realisieren, da der überwiegende Teil der Umfeldfaktoren nicht konstant gehalten werden kann. Auch betriebsverfassungsrechtliche Limitationen – beispielsweise bei Leistungskontrollen – erschweren den Einsatz solcher Instrumente. Interpretationen wie etwa „Wenn sich die Führungskraft gemäß Verhaltensmuster XY verhält, wird sie erfolgreich" sind als Schlussfolgerung dieser Studie nicht zulässig, weil auch der umgekehrte Schluss „Da die Führungskraft erfolgreich ist, verhält sie sich gemäß Verhaltensmuster XY" zulässig ist. Diese fehlenden Kenntnisse über die Kausalität führen zu Einschränkungen bei der Umsetzung der gewonnenen Erkenntnisse in die Praxis.

Die Form der Befragung als Selbsteinschätzung mittels Online-Fragebogen stellt einen weiteren bedeutsamen Aspekt des Untersuchungsdesigns dar. Die mit Online-Befragungen verbundenen Nachteile sind unter anderem darin zu sehen, dass im Regelfall eine Bearbeitung des Fragebogens am Arbeitsplatz vorgenommen werden muss, wenn – wie im Falle dieser Untersuchung – der Fragebogen an die Firmenadresse gemailt wird. Es ist somit nicht ohne weiteres möglich, die Fragen zu Hause zu beantworten, wie dies bei herkömmlichen Papierfragebögen der Fall ist. Diese Einschränkung der Bearbeitungsmöglichkeiten kann zu einer Verringerung der Beteiligung bzw. zu sehr kurzen Bearbeitungszeiten führen. Beides konnte für diese Untersuchung nicht festgestellt werden. Sowohl die Rücklaufquote von 60% als auch die durchschnittliche Bearbeitungszeit von etwa 17 Minuten zeigen, dass sich die Versuchspersonen intensiv mit der Thematik auseinandergesetzt haben. Darüber hinaus wird bei Online-Befragungen oftmals kritisch hinterfragt, inwiefern die Anonymität der Versuchspersonen gewährleistet ist. Durch die in dieser Arbeit verwendete Befragungssoftware konnte die Anonymität der Probanden sowie die Freiwilligkeit der Teilnahme sichergestellt werden.

*Operationalisierung der zu untersuchenden Konstrukte*

Um die unterschiedlichen Verhaltensweisen zu erheben, wurden typische Alltagssituationen aus dem Leben der Filialleiter geschildert und abgefragt, wie sich die Versuchspersonen in einer solchen Situation verhielten. Dabei wurde besonderer

Wert auf die Realitätsnähe gelegt, um möglichst repräsentative Situationen als Grundlage für die Untersuchung einzubeziehen. Die durchgeführten Pretests deuten darauf hin, dass es gelungen ist, charakteristische Situationen zu schildern. Dementsprechend ist davon auszugehen, dass die Filialleiter eine zwar hypothetische aber dennoch realistische Situation zu beurteilen hatten. Dennoch ist nicht auszuschließen, dass die dargestellten Situationen für einzelne an der Untersuchung beteiligte Unternehmen nicht realistisch sind. Daher sollte für weitergehende Studien zusätzlich erhoben werden, ob die geschilderten Situationen bekannt sind oder zumindest als realistisch eingeschätzt werden.
Das Verhalten von Führungskräften in erfolgskritischen Situationen wurde erhoben, indem den Filialleitern entweder eine Erfolgs- oder eine Misserfolgssituation geschildert wurde und sie aufgefordert wurden, anzugeben wie sie sich in einer solchen Situation verhielten. Der überwiegende Teil der erhobenen Konstrukte erwies sich als aussagekräftig zur Überprüfung der aufgestellten Hypothesen. Einzelne Items (n=3) zeichneten sich jedoch durch eine geringe Standardabweichung aus, die als Indiz für eine einheitliche Beantwortungstendenz durch die Versuchspersonen zu bewerten ist. Die vergleichsweise ähnliche Beantwortung einzelner Items durch die leistungsheterogene Stichprobe deutet entweder darauf hin, dass diese Verhaltensaspekte in keinem ausgeprägten Zusammenhang zur Performance stehen oder dass die Versuchspersonen aufgrund der Fragestellung generell sehr einheitliche Antworten gegeben haben. Für Folgeuntersuchungen sollten diese Items überarbeitet werden.
Wie in Kapitel 4.1.2 beschrieben, wurden die Items anschließend zu mehreren Verhaltensdimensionen der beiden Kategorien Zielsetzungsverhalten und Zielrealisierungsverhalten zusammengefasst. Hierbei ergaben sich jeweils drei relevante Dimensionen je Kategorie. Die erzielten Reliabilitäts- sowie Trennschärfekennzahlen liegen insgesamt im zufriedenstellenden Bereich. Dennoch wäre eine Verbesserung einzelner Kennzahlen für ausgewählte Dimensionen im Rahmen weiterer Forschungsarbeiten wünschenswert. Die Anzahl der Items pro Dimension wurde in dieser Untersuchung bewusst niedrig gehalten, um die Bearbeitungszeit trotz der Anzahl der untersuchten Dimensionen möglichst gering zu halten. Für die Skalen, die sich als besonders aussagekräftig erwiesen haben, sollten in weiterführenden Studien zusätzliche Items einbezogen werden. Auch für die beiden einzelnen Items, die signifikante Korrelationen zur Performance der Filialleiter aufweisen, sollten umfassendere Skalen gebildet werden.
Entgegen den aus der Literatur abgeleiteten Erwartungen erwies sich die hier untersuchte Operationalisierung der gedanklichen Auseinandersetzung mit der Zielerreichung (vgl. Kapitel 4.1.4), wie sie von Kuhl (1983) umfassend beschrieben wird, als nicht aussagekräftig. Fast alle Versuchspersonen gaben an, sich sehr intensiv mit allen vier beschriebenen Bereichen auseinander zu setzen. Eine Differenzierung fand, wie an den hohen Durchschnittswerten in Verbindung mit den geringen Standardabweichungen der Items zu erkennen ist, kaum statt. In diesem

Zusammenhang bietet es sich für weitere Analysen beispielsweise an, den Versuchspersonen die Möglichkeit zu geben, eine bestimmte Anzahl von Punkten auf die vier Möglichkeiten zu verteilen und somit deren Prioritäten zu erheben.
Für die Erhebung der Verhaltenskomponente lässt sich zusammenfassend feststellen, dass ein Großteil der erhobenen Aspekte sich als in der Operationalisierung erfolgreich und inhaltlich relevant für die Überprüfung der zugrunde liegenden Fragestellungen erwiesen hat.

Die zweite erhobene Komponente dieser Untersuchung war die Einschätzung der Performance der eigenen Filiale durch die jeweiligen Filialleiter. Die hierfür entwickelte Balanced Scorecard stellt eine Alternative zu den in der Mehrzahl aller Studien verwendeten beliebigen eindimensionalen Leistungsmaßen zur Beurteilung des Führungserfolges dar. Durch die Kombination kurz- und langfristiger Faktoren sollte sichergestellt werden, dass nicht einseitig nur vorübergehend wirksame finanzielle Indikatoren die Basis für die Leistungsbeurteilung bilden. Obwohl bei den meisten Items für alle Befragten deutlich war, welche Ausprägung auf der Skala einer überdurchschnittlichen Leistung repräsentierte, enthielt der Fragebogen auch Items, bei denen beide Extremwerte der Skala als positives Leistungsmerkmal ausgelegt werden konnten. Exemplarisch ist hier das Item zur Nutzung unterschiedlicher Zugangskanäle durch den Kunden zu nennen. Eine überdurchschnittliche Nutzung alternativer Zugangskanäle für Standarddienstleistungen wie Überweisungen oder Zahlungsverkehr lässt sich auf der einen Seite als effiziente Ressourcenallokation deuten, die Freiräume für nutzenoptimierte Tätigkeiten schaffen. Auf der anderen Seite kann eine geringe Nutzung alternativer Zugangskanäle und die daraus resultierende Häufigkeit des persönlichen Kundenkontaktes mit vergleichsweise vielen Cross Selling Gelegenheiten positiv eingeschätzt werden. Dieses Beispiel zeigt, dass trotz der durchgeführten Pretests bei einzelnen Items der Performancebeurteilung unterschiedliche Einschätzungen möglich waren und somit Missverständnisse bei der Einschätzung der Performance nicht mit letzter Sicherheit ausgeschlossen werden konnten.
Obwohl die umfassende Analyse der strategischen Ziele der drei Sektoren des deutschen Bankenmarktes gezeigt hat, dass alle Unternehmen vergleichsweise kongruente Ziele verfolgen, ist die einheitliche Gewichtung der Faktoren der BSC für alle Filialleiter kritisch zu hinterfragen, da in allen an der Untersuchung beteiligten Unternehmen unterschiedliche Maßstäbe für die Leistungsbeurteilung der Filialleiter herangezogen werden. Eventuell erweisen sich einige der in diesem Zusammenhang erhobenen Items für einzelne Versuchspersonen als nicht relevant, da sie im jeweiligen Unternehmen nicht in die Leistungsbeurteilung einfließen, während andere Kriterien fehlen könnten. Bei einer unternehmensübergreifenden, intersektoralen Vergleichsstudie kann auf diese Unterschiede jedoch nicht eingegangen werden, vielmehr gilt es, ein möglichst vergleichbares Beurteilungssystem zur Abbildung unterschiedlicher Leistungsniveaus zu entwickeln, wie es

hier mit der BSC versucht wurde. Für weitere Untersuchungen im Bereich des Retailbankings sollte dementsprechend geprüft werden, ob sich bis dahin eine institutsübergreifende Scorecard zur Leistungsmessung etabliert hat.
Die Kontrolle der Selbsteinschätzung der Performance durch die Lügenskala zur Überprüfung der sozialen Erwünschtheit zeigte keinen signifikanten Zusammenhang zwischen dem Wert auf der Lügenskala und der Selbsteinschätzung der Performance auf. Hieraus lässt sich jedoch nicht ableiten, dass sich alle Versuchspersonen realistisch eingeschätzt haben. Es ist durchaus denkbar, dass eine Verschiebung aller Antworten in Richtung auf eine positivere Einschätzung stattgefunden hat. Eine solche gleichmäßige Verschiebung hat allerdings keine Auswirkungen auf die untersuchten Zusammenhänge, da alle Personen hiervon gleichermaßen betroffen wären. Eine Möglichkeit, diesen Effekt zu verhindern, bestünde darin, nur objektive Leistungsdaten der Führungskräfte zu erfassen. Dies stünde jedoch im Widerspruch zu dem mit der BSC verfolgten Ziel, neben finanziellen Kennzahlen auch nachhaltige Faktoren einzubeziehen, da für diese Faktoren kein einheitliches Meßsystem existiert. Abschließend bleibt zur Selbsteinschätzung der Leistung durch die Befragten anzumerken, dass eine Verzerrung der Antworten nie vollkommen auszuschließen ist. Die für diese Arbeit ergriffenen Kontrollmechanismen deuten jedoch darauf hin, dass insgesamt zuverlässige Daten erhoben werden konnten.

*Stichprobe*

Die Auswahl der Stichprobe hat eine nicht zu vernachlässigende Bedeutung für die Interpretation der Untersuchungsergebnisse. Ziel dieser Arbeit war es, eine möglichst homogene Stichprobe ausreichenden Umfangs zu generieren, um daraus Implikationen für einen genau definierten Bereich der betrieblichen Praxis ableiten zu können. Die Restriktionen bei der Auswahl der Stichprobe waren aufgrund der benötigten hohen Vergleichbarkeit der kontextualen Faktoren notwendig. Die Spezifität der Zielgruppe könnte jedoch negative Auswirkungen auf die Generalisierbarkeit der gewonnen Ergebnisse haben. Um unternehmensbezogene Besonderheiten zu minimieren und darüber hinaus eine vergleichende Gegenüberstellung der drei Sektoren des deutschen Bankenmarktes vornehmen zu können, wurden insgesamt fünf Institute unterschiedlicher Größe in die Untersuchung einbezogen. Der Vergleich der soziodemographischen Faktoren der Versuchspersonen ergab eine Übereinstimmung, die die ex ante Erwartungen sogar noch übertraf. Diese weitestgehende Kongruenz der demographischen Daten in Kombination mit dem Fehlen signifikanter Verhaltensunterschiede zwischen den Sektoren trotz der im Detail divergierenden Unternehmensstrategien legt den Schluss nahe, dass die aus der Gesamtstichprobe gewonnenen Ansätze auch über die Grenzen des Retailbankings von Bedeutung sind. Die in der Untersuchung geschilderten Erfolgs- sowie Misserfolgssituationen lassen sich auch auf andere Wirtschaftseinheiten übertragen. Um hierzu präzisere Aussagen treffen zu können, gilt es in Fol-

gestudien, die hier gewonnenen Ergebnisse auf andere Wirtschaftssektoren zu übertragen.
Die überdurchschnittliche Rücklaufquote sowie der hohe Anteil der Filialleiter, die Interesse an den Erkenntnissen dieser Untersuchung zeigten, sind Hinweise für die Bedeutung des Themengebietes für die Versuchspersonen. Die Beteiligungswerte sind besonders vor dem Hintergrund der z.T. im Vorfeld von Unternehmensseite kritisierten Länge des Fragebogens beachtlich. Gründe für dieses Interesse am Thema Führungsforschung innerhalb der Stichprobe sind zum einen im steigenden Wettbewerbsdruck der Filialleiter innerhalb eines Unternehmens und dem daraus resultierenden Streben nach Vorteilen gegenüber den Wettbewerbern zu sehen. Zum anderen bietet die Teilnahme an einer unabhängigen Untersuchung in Verbindung mit der Einsicht in die Ergebnisse die Möglichkeit, unternehmensinterne Strategien zum Umgang mit Führung zu überprüfen.
Da die bereits angesprochene vergleichsweise hohe Komplexität der Arbeitsabläufe im Retailbanking sich negativ auf die Höhe der Korrelationen zwischen dem Verhalten und der Performance ausgewirkt haben könnte, ist für Anschlussuntersuchungen zu überlegen, ob der Einsatz einer anderen Stichprobe zu deutlicheren Zielen führt. Allerdings spricht das beachtliche Interesse der Filialleiter an der Befragung dafür, Filialleiter im deutschen Retailbanking auch in zukünftige Untersuchungen einzubinden.

### 4.2.3 Implikationen für die Praxis

Im Anschluss an die kritische Würdigung der in dieser Arbeit eingesetzten Untersuchungsmethode soll jetzt der Frage nachgegangen werden, inwiefern sich die gewonnenen Erkenntnisse im Unternehmenskontext implementieren lassen. Hierbei stehen Personalentwicklungsmaßnahmen im Vergleich zu Personalauswahlinstrumenten im Vordergrund. In diesem Zusammenhang ist relativierend anzumerken, dass aus den hier gewonnenen Erkenntnissen in erster Linie Aussagen über zu verfolgende Tendenzen in der betrieblichen Personalarbeit gemacht werden können, die nicht zwangsläufig direkt in Personalentwicklungsinstrumente umsetzbar sind.
Bevor auf spezifische Untersuchungsergebnisse eingegangen wird, soll der Versuch unternommen werden, aus der Gesamtheit der Erkenntnisse eine konkludierende Schlussfolgerung zu ziehen: Es lassen sich keine kontextunabhängigen Verhaltensmaßstäbe als Referenz nachweisen, die einen dauerhaft hohen Zusammenhang zur Performance der geführten Einheiten aufweisen. Vielmehr kann mit dieser Untersuchung gezeigt werden, dass eine Variabilität des Führungsverhaltens – in diesem Falle des Zielsetzungs- und Zielrealisierungsverhaltens in erfolgskritischen Situationen – die Grundlage für effizientes und effektives Führen darstellt. In Abhängigkeit der geschilderten Situation erweisen sich unterschiedliche Komponenten des Führungsverhaltens als besonders aussagekräftig: nach

Misserfolgserlebnissen das Zielsetzungsverhalten und nach Erfolgssituationen das Zielrealisierungsverhalten.

Nun einige Transfermöglichen für Personalentwicklungsmaßnahmen im Detail:

- Als besonders deutlich hat sich der Unterschied zwischen erfolgreichen und weniger erfolgreichen Filialleitern für die Dimension der Situationsanalyse erwiesen. Leistungsstarke Filialleiter setzen sich weniger intensiv mit vergangenen Situationen auseinander. Dies gilt insbesondere für Misserfolgssituationen in der Vergangenheit. Hieraus lässt sich für Personalentwicklungsmaßnahmen ableiten, dass eine zu intensive Analyse der vergangenen Situation nicht zwangsläufig erstrebenswert ist. Vielmehr muss den Führungskräften die Fähigkeit vermittelt werden, sich nach Beendigung eines Abschnitts – dies können wie in der Untersuchung beschrieben etwa begrenzte Vertriebsaktionen aber auch andere deutlich abgrenzbare Situationen sein – auf neue, in der Zukunft liegende Ziele auszurichten. Aus dieser Forderung lässt sich jedoch im Umkehrschluss nicht ableiten, dass gar keine Rückbesinnung auf vergangene Situationen stattfinden sollte. Es sollte jedoch darauf geachtet werden, dass die Analyse der Vergangenheit nicht die Ausrichtung auf zukünftiges Handeln einschränkt.
- Auch für die Partizipation der Mitarbeiter nach dem Erleben von Misserfolgen konnten deutliche Ergebnisse erzielt werden. Leistungsstarke Führungskräfte binden ihre Mitarbeiter dabei deutlich stärker in die Zielsetzung für zukünftige Ziele ein. Dies sollte in Bildungsmaßnahmen aufgegriffen werden, indem eine stärkere Fokussierung auf die Einbindung der Mitarbeiter vorgenommen wird. Die weit verbreitete Einstellung von Führungskräften, abgeleitet aus ihrer letztendlichen Verantwortung für das Ergebnis der Filiale, alle Entscheidungen selbständig zu treffen, ist dementsprechend zu kritisieren. Vielmehr sollten gezielte Interventionsmechanismen für die Einbindung der Mitarbeiter in den Zielsetzungsprozess entwickelt werden, die auf der einen Seite Steuerungsimpulse durch die Führungskräfte zulassen, auf der anderen Seite aber auch die Beteiligung der Mitarbeiter sicherstellt. Diese Partizipationsbemühungen sind in Teilen der Wirtschaft bereits relativ verbreitet. Insbesondere in stark hierarchisch geführten Unternehmen bestehen gegenüber dieser Vorgehensweise aber immer noch nicht unerhebliche Widerstände.
- Ein weiteres Themenfeld, für das die Erkenntnisse der Arbeit in die Praxis umgesetzt werden können, ist der Umgang der Führungskräfte mit Feedback für ihre Mitarbeiter. Hier zeigt sich, dass eine stärkere Differenzierung des Feedbacks erstrebenswert ist. Erfolgreiche Führungskräfte variieren die Häufigkeit des Feedbacks deutlich stärker als weniger erfolgreiche Führungskräfte. Es sollte den Führungskräften daher nahegelegt werden die Frequenz ihres Feedbacks nicht konstant zu halten, sondern situations-

adäquat, also für leistungsschwache Mitarbeiter häufiger als für leistungsstarke Mitarbeiter, anzupassen. Dies gilt vergleichbar auch für die Art, wie das Feedback gegeben wird. Auch hier sollte eine Anpassung an den Kontext, in diesem Fall die Person des Mitarbeiters, erfolgen.

Neben diesen Implikationen für Personalentwicklungsmaßnahmen lassen sich die in dieser Arbeit gewonnenen Erkenntnisse auch im Rahmen von Personalauswahlverfahren – wie etwa im Assessmentcenter – nutzen. Die Bedeutung des Erlebens von Erfolgs- und Misserfolgssituationen für das Zielsetzungs- und Zielrealisierungsverhalten kann in die Beschreibung bestimmter Situationen einfließen, die sich als besonders aussagekräftig für den Zusammenhang zwischen der Performance und dem Verhalten erwiesen haben.
Da aus den Ergebnissen abzuleiten ist, dass es nicht „das eine" erfolgreiche Zielsetzungs- oder Zielrealisierungsverhalten gibt, sondern vielmehr ein flexibles Reagieren auf den Kontext gefordert ist, lässt sich durch die Schilderung unterschiedlichster Situationen die Verhaltensflexibilität potentieller Führungskräfte überprüfen.

## 5 Resümee und Ausblick

Ziel der Untersuchung war es herauszufinden, welche Verhaltensdimensionen von Führungskräften in erfolgskritischen Situationen Zusammenhänge mit der nachhaltig messbaren ökonomischen Performance der Filiale aufweisen. Erfolgskritische Situationen im Sinne der Untersuchung waren hierbei das gemeinsame Erleben von Erfolgs- und Misserfolgssituationen durch die Führungskräfte und ihre Mitarbeiter.

Die empirische Feldstudie wurde in einer homogenen Stichprobe – Filialleiter im deutschen Retailbanking – durchgeführt. Für die Operationalisierung der Fragestellung wurde eine psychologisch orientierte Analyse des Verhaltens in erfolgskritischen Situationen mit einer betriebswirtschaftlich ausgerichteten quantitativen Messung der Performance interdisziplinär verknüpft:

1. Für die Erhebung des Verhaltens wurden typische Erfolgs- und Misserfolgssituationen in Filialen sowie mehrere mögliche Reaktionen der Führungskraft beschrieben, aus denen der Filialleiter seine favorisierte Verhaltensweise auswählen konnte.
2. Der Führungserfolg wurde mit einer im Rahmen dieser Arbeit für das deutsche Retailbanking entwickelten Balanced Scorecard gemessen, um neben kurzfristig wirksamen finanziellen Aspekten auch nachhaltige Faktoren in die Performancemessung einbeziehen zu können.

Die Ergebnisse dieser Arbeit lassen sich in zwei Erkenntnisbereiche aufteilen: Zum einen hat sich die hier entwickelte Balanced Scorecard als Instrument zur Selbsteinschätzung der Performance von Führungskräften bewährt. Zum anderen lassen sich für die meisten der hier untersuchten Dimensionen des Führungsverhaltens in erfolgskritischen Situationen Zusammenhänge zur Performance der Filialen nachweisen. Darüber hinaus kann der Einfluss der Situation aufgezeigt werden.

Folgende Ergebnisse sind besonders hervorzuheben:

- Mittels der verwendeten Balanced Scorecard kann eine leistungsorientierte Differenzierung der Filialleiter vorgenommen werden. Die bimodale Leistungsverteilung in Kombination mit der überprüften Validität der BSC zeigt, dass mit diesem Instrument eine verlässliche Selbsteinschätzung der Performance möglich ist.
- Mit den fünf Dimensionen Situationsanalyse, Feedback-Frequenz, Feedback-Variabilität, Spezifität und Partizipation lassen sich in der Untersuchung etwa 23% der Performancevarianz erklären. Hiermit lässt sich zeigen, dass für das Verhalten, wie es in dieser Untersuchung operationalisiert wurde, ein Zusammenhang zur Performance besteht.
- Die Dimensionen Situationsanalyse (r=-.317**), Spezifität (r=-.216**), ex ante Zielsetzung (r=-.184*) und Wettbewerb unter den Mitarbeitern

(r=-.145*) weisen negative Korrelationen zur gemessenen Leistung auf. Für diese Indikatoren gilt, dass bessere Führungskräfte im Vergleich zu ihren schlechteren Kollegen diese Verhaltensweisen seltener zeigen.

- Für die Dimensionen Feedback-Frequenz (r=.265**), Feedback-Variabilität (r=.210**), sowie Partizipation (r=..168*) lassen sich positive Korrelationen zur gezeigten Leistung nachweisen. Leistungsstarke Führungskräfte wenden diese Verhaltensweisen dementsprechend häufiger an.
- In Misserfolgssituationen stellen Zielsetzungsprozesse (insbesondere die Partizipation und die Situationsanalyse) die maßgeblichen Prädiktoren für die Performance dar.
- Im Gegensatz dazu ermöglichen in Erfolgssituationen eher Zielrealisierungsprozesse (insbesondere die Feedback-Frequenz und der Wettbewerb unter den Mitarbeitern) eine Differenzierung zwischen guten und schlechten Führungskräften.

Darüber hinaus konnte die Feldstudie mit 189 Führungskräften aufzeigen, dass zwischen Führungskräften der drei Sektoren des deutschen Retailbankings weder signifikante Verhaltensunterschiede noch signifikante Differenzen der soziodemographischen Daten bestehen. Diese Übereinstimmungen sind als Indiz für eine weitgehende Implementierbarkeit der gewonnenen Erkenntnisse in die Unternehmenspraxis zu werten.

In der vorliegenden Arbeit wurden vielfältige Erkenntnisse über den Zusammenhang zwischen Führungsverhalten nach dem Erleben erfolgskritischer Situationen und der Performance gewonnen. Naturgemäß konnten nicht alle damit verbundenen Aspekte erkundet werden und es bleibt eine Reihe von Fragen offen. Zukünftige Forschungsarbeiten könnten etwa die Konstrukte Zielsetzungsverhalten und Zielrealisierungsverhalten noch umfangreicher operationalisieren, um Aussagen weiter spezifizieren zu können. Die Weiterentwicklung des hier verfolgten methodischen Ansatzes könnte darüber hinaus auf die Kombination von Feld- und Laboruntersuchungen abzielen, um daraus Aussagen über Kausalitätsbeziehungen zwischen der Performance und dem Verhalten treffen zu können.

# Anhang

Der folgende Fragebogen wurde den Versuchspersonen als Onlinedokument zur Verfügung gestellt. Die auf den Seiten 2 und 3 aufgeführten Situationsbeschreibungen wurden alternativ eingesetzt und führten zur Einteilung der Stichprobe in eine Gruppe, die die Misserfolgssituation bearbeitete und eine Gruppe, die die Erfolgssituation bearbeitete.

UH

Universität Hamburg

**Herzlich Willkommen!**

In der folgenden Umfrage geht es um das Führungsverhalten von Filialleitern im Retailbanking. Diese Befragung wird im Rahmen eines Forschungsprojekts der Universität Hamburg von Ralf Keim durchgeführt.

Die Umfrage besteht aus **2 Teilen**:

- Im ersten Teil wird eine Situation aus dem Alltag eines Filialleiters geschildert. Sie haben daraufhin die Möglichkeit, aus verschiedenen Verhaltensweisen die für Sie passende auszuwählen. Es gibt hierbei **keine richtigen oder falschen Antworten**, sondern es geht um **Ihre persönliche Einschätzung, wie Sie sich verhalten würden.**
- Im zweiten Teil der Befragung werden Sie gebeten, **Einschätzungen** über die **von Ihnen in der Realität geführte Filiale** im **Vergleich zu anderen Filialen** vorzunehmen.

Am Ende des Fragebogens werden einige statistische Abgaben zu Ihrer Person erfragt. Sämtliche Daten werden selbstverständlich **anonym** erhoben; eine Zuordnung zu einzelnen Personen ist nicht möglich. Die Daten werden nur im Rahmen meiner Doktorarbeit an der Universität Hamburg verwendet und danach vernichtet.

Für Ihre Teilnahme benötigen Sie etwa **15 Minuten Zeit** (wirklich!). Wenn Sie es wünschen haben Sie aber am Ende des Fragebogens die Möglichkeit, die zusammengefassten Ergebnisse der Untersuchung anzufordern. Hierzu können Sie Ihre E-Mailadresse hinterlassen.

**Viel Spaß bei der Beantwortung des Fragebogens!**

[Weiter]

Bitte lesen Sie sich die folgende Situation durch und versuchen Sie, sich in sie hinein zu versetzen. **Beantworten Sie die Fragen so, als ob Sie mit Ihrem Team die Situation erleben und in der Rolle des betroffenen Filialleiters wären.**

**<u>Situationsbeschreibung:</u>**

**Sie sind** seit längerer Zeit **Filialleiter** einer mittelgroßen Filiale im Retailbanking Ihrer Bank. In der Vergangenheit hat Ihre Filiale beständig **unterdurchschnittliche Leistungen** erbracht. In Folge einer Vertriebsaktion für ein bestimmtes Produkt vor etwa einem halben Jahr ist es mittlerweile zu **vermehrten Kundenbeschwerden** wegen hoher Verluste der Kunden gekommen.

Ab nächster Woche findet eine **neue Vertriebsaktion mit einem vergleichbaren Produkt** statt. Sie bereiten gerade das heute Nachmittag stattfindende **Meeting mit Ihrem Team** vor. Dabei werden Sie die **neue Aktion vorstellen**, die ab nächster Woche im Fokus des Vertriebs stehen soll. Ihr Vorgesetzter hat Ihnen deutlich gemacht, dass er eine erhebliche Verbesserung der Situation erwartet.

Für die anstehende Vertriebsaktion hat **Ihr Vorgesetzter Ihnen noch kein Vertriebsziel** für Ihre Filiale **genannt.** Er hat alle seine Filialleiter **aufgefordert, sich – ggf. mit dem Team zusammen – selbst ein Ziel zu definieren**, dass erreicht werden soll.

[Weiter]

Bitte lesen Sie sich die folgende Situationsbeschreibung durch und versuchen Sie, sich in sie hinein zu versetzen. **Beantworten Sie die Fragen so,** als ob **Sie mit Ihrem Team die Situation erleben** und **in der Rolle** des **betroffenen Filialleiters wären**.

**<u>Situationsbeschreibung:</u>**

Sie sind seit längerer Zeit **Filialleiter** einer mittelgroßen Filiale im Retailbanking Ihrer Bank. In der Vergangenheit hat Ihre Filiale beständig **überdurchschnittliche Leistungen** erbracht. **Gerade erst** sind Sie mit Ihrem **Team** für die Leistungen bei einer Vertriebsaktion vor einem halben Jahr **ausgezeichnet worden**.

Ab nächster Woche findet eine **neue Vertriebsaktion mit einem vergleichbaren Produkt** statt. Sie bereiten gerade das heute Nachmittag stattfindende **Meeting mit Ihrem Team** vor. Dabei werden Sie die **neue Aktion vorstellen**, die ab nächster Woche im Fokus des Vertriebs stehen soll. Ihr Vorgesetzter hat Ihnen deutlich gemacht, dass er weiterhin hervorragende Leistungen von Ihrer Filiale erwartet.

Für die anstehende Vertriebsaktion hat **Ihr Vorgesetzter Ihnen noch kein konkretes Vertriebsziel** für Ihre Filiale **genannt**. Er hat alle seine Filialleiter **aufgefordert, sich – ggf. mit dem Team zusammen – selbst ein Ziel zu definieren**, dass erreicht werden soll.

[Next]

UHH Universität Hamburg

**Wie reagieren Sie in der zuvor beschriebenen Situation?**

| | *trifft gar nicht zu* | *trifft überwiegend nicht zu* | *teils teils* | *trifft überwiegend zu* | *trifft voll und ganz zu* |
|---|---|---|---|---|---|
| Vor dem Teammeeting formuliere ich für mich ein konkretes Ziel, das ich gemeinsam mit meinen Mitarbeitern anstrebe. | ○ | ○ | ○ | ○ | ○ |
| Zur Vorbereitung unseres Meeting setze ich mich noch einmal umfassend mit der letzten erfolgreichen Vertriebsaktion auseinander. | ○ | ○ | ○ | ○ | ○ |
| Dabei suche ich nach konkreten Verhaltensweisen der Mitarbeiter, die zum Misserfolg geführt haben. | ○ | ○ | ○ | ○ | ○ |
| Ich bin mir manchmal unsicher, wie ich meine Mitarbeiter in so einer Situation motivieren kann. | ○ | ○ | ○ | ○ | ○ |
| Ich sorge dafür, dass das Ziel dieser Vertriebsaktion nicht die Erreichung anderer Ziele, die meine Mitarbeiter haben, behindert | ○ | ○ | ○ | ○ | ○ |
| Ich verdeutliche gegenüber meinen Mitarbeitern die Bedeutung der Zielerreichung für ihre persönliche Weiterentwicklung. | ○ | ○ | ○ | ○ | ○ |
| Meine Mitarbeiter können mitbestimmen, wie – d.h. mit welchen Maßnahmen - das Ziel erreicht werden soll . | ○ | ○ | ○ | ○ | ○ |

Weiter

UHH Universität Hamburg

**Wie reagieren Sie in der zuvor beschriebenen Situation?**

| | *trifft gar nicht zu* | *trifft überwiegend nicht zu* | *teils teils* | *trifft überwiegend zu* | *trifft voll und ganz zu* |
|---|---|---|---|---|---|
| Ich küre regelmäßig so etwas wie den „Mitarbeiter der Woche". | ○ | ○ | ○ | ○ | ○ |
| Ich gehe davon aus, dass wir diesmal erfolgreicher sein werden als bei der letzten Aktion. | ○ | ○ | ○ | ○ | ○ |
| Bei extrem schwierigen Zielen neige ich gelegentlich dazu, zuerst andere Ziele zu verfolgen. | ○ | ○ | ○ | ○ | ○ |
| Ich denke, mein eigener Anteil am Ergebnis bei solchen Vertriebsaktionen ist gering, die Mitarbeiter und Kunden sind entscheidend. | ○ | ○ | ○ | ○ | ○ |
| Ich denke, es darf für die Mitarbeiter nicht zu einfach sein, Ziele zu erreichen. | ○ | ○ | ○ | ○ | ○ |
| Ich halte einen Leistungswettbewerb der Mitarbeiter untereinander im Rahmen einer solchen Vertriebsaktion für förderlich. | ○ | ○ | ○ | ○ | ○ |
| Ich gebe das Ziel für die neue Vertriebsaktion ohne Beteiligung meiner Mitarbeiter vor. | ○ | ○ | ○ | ○ | ○ |
| Meine Mitarbeiter können mitbestimmen, welches Ziel wir in der Vertriebsaktion erreichen wollen. | ○ | ○ | ○ | ○ | ○ |

Weiter

UHH Universität Hamburg

Sie **befinden sich** mittlerweile in dem angekündigten **Teammeeting mit Ihren Mitarbeitern** am gleichen Tag. Da Ihre Filiale bei einer vergleichbaren Vertriebsaktion in der Vergangenheit bereits schlecht abgeschnitten hat, äußern **Ihre Mitarbeitern Bedenken** bezüglich der Vertriebsaktion und verweisen u.a. auf das derzeit **schwierige Marktumfeld** und die vielfältigen weiteren Ziele, welche die Filiale erreichen muss.

**Wie verhalten Sie sich im Teammeeting?**

| | *trifft gar nicht zu* | *trifft überwiegend nicht zu* | *teils teils* | *trifft überwiegend zu* | *trifft voll und ganz zu* |
|---|---|---|---|---|---|
| Stichhaltige Argumente meiner Mitarbeiter können mich von dem Ziel, das ich mir vorher überlegt hatte, abbringen. | ○ | ○ | ○ | ○ | ○ |
| Ich gehe davon aus, dass einige Mitarbeiter von den gesetzten Zielen überfordert sind. | ○ | ○ | ○ | ○ | ○ |
| Ich vermittle meinen Mitarbeitern in unserem Meeting deutlich, woran ich Ihre Leistung messe. | ○ | ○ | ○ | ○ | ○ |
| Ich formuliere dabei konkret messbare quantitative Ziele (z.B. Vertriebszahlen). | ○ | ○ | ○ | ○ | ○ |
| Ich formuliere dabei konkret messbare qualitative Ziele (z.B. Eingehen auf Kundenwünsche). | ○ | ○ | ○ | ○ | ○ |
| Ich setze Ziele, indem ich meine Mitarbeiter auffordere, Ihr bestes zu geben. | ○ | ○ | ○ | ○ | ○ |
| Ich gebe feste Termine/Zeitvorgaben zur Erfüllung der Ziele. | ○ | ○ | ○ | ○ | ○ |
| Im Gespräch mit meinen Mitarbeitern lasse ich sie stets ausreden und höre Ihnen aufmerksam zu. | ○ | ○ | ○ | ○ | ○ |

Weiter

UHH Universität Hamburg

Wie formulieren Sie in dem Meeting Ihre Zielsetzung für die Vertriebsaktion?

○ Ein Gesamtziel für das Team

○ Ein Gesamtziel für das Team und für jeden Mitarbeiter ein Einzelziel

○ Ein Gesamtziel für das Team mit der Aufforderung an die die Mitarbeiter, es unter sich aufzuteilen

○ Ein Einzelziel für jeden Mitarbeiter, ohne es für das Gesamtteam zusammenzufassen

Bekommen dabei alle Mitarbeiter das gleiche Ziel?

○ ja ○ nein

Wenn nein: Wovon hängt die Höhe des individuellen Ziels ab?

☐ Berufserfahrung der Mitarbeiter

☐ Leistungsniveau der Mitarbeiter

☐ Produktkenntnisse der Mitarbeiter

☐ Funktion der Mitarbeiter in der Filiale

☐ sonstiges

Weiter

UHH Universität Hamburg

Das oben beschriebene **Teammeeting**, auf dem Sie die neue Vertriebsinitiative vorgestellt haben liegt mittlerweile **eine Woche zurück**. Ähnlich wie vor etwa einem halben Jahr **liegen Sie mit Ihrer Filiale bisher deutlich unterhalb der Erwartungen.**

**Wie verhalten Sie sich gegenüber Ihren Mitarbeitern in Anbetracht des sich abzeichnenden Misserfolgs bei der Vertriebsaktion?**

| | *trifft gar nicht zu* | *trifft überwiegend nicht zu* | *teils teils* | *trifft überwiegend zu* | *trifft voll und ganz zu* |
|---|---|---|---|---|---|
| Ich stelle mir vor, welche Konsequenzen es für mich hat (z.B. im Ranking aufsteigen, mehr Ansehen...) wenn wir gemeinsam das Ziel erreichen. | ○ | ○ | ○ | ○ | ○ |
| Ich entwickle für mich feste Pläne, wie ich meinen Beitrag zur Zielerreichung gestalte. | ○ | ○ | ○ | ○ | ○ |
| Ich erzähle anderen Personen außerhalb der Filiale aber innerhalb der Bank von den Zielen, die ich mir für unser Team vorgenommen habe. | ○ | ○ | ○ | ○ | ○ |
| Ich beschäftige mich gedanklich intensiv mit dem zu erreichenden Ziel. | ○ | ○ | ○ | ○ | ○ |
| Ich beschäftige mich gedanklich intensiv mit der derzeitigen Situation. | ○ | ○ | ○ | ○ | ○ |
| Ich beschäftige mich gedanklich intensiv mit dem Unterschied zwischen dem Ziel und der derzeitigen Situation. | ○ | ○ | ○ | ○ | ○ |
| Ich beschäftige mich gedanklich intensiv mit den geplanten Handlungen zur Zielerreichung. | ○ | ○ | ○ | ○ | ○ |

Weiter

UHH Universität Hamburg

**Wie verhalten Sie sich gegenüber Ihren Mitarbeitern in Anbetracht des sich abzeichnenden Misserfolgs bei der Vertriebsaktion?**

| | *trifft gar nicht zu* | *trifft überwiegend nicht zu* | *teils teils* | *trifft überwiegend zu* | *trifft voll und ganz zu* |
|---|---|---|---|---|---|
| Ich fördere den internen Leistungswettbewerb unter meinen Mitarbeitern. | ○ | ○ | ○ | ○ | ○ |
| Ich zeichne gute Mitarbeiter öffentlich (d.h. im Team) aus. | ○ | ○ | ○ | ○ | ○ |
| Ich ermutige meine Mitarbeiter, neue Verhaltensweisen im Verkauf auszuprobieren. | ○ | ○ | ○ | ○ | ○ |
| Ich belohne qualitative Erfolge (z.B. kundenorientiertes Verhalten). | ○ | ○ | ○ | ○ | ○ |
| Ich belohne quantitative Erfolge (z.B. Vertriebszahlen). | ○ | ○ | ○ | ○ | ○ |
| Ich entwickle konkrete Pläne für jeden meiner Mitarbeiter, um sie in der Zielerreichung zu unterstützen. | ○ | ○ | ○ | ○ | ○ |
| Bei Diskussionen mit meinen Mitarbeitern bleibe ich stets sachlich und objektiv. | ○ | ○ | ○ | ○ | ○ |
| Zeigt ein Mitarbeiter ausgesprochen gute Leistung im Vergleich zu den Kollegen, gebe ich seltener Feedback. | ○ | ○ | ○ | ○ | ○ |
| Zeigt ein Mitarbeiter im Vergleich zu seinen Kollegen eine besonders schlechte Leistung, gebe ich häufiger Feedback. | ○ | ○ | ○ | ○ | ○ |

Weiter

UHH Universität Hamburg

**Wie verhalten Sie sich gegenüber Ihren Mitarbeitern in Anbetracht des sich abzeichnenden Misserfolgs bei der Vertriebsaktion?**

| | *trifft gar nicht zu* | *trifft überwiegend nicht zu* | *teils teils* | *trifft überwiegend zu* | *trifft voll und ganz zu* |
|---|---|---|---|---|---|
| Ich gebe meinen Mitarbeitern regelmäßig ein strukturiertes Feedback zur beobachteten Verhaltensweise (z.B. Umgang mit Kunden). | O | O | O | O | O |
| Ich ziehe in Feedbackgesprächen Vergleiche zu anderen Kollegen. | O | O | O | O | O |
| Die Art, wie ich Feedback gebe, hängt von der Person des Mitarbeiters ab (Alter, Erfahrung,...). | O | O | O | O | O |
| Ich vereinbare eine schrittweise Vorgehensweise zur Behebung evtl. bestehender Leistungsdefizite. | O | O | O | O | O |
| Ich gebe ausschließlich Feedback, welches das Wissen des Mitarbeiters über sein Verhalten erweitert. | O | O | O | O | O |
| Ich möchte mit dem Feedback besonders positive bzw. negative Verhaltensweisen aufzeigen. | O | O | O | O | O |
| Ich gebe eher ein sachorientiertes als personenorientiertes Feedback. | O | O | O | O | O |

Weiter

UHH Universität Hamburg

**Im zweiten Teil der Befragung geht es nun um die Beurteilung Ihrer eigenen Filiale, die Sie in der Realität leiten.**

**Wie schätzen Sie Ihre Filiale – im Vergleich zu anderen Filialen Ihres Unternehmens – bezüglich folgender Kriterien ein?**

| | *deutlich überdurchschnittlich* | *leicht überdurchschnittlich* | *durchschnittlich* | *leicht unterdurchschnittlich* | *deutlich unterdurchschnittlich* |
|---|---|---|---|---|---|
| Gesamtertragssituation | O | O | O | O | O |
| Ertrag pro Mitarbeiter | O | O | O | O | O |
| Anteil rentabler Kunden | O | O | O | O | O |
| Risikokosten für Kredite | O | O | O | O | O |
| Mitarbeiterzufriedenheit | O | O | O | O | O |
| Fluktuationsrate der Mitarbeiter | O | O | O | O | O |
| Aufgeschlossenheit der Mitarbeiter ggü. Neuerungen | O | O | O | O | O |
| Anteil der Mehrproduktnutzer | O | O | O | O | O |

Weiter

UHH Universität Hamburg

**Wie schätzen Sie Ihre Filiale – im Vergleich zu anderen Filialen Ihres Unternehmens – bezüglich folgender Kriterien ein?**

| | *deutlich überdurchschnittlich* | *leicht überdurchschnittlich* | *durchschnittlich* | *leicht unterdurchschnittlich* | *deutlich unterdurchschnittlich* |
|---|---|---|---|---|---|
| Bearbeitungszeit für Kundenaufträge | ○ | ○ | ○ | ○ | ○ |
| Verhältnis administrative Tätigkeit zur Gesamttätigkeit | ○ | ○ | ○ | ○ | ○ |
| Cross Selling Aktivitäten | ○ | ○ | ○ | ○ | ○ |
| Weiterempfehlungsbereitschaft der Kunden | ○ | ○ | ○ | ○ | ○ |
| Kundenzufriedenheit | ○ | ○ | ○ | ○ | ○ |
| Neukundenakquisition | ○ | ○ | ○ | ○ | ○ |
| Anzahl der Kundenbeschwerden | ○ | ○ | ○ | ○ | ○ |
| Nutzung alternativer Zugangskanäle (Geldautomat, Internet-Banking etc.) | ○ | ○ | ○ | ○ | ○ |

[Weiter]

UHH Universität Hamburg

Geschlecht

männlich ○ weiblich ○

Alter

Jahre [ ]

Wie viele Jahre haben Sie schon eine Führungsaufgabe?

Jahre [ ]

Wenn Sie Interesse an einer Übersicht der Ergebnisse haben, können sie hier Ihre Emailadresse eintragen. Sie bekommen dann in wenigen Wochen eine Zusammenfassung der Ergebnisse per Mail.

[ ]

[Weiter]

## Quellenverzeichnis

Ach, N. (1910): *Über den Willensakt und das Temperament*. Leipzig

Ach, N. (1935): Analyse des Willens. In: Abderhalden, E. (Hrsg.), *Handbuch der biologischen Arbeitsmethoden*, Berlin

Achenbach, H. (1992): Das Privatkundengeschäft gestern – heute – morgen. *Direktmarketing Akademie für Finanzdiensteistungen, 1(1)*, S. 16-34, Hamm

Allweyer, T., Besthorn, T., Schaaf, J. (2004): *IT-Outsourcing*. Frankfurt am Main

Anacker, R. (2003): Wesentlicher Erfolgsfaktor – Wertorientierte Kundengeschäftssteuerung spielt Hauptrolle bei der Umsetzung von VR-Control. *Bankinformation und Genossenschaftsforum, 10*, S. 23-27

Antoni, C.H. (1996): *Teilautonome Arbeitsgruppen*. Weinheim

Aschendorf, M. (2001): *Nutzenbestimmung personalpolitischer Maßnahmen als Bestandteil des Personalcontrolling – dargestellt anhand von drei Untersuchungen in Kreditinstituten*. Göttingen

Atkinson, J.W. (1958): Towards experimental analysis of human motivation in terms of motives, expectancies, and incentives. In: Atkinson, J.W. (Hrsg.), *Motives in fantasy, action and society*, S. 88-305, Princeton

Audia, G., Kristof-Brown, A., Brown, K.G., Locke, E.A. (1996): Relationship of goals and microlevel work processes to performance on a multipath manual task. *Journal of Applied Psychology, 81*, S. 483-497

Ayman, R., Chemers, M. M., Fiedler, F.E. (1995): The contingency model of leadership effectiveness: Its levels of analysis. *Leadership Quarterly, 6*, S. 147-168

Axel, F., Worms, E. (2002): Auch Sparkassen können mit Erfolg einen mobilen Vertrieb einsetzen. *Betriebswirtschaftliche Blätter, 51(5)*, S. 228-230

Backhaus, K., Erichson, B., Plinke, W., Weiber, R. (2003): *Multivariate Analysemethoden – eine anwendungsorientierte Einführung*. Berlin

Backhaus, K., Kleine, D.W. (1994): Der Beitrag des Controlling für das Management von komparativen Konkurrenzvorteilen (KKV) auf Bankenmärkten. In: Schierenbeck, H. (Hrsg.), *Handbuch Bankencontrolling*, S. 457-476, Wiesbaden

Bandura, A. (1989): Self-regulation of motivation and action through internal standards and goal systems. In: Pervin, L.A. (Hrsg.), *Goal concepts in personality and social psychology*, S. 19-85, Hillsdale

Bandura, A. (1990): Conclusion: Reflections on nonability determinants of competence. In: Sernber, R.J., Kolligian, J. (Hrsg.), *Competence considered*, S. 315-362, New Haven

Bandura, A. (1991): Social cognitive theory of self-regulation. *Organizational Behavior and Human Decision Processes, 50*, S. 248-287

Bandura, A. (1997): *Self-efficacy: The exercise of control*. New York

Bass, B.M., Avolio, B. (1990): *Transformational Leadership Development: Manual for the Multifactor Leadership Questionnaire*. Palo Alto

Bass, B.M., Steyrer, J. (1995): Transaktionale und Transformationale Führung. In: Kieser, A., Reber, G., Wunderer, R. (Hrsg.), *Handwörterbuch der Führung*, Sp. 1058-1075, Stuttgart

Bass, B.M., Stogdill, R.M. (1990): *Bass and Stogdill's Handbook of Leadership. Theory, Research and Managerial Applications*. New York

Bauer, R., Klenk,P., Tomschi, P., Szinovatz, A. (2002): Die Balanced Scorecard im Spot. *Geldinstitute, Heft 4-5*, S. 12-13

Bea, F.X., Dichtl, E., Schweitzer, M. (Hrsg.) (2000): *Betriebswirtschaftslehre – Grundfragen, Band 1*. Stuttgart

Becker, J., Erling, W. (2003): Gezielt gesichert – R+V Versicherung und Union Investment ermöglichen mittelständischen Unternehmen betriebliche Altersvorsorge. *Bankinformation und Genossenschaftsforum, 5*, S. 17-18

Beckmann, J., Heckhausen, H. (1988): Handlungsbewertung und Aufmerksamkeitsumschaltung. *Max-Planck-Gesellschaft, Jahrbuch 1988*, S. 759-761

Berk, J. (2001): Statistical Discrimination in a Competitive Labor Market. *http://faculty.haas.berkeley.edu/berk/papers/disc.pdf* [Zugriff: 7.1.2005]

Berka, K. (1983): *Measurement – Concepts, Theories and Problems*. Boston

Berkenstein, M. (1993): Dienstleistungsqualität – Ansätze zur Messung und Implikationen für die Steuerung. *ZfB, 63 (11)*, S. 1985-1116

Birk, S. (1991): *Berichtssysteme – operative Berichterstattung in Konzernen*. München

Bismarck v., K.E. (2000): *Zum Einfluss berufsbezogener und persönlicher Wertpräferenzen auf den unternehmerischen Erfolg: Eine empirische Studie über deutsche, amerikanische und asiatische Führungskräfte*. Göttingen

Böhm, G. (1994): *Die kognitive Struktur kausaler Alltagserklärungen*. Frankfurt am Main

Boekaerts, M., Pintrich, P.R., Zeidner, M. (2000): *Handbook of self-regulation*. San Diego

Bommer, W.H., Johnson, J.L., Rich, G.A., Podsakoff, P.M., MacKenzie, S.B. (1995): On the interchangeability of objective and subjective measures of employee performance: A meta-analysis. *Personnel Psychology, 48*, S. 587-600

Bortz, J., Döring, N. (2002): *Forschungsmethoden und Evaluation für Human- und Sozialwissenschaftler*. Berlin

Brabänder, E., Hilcher I. (2001): Balanced Scorecard – Stand der Umsetzung. *Controller Magazin, 3*, S. 252-260

Brandstätter, V. (2004): Annäherungs- und Vermeidungsmotivation: Implikationen für ausgewählte organisationspsychologische Fragestellungen. In: Wegge, J., Schmidt, K.-H. (Hrsg.), *Förderung von Arbeitsmotivation und Gesundheit in Organisationen*, S. 39-52, Göttingen

Braun, S. (1999): *Die Prozesskostenrechnung – ein fortschrittliches Kostenrechnungssystem?* Sternenfels

Bray, D., Grant, D.L. (1966): The Assessment Center in the Measurement of Potential for Business Management. *Psychological Monographs General & Applied*, 80, S. 21-33

Brehm, J.W., Self, E.A. (1989): The intensity of motivation. *Annual Report of Psychology, 45*, S. 560-570

Breiing, B. (2002): Erfolgreiches Retail-Banking: Spannungsfeld zwischen Standardisierung und Individualität. *Die Bank, 12*, S. 802-806

Breuer, R.-E. (2003): Die privaten Banken im nationalen und internationalen Wettbewerb. *Zeitschrift für das gesamte Kreditwesen, 6*, S. 270-273

Brockhaus (2001): *Die Enzyklopädie, Bd. 6.* Leipzig

Brockner, J., Gardner, M., Biermann, J., Mahan, T., Thomas, B., Weiss, W., Winters, L., Mitchell, A. (1983): The roles of self-esteem and self-consciousness in the Wortmann-Brehm modell of reactance and helplessness. *Journal of Personality and Social Psychology, 45*, S. 199-209

Brodbeck, F.C., Maier, G.W., Frey, D. (2002): Führungstheorien. In: Frey, D., Irle, M. (Hrsg.), *Theorien der Sozialpsychologie, Band II: Gruppen-, Interaktions- und Lerntheorien*, S. 329-365, Bern

Broschinski, G. (2002): Konsistente Wertpapierberatung im Multi Channel Banking. *Die Bank, 3*, S. 158-163

Brown, D.M., Laverick, S. (1994): Measuring Corporate Performance. *Long Range Planning, 27*, S. 89-98

Bruckner, B., Stickler, R. (2000): Österreichs Bankwirtschaft – Struktur, Wirtschaftlichkeit und internationaler Vergleich. *Diskussionsreihe Bank und Börse, Band 22*, Wien

Bruhn, M. (1998): Balanced Scorecard: Ein ganzheitliches Konzept der wertorientierten Unternehmensführung? In: Bruhn, M., Lusti, M., Müller, W.R., Schierenbeck, H., Studer, T. (Hrsg.), *Wertorientierte Unternehmensführung: Perspektiven und Handlungsfelder für die Wertsteigerung von Unternehmen*, S. 145-167, Wiesbaden

Brunstein, J.C. (1995): *Motivation nach Misserfolg*. Göttingen

Büschgen, H.E. (1998): *Bankbetriebslehre: Bankgeschäfte und Bankmanagement*. Wiesbaden

Bull, R. (1993): A Window on Performance Management. *Management Accounting, 74(10)*, S. 28-30

Bullinger, H.-J., Bott, P., Schade, H.-J. (Hrsg.) (2004): *Qualifizierungserfordernisse durch die Informatisierung der Arbeitswelt.* Bielefeld

Camphausen, B. (2003): *Strategisches Management.* München

Cantor, N., Fleeson, W. (1991): Life tasks and self-regulatory processes. In: Maehr, M.L., Pintrich, P.R. (Hrsg.), *Advances in motivation and achievement*, S. 327-369, Greenwich

Cantor, N., Fleeson, W. (1994): Social intelligence and intelligent goal persuit: A cognitive slice of motivation. In: Spulding, W. (Hrsg.), *Nebraska Symposium on Motivation, Vol. 41*, S. 125-180

Carr, T.H., Bacharach, V.R. (1976): Perceptual tuning and conscious attention: Systems of input regulation in visual information processing. *Cognition, 4*, S. 281-302

Carver, C.S., Scheier, M.F. (1985): A control system approach to the self-regulation of action. In: Kuhl, J., Beckmann, J. (Hrsg.), *Action control, from cognition to behavior*, S. 237-265, Berlin

Carver, C.S., Scheier, M.F. (1990a): Origins and functions of postive and negative affect: A control-process view. *Psychological Review, 97*, S. 19-35

Carver, C.S., Scheier, M.F. (1990b): Principles of self-regulation: Action and emotion. In: Higgins, E.T., Sorrentino, R.M. (Hrsg.), *Handbook of motivation and cognition: Foundations of social behavior, Vol 2*, S. 3-52, New York

Carver, C.S., Scheier, M.F. (1991): Self-regulation and the self. In: Strauss, J., Goethals, G.R. (Hrsg.), *The self: Interdisciplinary approaches*, S. 168-207, New York

Carver, C.S., Scheier, M.F. (1999): Themes and issues in the self-regulation of behaviour. In: Wyer, R.S. (Hrsg.), *Advances in social cognition*, S. 34-45, Mahwah

Chaiken, S. (1987): The heuristic model of persuasion. In: Zanna, M.P., Olson, J.M., Herman, C.P. (Hrsg.), *Social influence: The Ontario Symposium, Vol. 5*, S. 3-39, Hillsdale

Coenenberg, A.G., Baum, H.-G. (1992): *Strategisches Controlling.* Stuttgart

Cohen, J. (1977): *Statistical Power Analysis for the Behavioral Sciences*. New York

Cremer, J. (2002): *Motivation in Projekten – Eine empirische Erforschung von Motivations- und Erfolgsursachen im Projektmanagement*. Lengerich

Cropley, A.J. (2002): *Qualitative Forschungsmethoden – Eine praxisnahe Einführung*. Frankfurt am Main

Dannenberg, M., Salmen, S. (2002): Evolution in der vernetzten Welt – von der elektronischen Visitenkarte zur virtuellen Bankfiliale. *Die Bank, 2*, S. 82-87

Deutsche Bundesbank (1997): Bankenstatistik Dezember 1997. *Statistisches Beiheft zum Monatsbericht 1*, Frankfurt am Main

Deutsche Bundesbank (2000): Bankenstatistik Dezember 2000. *Statistisches Beiheft zum Monatsbericht 1*, Frankfurt am Main

Deutsche Bundesbank (2003): Bankenstatistik Dezember 2003. *Statistisches Beiheft zum Monatsbericht 1*, Frankfurt am Main

Deutsche Bundesbank (2004a): Zeitreihe OU 1173 der Deutschen Bundesbank. http://www.bundesbank.de [Zugriff 9.12.2004)

Deutsche Bundesbank (2004b): Drei Säulen des deutschen Bankenmarktes. *http://www.bundesbank.de/download/zahlungsverkehr/zv_symposium_2004/vortrag_voigtlaender_040621.pdf* [Zugriff: 9.12.2004]

Deutz, J. (1997): *Privatkundengeschäft großer Filialbanken: Neue Anforderungen an die Vertriebswegepolitik und deren Auswirkungen auf die Bankorganisation*. Frankfurt am Main

Dinter, H.-J., Swoboda, M. (2003): Operative Performance-Messung im Shareholder-Value-Konzept von Henkel. In: Freidank, C.C., Mayer, E. (Hrsg.), *Controlling-Konzepte – Neue Strategien und Werkzeuge für die Unternehmenspraxis*, Wiesbaden

Dhavale, D.G. (1996): Problems with Existing Manufactoring Performance Measures. *Journal of Cost Manangement, 9*, S. 50-55

Dichtl, E., Schneider, W. (1994): Kundenzufriedenheit im Zeitalter des Beziehungsmanagement. In: Belz, C., Schögel, M., Kramer, M. (Hrsg.), *Thexis, Lean Management und Lean Marketing*, S. 6-12, St. Gallen

Diemer, H., Kipker, I., Purtz, F. (2002a): Mit Hilfe der Balanced Scorecard zu einer modernen Vertriebsorganisation. *Betriebswirtschaftliche Blätter, 51(5),* S. 216-220

Diemer, H., Kipker, I., Purtz, F. (2002b): Kommunikationsstrategien für Balanced-Scorecard-Projekte. *Betriebswirtschaftliche Blätter, 51(6)*, S. 285-286

DiVanner, J.A. (2004): *The future of retail banking: Delivering value to global customers.* Basingstoke

DSGV (2004): Homepage der DSGV. www.dsgv.de [Zugriff: 8.12.2004]

Dweck, C.S. (1996): Implicit theories as organizers of goals and behaviour. In: Gollwitzer, P.M., Bargh, J.A. (Hrsg.), *The psychology of action: Linking cognition and motivation to behavior*, S. 69-90, New York

Dweck, C.S., Wortmann, C.B. (1982): Learned helplessness, anxiety and achievement: Neglected parallels in cognitive, affective and coping responses. In: Krohne, H., Laux, L. (Hrsg.), *Achievement, stress and anxiety*, S. 93-125, Washington

DZ-Bank (2004): Homepage der DZ-Bank. www.dz-bank.de [Zugriff: 9.12.2004]

Early, P.C. (1988): Computer-generated performance feedback in the magazine subscription industry. *Organizational Behaviour and Human Decision Processes, 41*, S. 50-64

Ehrlich, W., Mittrop, B., Knußmann, E. (2002): Ganzheitliche integrierte Steuerung mit Hilfe der Balanced Scorecard. *Betriebswirtschaftliche Blätter, 51(5)*, S. 210-213

Ehrmann, H. (2000): *Kompakt-Training Balanced Scorecard.* Ludwigshafen

Eilenberger, G. (1997): *Bankbetriebswirtschaftslehre: Grundlagen, internationale Bankdienstleistungen, Bank Management.* München

Emmons, R.A. (1989): The personal striving approach to personality. In: Pervin, L.A. (Hrsg.), *Goal concepts in personality and social psychology*, S. 87-126, Hillsdale

Eschenbach, R. Niedermayr, R. (1996): Die Konzeption des Controlling. In: Eschenbach, R. (Hrsg.), *Controlling*, S.65-94, Stuttgart

Evans, H., Ashworth, G., Gooch, J., Davis, R. (1996): Who need´s performance management? *Management Accounting (UK),* 12, S. 20-25

Ewert, R. (2003): *Interne Unternehmensrechnung*. Berlin

Ewing, P. (1995): *The Balanced Scorecard at ABB Sweden – a Management System in a „Lean Enterprise". EFI Research Paper No. 6554*, Stockholm.

Faust, M. (2003): Ganzheitlich attraktiv: Private Banking – ein Kundensegment mit Zukunft. *Bankinformation und Genossenschaftsforum*, 11, S. 18-22

Felfe, J. (2002): *Transformationale und charismatische Führung und Commitment im organisationalen Wandel.* Halle

Fiedler, F.E. (1967): *A theory of Leadership effectiveness*. New York

Fiege, R., Muck, P.M., Schuler, H. (2001): Mitarbeitergespräche. In: Schuler, H. (Hrsg.), *Lehrbuch der Personalpsychologie*, S. 43-480, Göttingen

Field, R.H.G. (1982): A test of the Vroom-Yetton normative model of leadership. *Journal of Applied Psychology*, 67, S. 523-532

Fischer, D., Stelzer, D., Eichholz, A. , Vogt, B. , Weisheit, S. (2001): Ein Modell zur Ermittlung von Erfolgsfaktoren in elektronischen B2B-Marktplätzen. *Journal für Betriebswirtschaft,* Nr. 5-6, S. 215-225

Fischer, L., Wiswede, G. (2002): *Grundlagen der Sozialpsychologie*. 2. Aufl., München

Fittkau, B., Fittkau-Garthe, H. (1971): *Fragebogen zur Vorgesetzten-Verhaltens-Beschreibung (FVVB), Handanweisung*. Göttingen

Flanagan, J.C. (1954): The critical incident Technique. *Psychological Bulletin*, 5(4), S. 327-358

Fleishmann, E.A. (1973): Twenty Years of Consideration and Structure. In: Fleishmann, E.A., Hunt, J.G. (Hrsg.), *Current Developments in the Study of Leadership*, S. 1-37, Carbondale

Fowler, F.J. (1995): *Improving survey questions: Design and evaluation*. Thousand Oaks

Franke, D. (2002): Autobanken – weiter auf Kurs. *Die Bank*, 10, S. 709- 711

Franzen, C., Leifert, K.D. (2003): Kundenbetreuung durch Risikomanagement. *Zeitschrift für das gesamte Kreditwesen*, 9, S. 464-467

Friedag, H.R. (1998): Balanced Scorecard – alter Wein in neuen Schläuchen?. *Controller Magazin*, 4, S. 291-294

Friedag, H.R., Schmidt, W. (1999): *Balanced Scorecard – Mehr als ein Kennzahlensystem*. Freiburg i. Br.

Friedrich, M. (2002): *Neue Technologien im Retailgeschäft der Banken – die Extensibel Markup Language und Intelligente Agenten*. Darmstadt

Galka, R., Bader, T. (2003): Wege zum Langzeit-Kunden – VR-FinanzPlan: Ein Vertriebskonzept für Volksbanken und Raiffeisenbanken. *Bankinformation und Genossenschaftsforum*, 5, S. 28-31

Gebert, D., Rosenstiel, L.v. (2002): *Organisationspsychologie*. 5. Aufl., Stuttgart

Gehringer, J., Michel, W.J. (2000): *Frühwarnsystem Balanced Scorecard*. Düsseldorf

Geiß, W. (1986): *Betriebswirtschaftliche Kennzahlen: Theoretische Grundlagen einer problemorientierten Kennzahlenanwendung*. Frankfurt am Main

Geyer, A., Steyrer, J. (1998): Transformational Leadership and Objective Performance in Banks. *Applied Psychology: An international Journal*, 47, S. 397-420

Gillmann, J.-P. (2001): *Performance Measurement in Professional Service Firms*. Bamberg

Gladen, W. (2001): *Kennzahlen und Berichtssysteme – Grundlagen des Performance Measurements*. Wiesbaden

Gleich, R. (1997a): Performance Measurement. *Die Betriebswirtschaft*, 57. Jg. Nr. 1, S. 114-117

Gleich, R. (1997b): Balanced Scorecard. *Die Betriebswirtschaft*, 57.Jg., 2, S. 432-435

Gleich, R. (1998): *Das System des Performance Measurement – theoretisches Grundkonzept, Entwicklungs- und Anwendungsstand. Forschungsbericht Nr. 53*, Betriebswirtschaftliches Institut, Lehrstuhl Controlling der Universität Stuttgart, Stuttgart

Gleich, R. (2001): *Das System des Performance Measurements*. München

Göritz, A.S., Reinhold, N. Batinic, M. (2002): Online panels. In: Batinic, B., Reips, U.-D., Bosnjak, M. (Hrsg.), *Online social science*, Seattle

Goodall, J., van Lawick, H. (1986): *The Chimpanzees of Gombe*. Cambridge

Gollwitzer, P.M. (1988): *Motivationale versus volitionale Bewusstseinslage*. München

Gollwitzer, P.M. (1990): Action phases and mind-sets. In: Higgins, E.T., Sorrentino, R.M. (Hrsg.), *Handbook of motivation and cognition*, Vol 2., S. 53-92, New York

Gollwitzer, P.M. (1993): Goal achievment: The role of intentions. *European Review of Social Psychology*, 4, S. 141-185, Chichester

Gollwitzer, P.M. (1996): The volitional benefits of planning. In: Gollwitzer, P.M., Bargh, J.A. (Hrsg.), *The psychology of action: Linking cognition and motivation to behavior*, S. 287-312, New York

Gollwitzer, P.M. (1999): Implementation intentions: Strong effects of simple plans. *American Psychologist*, 54, S. 493-503

Gollwitzer, P.M., Bargh, J.A. (1996): *The psychology of action: Linking congnition and motivation to behavior*. New York

Gollwitzer, P.M., Bayer, U. (1999): Deliberative versus implemental mindsets in the control of action. In: Chaiken, S., Trope, Y. (Hrsg.), *Dual process theories in social psychology*, S. 403-422, New York

Gollwitzer, P.M., Heckhausen, H., Ratajczak, H. (1987): *From weighing to willing: Approaching a change decision through a pre- or post-decisional mentation, Max-Planck-Institut für psychologische Forschung.* unveröffentlichtes Manuskript, München

Gollwitzer, P.M., Schaal, B. (1998): Metacognition in action: The importance of implementation intentions. *Personality and Social Psychology Review*, 2, S. 124-136

Graen, G.B., Orris, J., Alvares, K. (1971): Contingency model of leadership effective-ness: Some experimental results. *Journal of Applied Psychology* , 55, S. 196-201

Gzuk, R. (1995): *Messung der Effizienz von Entscheidungen.* Tübingen

Hacker, W. (1999): Zukunft gestalten? Probleme und Ergebnisse einer Psychologie zielgerichteten Handelns. In: Hacker, W., Rinck, M. (Hrsg.), *Zukunft gestalten. Bericht über den 41. Kongress der DGfP in Dresden 1998*, S. 17-40, Lengerich

Hallam, G., Campbell, D. (1997): The measurement of team performance with a standardized survey. In: Brannik, M.T., Salas, E., Price, C. (Hrsg.), *Team performance assessment and measurement. Theory, Methods and applications*, S. 155-172, Mahwah

Harengel, J. (2000): *Die Balanced Scorecard als Instrument des Banken-Controlling.* Konstanz

Harengel, J., Hess, T. (1999): Entwicklung einer Balanced Scorecard – Untersucht am Beispiel des Retailgeschäfts einer Bank. *krp – Kostenrechnungspraxis*, 43 Jg., 4, S. 239-245

Harris, M., Schaubroeck, J. (1988): A meta-analysis of self-superior, self-peer, and peer-supervisor ratings. *Personnel Psychology*, 41, S. 43-62

Hartl, M. (2002): *Kosten- und Erfolgscontrolling in jungen Unternehmen.* Frankfurt am Main

Hauser, M. (2000): *Charismatische Führung.* Wiesbaden

Hayward, T. (1999): Strategic Information Management in the UK Retail Banking Sector. *Business Information Review*, 16, S. 78-87

Heckhausen, H. (2003): *Motivation und Handeln*. 2. Aufl., Berlin

Heckhausen, H., Gollwitzer, P.M. (1987): Thought contents and cognitive functioning in motivational versus volitional states of mind. *Motivation and Emotion*, 11, S. 101-120

Heckhausen, H., Kuhl, J. (1985): From wishes to action: The dead ends and short cuts on the long way to action. In: Frese, M., Sabini, J. (Hrsg.), *Goal directed behavior: The concept of action in psychology*, S. 134-159, Hillsdale

Hentze, J., Kammel, A., Lindert, K. (1997):*Personalführungslehre : Grundlagen, Funktionen und Modelle der Führung*. Bern

Heskett, J.L., Jones, T.O., Loveman, G., Sasser, W.E., Schlesinger, L.A. (1994): Putting the Service Profit Chain to Work. *Harvard Business Review*, 72. Jg., 2, S. 164-174

Hindel, C., Krohne, H.W. (1985): *Beziehungen von Ängstlichkeit, Angst und Stress-bewältigung zum Erfolg bei Hochleistungssportlern*. Mainz

Hinterhuber, H. (2002): *Kundenorientierte Unternehmensführung: Kundenorientierung, Kundenzufriedenheit, Kundenbindung*. Wiesbaden

Hiromoto, T. (1988): Another hidden edge – Japanese management accounting. *Harvard Business Review*, 66. Jg., 3, S. 22-26

Hirschel, D. (2004): *Einkommensreichtum und seine Ursachen: Die Bestimmungsfaktoren hoher Arbeitseinkommen*. Marburg

Hochholdinger, S. (2002): *Evaluation von Managementdiagnostik: Methoden, Konstrukte, Beispiele*. Mannheim

Hörter, S. (1998): *Shareholder Value-orientiertes Bank-Controlling*. Sternenfels

Hofmann, A. (2003): Kreditinstitute und Unternehmenskrisen. *Zeitschrift für das gesamte Kreditwesen*, 9, S. 454-455

Holtmann, B. (2003): Alter Hut – Arbeitsteilung ist genossenschaftliches Grundprinzip. *Bankinformation und Genossenschaftsforum*, 5, S. 26-27

Hoppenstedt, D.H. (2002): Vortrag anlässlich der 2. Handelsblatt-Jahrestagung „Zukunftsforum Sparkassen“ am 08. März 2002 in Berlin, www.dsgv.de [Zugriff: 23.06.2003]

Horváth, P. (1998): Balanced Scorecard – ein Werkzeug zur Umsetzung von Strategien. *Gablers Magazin*, 4, S. 22-25

Horváth, P. (2000): Umsetzungserfahrungen mit der Balanced Scorecard. *krp – Kostenrechnungspraxis, Sonderheft „Balanced Scorecard“*, 2/2000, S. 125-127, 2000

Horváth, P. (2003): *Controlling*. 9. Aufl., München

Horváth, P.,Kaufmann, L. (1998): Balanced Scorecard – ein Werkzeug zur Umsetzung von Strategien. *Harvard Business Manager*, 5, S. 38-48

Horváth & Partner (Hrsg.) (2004): *Balanced Scorecard umsetzen*. 3. Aufl., Stuttgart

Horváth & Partner (Hrsg.) (2000): *Das Controllingkonzept*. 4. Aufl., München

Hough, L.M. (1992): The „Big Five“ Personality Variables – Construct Confusion: Description versus Prediction. *Human Performance*, 5, S. 139-155

Hronec, S. (1996): *Vital Signs – Indikatoren für die Optimierung der Leistungsfähigkeit Ihres Unternehmens*. Stuttgart

HSH-Nordbank (2005): Homepage der HSH-Nordbank, *http://www.hsh-nordbank.de/home/themen/investorrelations/anstaltslast/verstaendigung-eu.jsp?subId=.284.403.1760.2461* [Zugriff: 2.1.2005]

Ilgen, D.R., Davies, C.A. (2000): Bearing bad News: Reactions to Negative Performance Feedback. *Applied Psychology: An international Journal*, 49, S. 550-565

Jago, A.G. (1995): Führungstheorien – Vroom/Yetton Modell. In: Kieser, A., Reber, G., Wunderer, R. (Hrsg.), *Handwörterbuch der Führung*, Sp. 1058-1075, 2. Aufl., Stuttgart

Jöhnk, T., Grundmann, R., Wortmann, A., Hempel, K. (2000): Balanced Scorecard und Benchmarking. *Betriebswirtschaftliche Blätter*, 49. Jg., 10, S. 470- 476

Jöhnk, T., Zimmermann, G. (2001): *Balanced Scorecard in öffentlich rechtlichen Kreditinstituten.* Stuttgart

Jung, H. (2003): *Controlling.* München

Kanfer, R., Ackermann, P.L. (2000): Individual Differences in Work Motivation: Further Exploration of a Trait Framework. *Applied Psychology: An International Review*, 49, S. 470-482

Kaplan, R.S., Norton, D.P. (1992): The Balanced Scorecard – Measures that drive Performance. *Harvard Business Review*, 70. Jg., 1, S. 71-79

Kaplan, R.S., Norton, D.P. (1993): Putting the Balanced Scorecard to Work. *Harvard Business Review*, 71. Jg., 5, S. 134-147

Kaplan, R.S., Norton, D.P. (1996a): Using the Balanced Scorecard as a Strategic Management System. *Harvard Business Review*, 74. Jg., 1., S. 75-85

Kaplan, R.S., Norton, D.P. (1996b): Linking the Balanced Scorecard to Strategy. *California Management Review*, 3, S. 53-79

Kaplan, R.S., Norton, D.P. (1996c): Knowing the Score. *Financial Executeive*, 6, S. 30-33

Kaplan, R.S., Norton, D.P. (1997): *Balanced Scorecard: Strategien erfolgreich umsetzen.* Stuttgart

Karg, M. (2001): *Kundenakquisition als Kernaufgabe im Marketing.* St. Gallen

Kaufmann, L. (1997): Balanced Scorecard. *ZP – Zeitschrift für Planung*, 8. Jg., 8, S. 421-428

Kiechl, R. (1985): *Macht im kooperativen Führungsstil: Theorie und Praxis.* Bern

Kieper, F. (1996): *Dynamisches Erfolgs-Controlling als Lösungsansatz für das betriebliche Personalkosten-Management.* München

Kipker, I. (Hrsg.) (2004): *Strategisches Management in Genossenschaftsbanken: erfolgreiche Strategieentwicklung mit der Balanced Scorecard.* Wiesbaden

Kirchhoff, A., Günther, M.J. (2004): Rentabilitäts-Analyse – Wie wertvoll ist der Kunde? *Die Bank*, 8, S. 50-53

Kirkpatrik, S.A., Locke, E.A. (1991): Leadership: Do Traits Matter? *The Academy of Management Executive*, 5, S. 48-60

Kirsch, W. (2003): Risikomanagement vor neuen Herausforderungen – Rückbesinnung auf Kernkompetenzen. *Zeitschrift für das gesamte Kreditwesen*, 6, S. 296-303

Kleine, J., Wöhler, J. (2003): Chancenreich – Private Banking und Genossenschaftsbanken. *Bankinformation und Genossenschaftsforum*, 11, S. 37-41

Kleinbeck, U. (1996): *Arbeitsmotivation: Entstehung, Wirkung, Förderung.* Weinheim

Kleinbeck, U. (2004): Der Umgang mit Misserfolg. In: Wegge, J., Schmidt, K.-H. (Hrsg.), *Förderung von Arbeitsmotivation und Gesundheit in Organisationen*, S. 279-294, Göttingen

Kleinbeck, U., Schmidt, K.-H. (1996): Die Wirkung von Zielsetzungen auf das Handeln. In: Kuhl, J., Heckhausen, H. (Hrsg.), *Enzyklopädie der Psychologie: Motivation, Volition und Handlung*, S. 875-907, Göttingen

Kleingeld, P.A.M. (1994): *Performance Management in a Field Service Department: Design and Transportation of a Productivity Measurement and Enhancement System (ProMES).* Valkenswaard

Klingbiel, N. (1999): *Performance Measurement.* Wiesbaden

Klinger, E. (1977): *Meaning and void: Inner experience and the incentives in people's lives.* Minneapolis

Kluge, F. (2002): *Etymologisches Wörterbuch der deutschen Sprache.* 24. Aufl., Berlin

Kluger, A.N., DiNisi, A. (1996): The effects of feedback interventions on performance: A historical review, a meta-analysis, and a preliminary feedback intervention theory. *Psychological Bulletin, 119*, S. 254-284

Körnert, J. (2003): *Balanced scorecard als Instrument der Unternehmensführung: Theoretische Grundlagen und Perspektivenwahl unter besonderer Berücksichtigung von Kreditinstituten.* Freiberg

Körnert, J. (2004): Basiskonzept im Branchenvergleich – Vieles spricht für eine stärkere Modifizierung der Balanced Scorecard. *Betriebswirtschaftliche Blätter*, 53. Jg., 4, S. 171-176

Kolbeck, R. (1994): Bankplanung. In: Schierenbeck, H. (Hrsg.), *Bank- und Versicherungslexikon*, S. 99-107, 2. Aufl., München

Korthals, S., Wehrbein, R. (2002): Outsourcing schafft Freiräume für Vertrieb. *Betriebswirtschaftliche Blätter*, 51.Jg., 1, S. 23-27

Kosiol, E. (1978): *Handwörterbuch des Rechnungswesens*. Stuttgart

Krais, B. (Hrsg.) (2001): *An der Spitze: von Eliten und herrschenden Klassen*. Konstanz

Krantz, D.H., Luce, R.D., Suppers, P., Tversky, A. (1971): *Foundations of Measurement, Volume 1: Additive and Polynomial Representations*. New York

Krause, U. (2002): Der Multi-Kanal-Vertrieb benötigt eine zukunftsfähige Softwareplattform. Betriebswirtschaftliche Blätter, 51.Jg., 3, S. 132-134

Krauß, H.-U. (2001): Chancen, Synergien und Erfolge mit S-Vermögensmanagement. *Betriebswirtschaftliche Blätter*, 50.Jg., 04, S. 180-182

Kreitel, W.A. (1995): Executive Information Systems (EIS) als qualitative Herausforderung bei der Neugestaltung von Informationssystemen im Bankgewerbe. *ZfB*, 65.Jg., Heft 7, S. 753-768

Krosnik, J.A. (1999): Survey research. *Annual review of Psychology*, 50, S. 537-567

Kudernatsch, D. (2001): *Operationalisierung und empirische Überprüfung der Balanced Scorecard*. Wiesbaden

Kühne, V. (2002): *Der strategische Erfolgsfaktor Zeit und seine Berücksichtigung in aktuellen Controllingkonzepten*. Freiberg (Sachsen)

Kuhl, J. (1983a): *Motivation, Konflikt und Handlungskontrolle*. Berlin

Kuhl, J. (1983b): Leistungsmotivation: Neue Entwicklungen aus modelltheoretischer Sicht. In: Thomae, H. (Hrsg.), *Enzyklopädie der Psychologie, Serie IV: Motivation und Emotion, Band 2: Psychologie der Motive*, S. 505-624, Göttingen

Kuhl, J. (1986): Motivation and information processing. A new look at decision making, dynamic change, and action control. In: Sorrentino, R.M., Higgins, E.T. (Hrsg.), *Handbook of motivation and cognition*, S. 404-435, New York

Kuhl, J. (1987): Action control: The maintenance of motivational stats. In: Halisch, F., Kuhl, J. (Hrsg.), *Motivation, intention and volition*, S. 279-291, Berlin

Kuhl, J. (1992): A theory of self-regulation: Action versus state orientation, self-discrimination, and some applications, *Applied Psychology: An International Review*, 41, S. 160-173

Kuhl, J. (1998): Wille und Persönlichkeit: Funktionsanalyse der Selbststeuerung. *Psychologische Rundschau*, 49, S. 61-77

Kuhl, J., Beckmann, J. (1983): Handlungskontrolle und der Umfang der Inforti-ons-verarbeitung: Wahl einer einfachen (nicht optimalen) Entscheidungsregel zugunsten rascher Handlungsbereitschaft. *Zeitschrift für Sozialpsychologie*, 14, S. 241-250

Kuhl, J., Beckmann, J. (1994): *Volition and personality: Action versus state orientation*. Göttingen

Kuhl, J., Schneider, W. (1986): *Emotion control and self-regulation: Self-induction of facilitating emotional states in young children*. München

Küpper, H.-U. (1995): *Controlling*. Stuttgart

Küpper, W., Felsch, A. (2000): *Organisation, Macht und Ökonomie – Mikropolitik und die Konstitution organisationaler Handlungssysteme*. Wiesbaden

Lachnit, L., Ammann, H. (2003): Erhöhte Klarheit über die Erfolgslage von Unternehmen durch neuere Erfolgsbegriffe? *Controlling*, Heft 7/8, S. 389-398

Landmesser, M. (2003): Genossenschaftliche Qualifizierungsinstrumente. *Bankinformation und Genossenschaftsforum*, 7, S. 52-55

Latham, G.P., Wexley, K.N. (1994): *Increasing productivity through performance appraisal*. 2. Aufl., Reading

Launer, U., Obermüller, M., Wodausch, D. (2002): Sicherheit im elektronischen Datenverkehr durch S-TRUST. *Betriebswirtschaftliche Blätter*, 51. Jg., 3, S. 145-147

Lavelle, T.L., Metalsky, G.I. , Coyne, J.C. (1979): Learned helplessness, test anxiety, and acknowledgement of contingencies. *Journal of Abnormal Psychology*, 88, S. 381-387

Lawler, E.E. (1986): *High involvement management: Participative strategies for improving organizational performance*. San Francisco

Lee, C. , Bobko, P. (1994): Self-efficacy beliefs: Comparison of five measures. *Journal of Applied Psychology*, 79, S. 364-369

Lee, T.W., Locke, E. A., Latham, G.P. (1989): Goal setting theory and job performance. In: Pervin, L.A. (Hrsg.): *Goal concepts in personality and social psychology*, S. 291-326, Hillsdale

Lehmann, M. (2002): Erfolgsermittlung. In: Küpper, H.-U., Wagenhofer, A. (Hrsg.), *Handwörterbuch Unternehmensrechnung und Controlling*, 4. Aufl., Stuttgart

Lehner, J. (1990): Prinzipien der Erhebung in Organisationen, *http://www.org.uni-linz.ac.at/organisation/downloads/PrinzipienErhebung.pdf* [Zugriff: 2.12.2003]

Lehner, J. (1995): Führungserfolg Messung. In: Kieser, A., Reber, R., Wunderer, R. (Hrsg.), *Handwörterbuch der Führung*, Sp. 550-562, 2. Aufl., Stuttgart

Lent, R.H., Aurbach, H.A., Levin, L.S. (1971): Predictors, Criteria and Significant Results. *Personnel Psychology*, 24, S. 519-533

Lewin, K., Lippitt, R., White, R.K. (1939): Patterns of Aggressive Behavior in Experimentally Created „Social Climates". *Journal of Social Psychology*, 10, S. 271-299

Lieberson, S., O'Connor, J.F. (1972): Leadership and Organizational Performance. A Study of Large Corporations. *American Sociological Review*, 37, 2, 117-130.

Licci, C. (2003): Kann die Industrie den Banken ein Vorbild sein? *Zeitschrift für das gesamte Kreditwesen*, 7, S. 364-366

Litz, H. P. (1998): *Statistische Methoden in den Wirtschafts- und Sozialwissenschaften*. 2. Aufl., München

Locke, E.A. (1968): Toward a theory of task motivation and incentives. *Organizational Behavior and Human Performance*, 3, S. 157-189

Locke, E.A. (1984): Job satisfaction. In: Gruneberg, M., Wall, I (Hrsg.), *Social Psychology and Organizational Behavior*, S. 93-117, Chichester

Locke, E.A. (1991): Goal theory vs. control theory: Contrasting approaches to understanding work motivation. *Motivation and Emotion*, 15, S. 9-28

Locke, E.A., Latham, G.P. (1990a): *A theory of goal setting and task performance*. Englewood Cliffs

Locke, E.A., Latham, G.P. (1990b): Work motivation: The high performance cycle. In: Kleinbeck et al. (Hrsg.), *Work Motivation*, S. 3-25, Mahwah

Locke, E.A., Latham, G.P. (1991): Goal theory vs. control theory: Contrasting approaches to unterstanding work motivation. *Motivation and Emotion*, 15, S. 9-28

Locke, E.A., Latham, G.P. (1995): Zielsetzung als Führungsaufgabe. In: Kieser, A., Reber, G., Wunderer, R. (Hrsg.), *Handwörterbuch der Führung*, Sp. 2222-2234, 2. Aufl., Stuttgart

Locke, E.A., Latham, G.P. (2002): Building a Practically Useful Theory of Goal Setting and Task Motivation. *American Psychologist*, 9, S. 705-716

Locke, E.A., Shaw, K.N. (1984): Atkinson's inverse U curve and the missing cognitive variables. *Psychological Reports*, 55, S. 403-412

Locke, E.A., Shaw, K.N., Saari, L.M., Latham, G.P. (1981): Goal setting and task performance: 1969-1980. *Psychological Bulletin*, 90, S. 125-152

Lohmann, L.G.E. (2001): Die Balanced Scorecard aus Sicht eines Dienstleisters. *Betriebswirtschaftliche Blätter*, 50. Jg.,9, S. 417-420

Lohmann, L.G.E. (2002): Bündelung der Kräfte in Südhessen durch Gründung eines Dienstleisters. *Betriebswirtschaftliche Blätter*, 51. Jg., 1, S. 30-32

Lord, R.G. , DeVader, C.L. , Alliger, G.M. (1986): A Meta-analysis of the Relation between Personality Traits and Leadership Perceptions: An Application of Validity Generalization Procedures. *Journal of Applied Psychology*, 71, S. 402-410

Lord, R.G., Hall, R. (1992): Contemporary Views of Leadership and Individual Differences. *Leadership Quarterly*, 3, S. 137-157

Lorino, P. (1997): Leistungssysteme in Frankreich – Entwicklung und Wandel. *Controlling*, 9, S. 24-28

Lücke, W. (2003): *Qualität und Quantität in Symbiose: zur Theorie der Qualität in der Produktions- und Kostentheorie*. Wiesbaden

Lütkenhaus. P., Heckhausen, H. (1987): *Development of action control in toddlers: Waiting for the recipient of an action*. Max-Planck-Institut für psych. Forschung, unveröff. Manuskript, München

Luthans, F., Hodgetts, R.M., Rosenkrantz, S.A. (1988): *Real managers*. Cambridge

Lynch, R.L., Cross, K.F. (1991): *Measure Up! Yardsticks for Continuous Improvement*. Cambridge

Lynch, R.L., Cross, K.F. (1993): Performance Measurement Systems. In: Brinker, B.J. (Hrsg.), *Handbook of Cost Management*, S. 1-20, Boston

Mabe, P.A., West, G. (1982): Validity of self-evaluation of ability: A review and meta-analysis. *Journal of Applied Psychology*, 62, S. 280-296

Mackau, D. (2003): Empirische Untersuchung zum Einfluss des wahrgenommenen Führungsverhaltens auf das betriebliche Qualitätsbewusstsein von Beschäftigten in Produktions- und Dienstleistungsbereichen. http://sylvester.bth.rwth-aachen.de/dissertationen/2003/250/03_250.pdf [Zugriff: 14.4.2005]

Manfreda, L., Bosnjak, M., Haas, I. Vehovar, V. (2005): *Web survey response rates compared to other modes - A meta-analysis*. Vortag auf dem General Online Research 2005, 7th international conference , 22.-23.5.2005, Zürich

Martin, L., Tesser, A. (1996) (Hrsg.): *Striving and feeling: Interactions between goals and affect*. Hillsdale
Matheis, M., Schalch, O. (1999): Balanced Scorecard und Economic Value Added. *Zeitschrift für industrielle Organisation*, 68. Jg., 4, S. 37-43

Matten, C. (1997): *Managing bank capital: Capital allocation and performance measurement*. Chichester

Matthews, G. (1997): The Big Five as a Framework for Personality Assessment. In: Anderson, N., Herriot, P. (Hrsg.), *International Handbook of Selection and Assessment*, S. 475-492, Chichester

Matthews, W. (2003): Risikomanagement am Beispiel einer Großsparkasse. *Zeitschrift für das gesamte Kreditwesen*, 6, S. 304-306

McClelland, D. (1961): *The achieving society*. Princton

McClelland, D. (1992): Motivational configurations. In: Smith, C.P. (Hrsg.), *Motivation and Personality*, S. 87-99, Cambridge

McGuire, W.J. (1969): The nature of attitudes and attitude change. In: Lindzey,G., Aronson, E. (Hrsg.), *Handbook of social psychology*, S. 136-314, 2. Aufl., Reading

Meffert, H. (1998): Herausforderungen an die Betriebswirtschaftslehre, die Perspektive der Wissenschaft. *DBW*, 58 Jg., 6, S. 246-252

Meffert, H. (2000): *Marketing: Grundlagen marktorientierter Unternehmensführung*. 9. Aufl., Wiesbaden

Meffert, H., Bruhn, M. (2003): *Dienstleistungsmarketing: Grundlagen, Konzepte, Methoden*. 4. Aufl., Wiesbaden

Mento, A.J., Locke, E.A., Klein, H.J. (1992): Relationship of goal level to valence and instrumentality. *Journal of Applied Psychology*, 77, S. 395-405

Merbecks, A. (2004): Nachhaltiges Wachstum im Retailgeschäft. *Die Bank*, 10, S. 34-38

Meyer, C., Köhle, I. (2000): Balanced Scorecard – ein Führungsinstrument für Banken? *der Schweizer Treuhänder*, 1, S. 7-18

Meyer, J.P. (1980): Causal attribution for success and failure: A multivariate investigation of dimensionality, formation, and consequences. *Journal of Personality and Social Psychology*, 38, S. 704-718

Meyer, W.U. (1973): *Leistungsmotiv und Ursachenerklärung von Erfolg und Mißerfolg*. Stuttgart

Mischel, W., Liebert, R.M. (1966): Effects of discrepancies between observed and imposed reward criteria on their acquisition and transmission. *Journal of Personality and Social Psychology*, 3, S. 45-53

Moser, K. (1999): Selbstbeurteilung beruflicher Leistung. Überblick und offene Fragen. *Psychologische Rundschau*, 50, S. 14-25

Moser, K., Schuler, H. (1999): Zum Problem der Heterogenität unternehmerischen Erfolgs. In: Moser, K., Batinic, B., Zempel, J. (Hrsg.), *Unternehmerisch erfolgreiches Handeln*, S. 31-42, Göttingen

Müller-Stevens, G. (1998): Performance Measurement im Lichte eines Stakeholder-ansatzes. In: Reinecke, S., Tomczak, T., Dittrich, S. (Hrsg.), *Marketingcontrolling*, St. Gallen

Munzel, B., Tewes, P. (2003): Risikominimierung im Immobilien-Kreditgeschäft. *Bankinformation und Genossenschaftsforum*, 8, S. 26-27

Murphy, K.R., Cleveland, J.N. (1995): *Understanding performance appraisal*. Thousand Oaks

Naeschke, N. (2003): Trägt charismatische Führung in komplexer und dynamischer Umwelt zum Führungserfolg bei? *http://www.ub.uni-konstanz.de/v13/ volltexte/2003/1022//pdf/naeschke.pdf* [Zugriff: 12.11.2004]

Neely, A., Gregory, M., Richards,H. (1994): Realizing Strategy through Measurement. *International journal of operations & production management*, 14, S. 140-152

Neuberger, O. (2002): *Führen und führen lassen*. 6. Aufl., Stuttgart

Nirschl, M., Wild, O., Wimmer, A. (2004): Vertriebsstrategien im Retailgeschäft. Die Bank, 5, S. 300-304

Nutzinger, H.G. (1995): Selbstverwaltungsbetriebe und Genossenschaften, Führung in. In: Kieser, A., Reber, G., Wunderer, R. (Hrsg.), *Handwörterbuch der Führung*, Sp. 1902-1918, 2. Aufl., Stuttgart

Oettingen, G. (1996): Positive fantasy and motivation. In: Gollwitzer, P.M., Bargh, J.A: (Hrsg.), *The psychology of action: Linking cognition and motivation to behavior*, S. 236-259, New York

Oettingen, G. (1999): Free fantasies about the future and the emergence of developmental goals. In: Brandstädter, J., Lerner, R.M. (Hrsg.), *Action and self-development: Theory and research through the life span*, S. 315-342, Thousand Oaks

Oettingen, G. , Gollwitzer, P.M. (2002): Theorien der modernen Zielpsychologie. In: Frey, D. , Irle, M. (Hrsg.), *Theorien der Sozialpsychologie, Band III: Motivations-, Selbst- und Informationsverarbeitungstheorien*, 2. Aufl., Bern

Orlikowski, B. (2002): *Management virtueller Teams – Der Einfluss von Führung auf den Erfolg*. Wiesbaden

Peters, L.H., Hartke D.D., Pohlmann, J.T. (1985): Fiedler's contingency theory of leadership: An application of the meta-analysis procedures of Schmidt and Hunter. *Psychological Bulletin*, 97, S. 274-285

Petry, M. , Riepenhausen,J. , Klenk, P. (2001a): Die Balanced Scorecard als Instrument der Gesamtbanksteuerung? *Bank-Archiv: Zeitschrift für das gesamte Bank- und Börsenwesen*, 2, S. 129-134

Petry, M., Riepenhausen, J., Klenk, P. (2001b): Gesamtbanksteuerung mit der Balanced Scorecard. *Die Bank*, 9, S. 650-654

Petty, R.E., Cacioppo, J.T. (1986): *Communication and persuasion: Central and peripheral routes to attitude change*. New York

Phillips, J.M., Gully, S.M. (1997): Role of goal orientation, ability, need for achievement and locus of control in the self-efficacy and goal setting process. *Journal of Applied Psychology*, 82, S. 792-802

Pittman, N.L., Pittman, T.S. (1979): Effects of amount of helplessness training and internal-external locus of control of mood and performance. *Journal of Personality and Social Psychology*, 37, S 39-47
Pott, J. (2001): *Betriebsorganisation und Arbeitszufriedenheit: Einführung in die Soziologie der Arbeitswelt*. Opladen

Preißler, P.R. (2000): *Controlling: Lehrbuch und Intensivkurs*. 12. Aufl., München
Preißner, A. (2002): *Balanced Scorecard in Vertrieb und Marketing – Planung und Kontrolle mit Kennzahlen*. 2. Aufl., München

Preißner, A. (2003): *Erfolgsrechnung und –analyse*. München

Priewasser, E. (2001): *Bankbetriebslehre.* 7. Aufl., München

Pritchard, R.D., Kleinbeck, U. , Schmidt, K.H. (1993): *Das Managementsystem PPM – Durch Mitarbeiterbeteiligung zu höherer Produktivität.* München

Propach, J., Reuse, S. (2003): Data-Warehousing in der Gesamtbanksteuerung – Entwicklung eines idealen Banken Data Warehouses und empirische Untersuchung des Status quo. *Controlling*, 6, S. 323-330

Ramin, J. (2003): Weiter kommen als man denkt – VR-FinanzPlan im Fokus der Marketing Schwerpunktaktion 2003. *Bankinformation und Genossenschaftsforum*, 6, S. 40-41

Randolph, R. (1979): *Pragmatische Theorie der Indikatoren.* Göttingen

Rank, B. (1997): *Erwartungs-Wert-Theorien: ein Theoriekonzept der Wirtschaftspsychologie und seine Anwendung auf eine berufsbiographische Entscheidung.* München

Reichmann, T. (2001): *Controlling mit Kennzahlen und Managementberichten.* 6. Aufl., München

Reichmann, T., Fröhling, O. (1994): Euro-Controlling. Konzeption, System und DV-technische Applikation. *Die Betriebswirtschaft*, 54. Jg., 1, S. 59-73

Reiter, G. (1995): Zielkonflikte und ihre Operationalisierung im unternehmerischen Entscheidungsfeld. *Wirtschaftswissenschaftliches Studium*, 5, S. 262-267

Reuter, T. (2003): Messbare Optimierung – Erfahrungen mit der Balanced Scorecard in der Volksbank Göppingen. *Bank-Information*, 1, S. 22-34

Rheinberg, F. (2002): *Motivation.* 4. Aufl., Stuttgart

Ritchie, S., Martin, P. (1999): *Motivation management.* Brookfield

Rockard, J.F. (1979): Chief executives define their own data needs. *Harvard Business Review*, 57. Jg. 2, S. 81-93

Rosenstiel, L.v. (2001): Führung. In: Schuler, H. (Hrsg.), *Lehrbuch der Personalpsychologie*, S. 317-347, Göttingen

Rosenstiel, L.v. (2003): Grundlagen der Führung. In: Rosenstiel, L.v., Regnet, E., Domsch, M.E. (Hrsg.) (2003): *Führung von Mitarbeitern – Handbuch für erfolgreiches Personalmanagement*, Stuttgart

Rosenstiel, L.v., Regnet, E., Domsch, M.E. (Hrsg.) (2003): *Führung von Mitarbeitern – Handbuch für erfolgreiches Personalmanagement*. Stuttgart

Rossmanith, J. , Kabela, A. (2004): BSC-Implementierung in einem Kleinunternehmen, *Controlling*, 4 S. 217-228

Rudolph, H. (1996): Erfolg von Unternehmen. *Aus Politik und Zeitgeschichte*, 23, S. 32-39

Russel, D. (1982): The causal dimension scale: A measure of how individuals perceive causes. *Journal of Personality and Social Psychology*, 42, S. 1137-1145

Saavedra, R., Earley, P.C., van Dyne, L. (1993): Complex interdepence in task performing groups. *Journal of Applied Psychology*, 78, S. 61-72

Sack, P.-M. (1994): *Misserfolgsverarbeitung und Leistung: Kritische Untersuchung zum volitionalen Konstrukt der Handlungskontrolle nach Julius Kuhl*. Frankfurt am Main

Sarathy, R. (1994): Global Strategy in Service Industries. *Long Range Planning*, 6, S. 115-124

Sarges, W. (1995): Lernpotential AC. In: Sarges, W. (Hrsg.), *Management-Diagnostik*, S. 728-739, Göttingen

Sassenberg, K., Kreutz, S. (2002): Online Research and Anonymity. In: Batinic, B., Reips, U.-D., Bosnjak, M. (Hrsg.), *Online social science*, Seattle

Sauer, H. (2001): Strategien realisieren mit der Balanced Scorecard. *Betriebswirtschaftliche Blätter*, 50.Jg., 7, S. 326-330

Sauer, H. (2002): Einheitliche Strategie im Netzwerk der Sparkassen-Finanzgruppe. *Betriebswirtschaftliche Blätter*, 51.Jg., 2, S. 91-92

Schieffer, A. (1997): *Führungspersönlichkeit – Struktur, Wirkung und Kontext der Persönlichkeit erfolgreicher oberster Führungskräfte unter besonderer Berücksichtigung von relevanten Entwicklungsansätzen*. Bamberg

Schierenbeck, H. (2000): *Grundzüge der Betriebswirtschaftslehre*. 15. Aufl., München

Schlesinger, L.A., Heskett, J.L. (1991): The Service-Driven Service Company. *Harvard Business Review*, 69. Jg., 10, S. 71-81

Schmelzer, H. J., Sesselmann, W. (2001): *Geschäftsprozessmanagement in der Praxis*. München

Schmidt, Y. (2002): *Verbesserungsprozeßmanagement: Entwicklung eines Werkzeugs für die koordinierte Verbesserung von Geschäftsprozessen*. Lohmar

Schmölz, A.S. (2001): *Strategisches Bankcontrolling. Steuerung nationaler und internationaler Bankaktivitäten anhand der Strategietafel*. Wiesbaden

Scholz, C. (1992): Effektivität und Effizienz, organisatorische. In: Frese, E. (Hrsg.), *Handwörterbuch der Organisation*, Sp. 533-552, 3. Aufl., Stuttgart

Schrank, R. (2002): *Neukonzeption des Performance Measurements. Der GOPE Ansatz*. Sternenfels

Schreyögg, G. (1978): *Umwelt, Technologie und Organisationsstruktur: Eine Analyse des kontingenztheoretischen Ansatzes*. Bern

Schürmann, M. (1996): *Entscheidungen unter Zeitdruck – Der Einfluss des Personenmerkmals Handlungs-/Lageorientierung*. Hamburg

Schütt, M. (1986): Kollidierende Intentionen bei überlappenden Tätigkeiten. In: Heckhausen, H., Beckmann, J., Gollwitzer, P.M., Halisch, F., Lütkenhaus, P., Schütt, M. (Hrsg.), *Wiederaufbereitung des Wollens, Paper 19/1986*, S. 34-49, Max-Planck-Institut für psych. Forschung, München

Schulz, C. (2004): Strategie der Sparkassen-Finanzgruppe im Wandel der Finanzmärkte. *Betriebswirtschaftliche Blätter*, 53. Jg., 12, S. 604-609

Segal-Horn, S. (1993): The Internationalization of Service Firms. *Advances in Strategic Management*, 9, S. 31-55

Servatius, H.G. (2002): Integration des Performance Measurement in die Führungsprozesse. In: Horváth, P. (Hrsg.), *Performance Controlling*, Stuttgart

Siebert, G. (Hrsg.) (2002): *Performance Measurement – Leistungssteigerung mittels Benchmarking, Balanced Scorecard und Business-Excellence-Modell.* Stuttgart

Skinner, W. (1974): The focused factory. *Harvard Business Review*, 57. Jg., 5, S. 113-121

Smith, J.E., Carson, K.P., Alexander, R.A. (1984): Leadership: It Can Make a Difference. *Academy of Management Journal*, 4, 765-776.

Sörström, L., Wehnhöver, T. (2002): Ein Konzept zur Optimierung von Stabs- und Servicebereichen. *Betriebswirtschaftliche Blätter*, 51.Jg., 12, S. 565-567

Stadler, S.M., Weißenberger, B.E. (1999): Benchmarking des Berichtswesens – Mehr Effizienz und Kundenorientierung im Controlling. *Controlling*, 1, S. 5-12

Staehle, W.H. (1999): *Management – eine verhaltenswissenschaftliche Perspektive*. München

Stalk, G., Webber, A.M. (1993): Japan's dark side of time. *Harvard Business Review*, 71. Jg., 7, S. 93-102.

Steinke, I. (1999): *Kriterien qualitativer Forschung – Ansätze zur Bewertung qualitativ-empirischer Sozialforschung*. Weinheim

Steinle, C., Kirschbaum, J., Kirschbaum, V. (1996): *Erfolgsfaktoren und ihre Gestaltung in der Praxis.* Frankfurt am Main

Stöber, J. (1999): Die Soziale-Erwünschtheits-Skala (SES-17): Entwicklung und erste Befunde zur Reliabilität und Validität. *Diagnostica*, 4, S. 173-177

Stogdill, R.M. (1974): *Handbook of leadership: A survey of the literature*. New York

Süchting, J., Krumnow, J. (1989): Bankencontrolling – Branchenspezifische Aspekte und Instrumente. *Controlling*, 4, S. 220-226

Sure, M., Thiel, R. (1999a): Die Einführung einer Balanced Scorecard – Arbeitsschritte und Problempunkte. *Die Bank*, 2, S. 116-120

Sure, M., Thiel, R. (1999b): Balanced Scorecard – Strategieumsetzung und Performancemessung in Banken. *Die Bank*, 1, S. 54-59

Tartler, K., Goihl, K., Felfe, J. (2003): Zum Nutzen zusätzlicher Selbsteinschätzungen bei der Beurteilung des Führungsverhaltens. *Zeitschrift für Personalpsychologie*, 1, S. 13-21

Taylor, S.E., Pham, L.B., Rivkin, I.D., Armor, D.A. (1998): Harnessing the imagination. *American Psycholgogist*, 53, S. 429-439

Thomas, A.B. (1988): Does Leadership Make a Difference to Organizational Performance? *Administrative Science Quarterly*, 33, S. 388-400.

Türk, K. (1995): Entpersonalisierte Führung. In: Kieser, A., Reber, G., Wunderer, R. (Hrsg.), *Handwörterbuch der Führung*, Sp. 328-340, 2. Aufl., Stuttgart

Turney, P.B.B., Anderson, B. (1989): Accounting for Continuous Improvement. *Sloan Management Review*, 30, 2, 1989, S. 37-48.

Vallacher, R.R., Wegner, D.M. (1985): *A theory of action identification*. Hillsdale

Vallacher, R.R., Wegner, D.M. (1987): What do people think they're doing? Action identification and human behavior. *Psychological Review*, 94, S. 3-15

Vallacher, R.R., Wegner, D.M. (1989): Levels of personal agency: Individual variation in action identification. *Journal of Personality and Social Psychology*, 57, S. 660-671

Vitale, M.R., Mavrinac, S.H. (1995): How effective is your Performance Measurement System? *Management Accounting*, 77. Jg., 8, S. 43-47

Voit, M. (2002): *Plattformstrategien im Retail-Banking*. Wiesbaden

Vroom, V.H., Jago, A.G. (1988): *The new leadership: Managing participation in organizations*. Englewood Cliffs

Vroom, V.H., Yetton, R.W. (1973): *Leadership and decision making*. Pittsburgh
Wagner, J. (2002): *Balanced Scorecard als Managementsystem*. Köln

Warmuth, E.G. (2001): IT-Sicherheit in der Bank, Realisierung der Anforderungen gem. §25a KWG an die Datenverarbeitung. *Bankinformation und Genossenschaftsforum*, 2, S. 62-67

Weber, J. (1999): *Einführung in das Controlling*. 8. Aufl., Stuttgart

Weber, J. (2000): Balanced Scorecard – Management Innovation oder alter Wein in neuen Schläuchen?. *krp – Kostenrechnungspraxis, Sonderheft „Balanced Scorecard"*, 2/2000, S. 5-15, Wiesbaden

Weber, J., Schäffer, U. (1999): Führung im Konzern mit der Balanced Scorecard. *krp – Kostenrechnungspraxis*, 3, S. 153-157

Weber, J., Schäffer, U. (2000): Entwicklung von Kennzahlensystemen. *Betriebswirtschaftliche Forschung und Praxis*, 52. Jg., S. 1-16

Weber, M.(1921): *Wirtschaft und Gesellschaft. Grundriß der verstehenden Soziologie*. Köln

Weber, M. (2002): Die deutschen Banken im europäischen Bankenmarkt. *Die Bank*, 8, S. 514- 520

Weber, R. (2004): *Finanzstabilität und Krisenprävention: Die Rolle internationaler Standards*. Bern

Wegge, J. (1998a): *Lernmotivation, Informationsverarbeitung, Leistung*. Münster

Wegge, J. (1998b): Die Zielsetzungstheorie. Ein kritischer Blick auf Grundlagen und Anwendungen. In: Braun, O. (Hrsg.), *Ziele und Wille in der Psychologie*, S. 3-50, Landau

Wegge, J. (1998c): Gruppenarbeit. In: Schuler, H. (Hrsg.), *Lehrbuch Personalpsychologie*, Göttingen

Wegge, J. (2004): *Führung von Arbeitsgruppen*. Göttingen

Wegge, J., Kleinbeck, U. (1996): Goal-setting and group performance: Impact of achievement and affiliation motives, participation in goal-setting, and task interdependence of group members. In: Gjesme, T., Nygard, R. (Hrsg.), *Advances in Motivation*, S. 145-177, Oslo

Wegner, D.M., Vallacher, R.R. (1986): Action identification. In: Sorrentino, R.M., Higgins, E.T. (Hrsg.), *Handbook of motivaiton and cognition: Foundations of social behavior*, S. 550-582, Chichester

Weibler, J. (2001): *Personalführung*. München

Weinert, A.B. (1989): Führung und soziale Steuerung. In: Roth, E. (Hrsg.), *Organisationspsychologie*, S. 552-580, Göttingen

Wenzlitschke, M.R. (2001): Mit Kennzahlen den Erfolg prognostizieren. In: *Mittelungen für Handelsforschung an der Universität zu Köln*, Bd. 53, S. 41-52

Weppler, M. (1995): *Der Erfolgsbegriff in der Betriebswirtschaftslehre: Entwicklungstendenzen und Gründe des Wandels*. Bayreuth

Werner, T., Brokemper, A. (1996): Leistungsmessung mit System. Data Envelopment Analysis als Instrument des Controlling. *Controlling*, 8, S. 164-170

Wiedemann, A. (2001): Balanced Scorecard als Instrument des Bankcontrolling O *http://www.bankenscorecard.de/Downloads/bsc2.pdf* [Zugriff: 4.2.2003]

Wilpert, B. (1994): Participation research in organizational psychology. In: d'Ydewalle, G., Eelen, P., Bertelson, P. (Hrsg.), *International perspectives on psychological science*, Vol 2, S 293-310, Howe

Winkler, G., Bruckner, B. (2001): Die Balanced Scorecard als Instrument zur Bewältigung des Strukturumbruchs in der österreichischen Kreditwirtschaft. *Bank-Archiv: Zeitschrift für das gesamte Bank- und Börsenwesen*, 10, S. 745-751

Wisner, J.D., Fawcett, S.E. (1991): Linking firm strategy to operating decisions through performance measurement. *Production and Inventory Management Journal*, 3,S. 5-11.

Wissembach, H. (1967): *Betriebliche Kennzahlen und ihre Bedeutung im Rahmen der Unternehmensentscheidung*. Berlin

Witte, C.-R., Sterk, T. (2002): Ist das Vertriebskonzept 2010 ein Kostengrab oder Ertragstreiber?. *Betriebswirtschaftliche Blätter*, 51. Jg. 5, S. 221-223

Witte, E. (1995): Effizienz der Führung. In: Kieser, A., Reber, G., Wunderer, R. (Hrsg.), *Handwörterbuch der Führung*, Sp. 263-276, 2. Aufl., Stuttgart

Witte, E.H. (Hrsg.) 1977): *Psychologie als empirische Sozialwissenschaft: Eine Einführung*. Stuttgart

Witte, E.H. (1980): *Signifikanztest und statistische Inferenz – Analysen, Probleme, Alternativen*. Stuttgart

Witte, E.H. (Hrsg.) (1996): *Sozialpsychologie der Motivation und Emotion*. Lengerich

Witte, E.H. (2000): Kundenorientierung: Eine Managementaufgabe mit psychologischem Feingefühl. *Hamburger Forschungsberichte aus dem Arbeitsbereich Sozialpsychologie*, 26, Universität Hamburg

Witte, E.H. (2004): Theorienentwicklung und -konstruktion in der Sozialpsychologie. *Hamburger Forschungsberichte aus dem Arbeitsbereich Sozialpsychologie*, 50, Universität Hamburg

Witte, E.H., Lecher, S. (1996): Systematik von Beurteilungskriterien für die Güte von Gruppenleistungen. *Hamburger Forschungsberichte aus dem Arbeitsbereich Sozialpsychologie*, 17, Universität Hamburg

Wöhle, C.B. (2002): Entwicklungsstufen des Bank-Controllings. *krp – Kostenrechnungspraxis, Sonderheft Dienstleistungscontrolling,* 2/2002, S. 15-26

Wolf, J. (2000): *Strategie und Struktur 1955-1995*. Wiesbaden

Wolfensberger, T. (2002): *Virtual Communities: Unternehmenspolitik und Erfolgsmessung*. Wiesbaden

Wood, R.E. (1986): Task complexity: Definition of the construct. *Organizational Behavior and Human Decision Processes*, 37, S. 60-82

Wood, R.E., Locke, E.A. (1990): Goal setting and strategy effects on complex tasks. *Research in Organizational Behaviour*, 12, S. 73-109

Wright, P.M. (1992): An examination of the relationships among monetary incentives, goal level, goal commitment, and performance. *Journal of Management*, 12, S. 84-95

Wright, P.M., O'Leary-Kelly, A.M., Cortina, J.M., Klein, H.J., Hollenbeck, J.R. (1994): On the meaning and measurement of goal commitment. *Journal of Applied Psychology*, 79, S. 795-803

Wright, R.A. (1996): Brehm's theory of motivation as a model of effort and cardiovascular response. In: Gollwitzer, P.M., Bargh, J.A. (Hrsg.), *The psychology of action: Linking cognition and motivation to behavior*, S. 424-453, New York

Wunderer, R., Grundwald, W. (1980): *Führungslehre*. Berlin

Yukl, G. (2001): *Leadership in Organizations*. 5. Aufl., Englewood Cliffs

Zedeck, S., Cascio, W.F. (1982): Performance appraisal decisions as a function of rater training and purpose of the appraisal. *Journal of Applied Psychology*, 67, S. 752-758

Zimmermann, G., Jöhnk, T. (2000): Die Balanced Scorecard – ein Instrument zur Steuerung öffentlich-rechtlicher Kreditinstitute?. In: Budäus, D., Küpper, W., Streitferdt, L. (Hrsg.), *Reform des öffentlichen Rechnungswesens – Festschrift zum 65. Geburtstag von Professor Dr. Klaus Lüder*, S. 629-651, Wiesbaden

Zimmermann, W., Fries, H.-P., Hoch, G. (Hrsg.) (2003): *Betriebliches Rechnungswesen – Bilanz und Erfolgsrechnung, Kosten- und Leistungsrechnung, Wirtschaftlichkeits- und Investitionsrechnung*. München

Kolibri 360 GmbH
Ferdinand-Jühlke-Straße 7
99095 Erfurt, Deutschland
produktsicherheit@kolibri360.de

Druck:
CPI Druckdienstleistungen GmbH
im Auftrag der
Kolibri 360 GmbH
Ferdinand-Jühlke-Str. 7
99095 Erfurt